Rolf Haubl / Ulf Peltzer / Roland Wakenhut / Gabriele Weidenfeller

Veränderung und Sozialisation

Die problemorientierten Einführungen in die Psychologie innerhalb der Reihe WV studium (die Bände 131, 134, 135, 136) basieren auf Vorlesungsskripten, die an der Universität Augsburg erprobt worden sind. Im Augsburger Studiengang ist die Disziplin Psychologie (neben Soziologie) so ins wirtschaftswissenschaftliche Studium integriert, daß der Anwendungsbezug großes Gewicht hat. Es wird herausgestellt, was das Wissen um psychische Phänomene zur Erklärung und Gestaltung gesellschaftlich relevanter Phänomene beitragen kann.

Über die Vermittlung von Grundlagenwissen hinausgehend benennt und beschreibt das Einführungswerk Praxisfelder, die die Anwendung psychologischer Theorien sinnvoll und notwendig erscheinen lassen. Entsprechend bevorzugt die Darstellung exemplarische Veranschaulichungen und verzichtet bewußt auf den Anspruch, Themenfelder vollständig und erschöpfend abzuhandeln.

Die Einführungen richten sich vor allem an interessierte Laien, Studienanfänger und fortgeschrittene Studenten, die nach einer anwendungsbezogenen Darstellung psychologischer Konzepte und Theorien suchen.

Die Lektüre wird durch ein einheitliches didaktisches Raster erleichtert. Jedes Kapitel beginnt mit einem Überblick, der eine übergreifende Einordnung des Kapitels vornimmt und über dessen inhaltlichen Aufbau informiert. Am Ende eines jeden Kapitels findet sich ein Vertiefungsteil, der Kontrollfragen zur Stoffwiederholung, weiterführende Probleme und kommentierte Standardliteratur enthält.

Rolf Haubl · Ulf Peltzer
Roland Wakenhut · Gabriele Weidenfeller

Veränderung und Sozialisation

Einführung in die Entwicklungspsychologie

Westdeutscher Verlag

Umschlaggestaltung: Horst Dieter Bürkle, Darmstadt
Druck und buchbinderische Verarbeitung: W. Langelüddecke, Braunschweig

Printed in Germany

ISBN 3-531-22134-5

Inhalt

1. Einleitung
Grundbegriffe der Sozialisationsforschung

Mehr oder weniger deutliche Veränderungen bei einem Menschen, den man längere Zeit nicht gesehen hat, sind eine alltägliche Erfahrung: Das in der Erinnerung nicht ansprechbare Neugeborene lächelt nach wenigen Monaten spontan zurück; der früher an Politik völlig uninteressierte Jugendliche engagiert sich nunmehr für eine politische Partei; nach 10jähriger Arbeit für Haushalt und Familie kehrt eine Frau wieder in das Berufsleben zurück und wird zusehends selbstbewußter; der mit 55 Jahren arbeitslos gewordene Mann gibt nach mehrmonatiger Arbeitssuche auf und verfällt in Resignation; das über 70 Jahre alte Rentnerehepaar fühlt sich jetzt vom Straßenverkehr überfordert und läßt sein Auto in der Garage stehen.

Solche psychologisch relevanten Veränderungen können offensichtlich mehr von „innen" oder mehr von „außen" angestoßen werden, sie betreffen einzelne Verhaltensweisen oder das gesamte Verhalten, sie verlaufen langsam oder dramatisch und finden sich auf jeder Altersstufe. Gemeinsam ist allen Veränderungen, daß man sie erst bewußt wahrnimmt, wenn andere, gleichzeitige oder frühere, Zustände als Bezugs- und Vergleichsbasis herangezogen werden können. Mit der *Bezogenheit* von Veränderungen ergibt sich gleichzeitig das Problem der Festlegung einer *Richtung*, in der bisher Veränderung stattgefunden hat und künftig stattfinden könnte. Es ist eine der Aufgaben psychologischer Forschung, über die Alltagserfahrungen hinausreichende, allgemeine Modelle menschlicher Veränderung aufzustellen, aus denen gesicherte Angaben über Richtung und Ziel sowie Bedingungen von Veränderung abgeleitet werden können. Mit der Feststellung einer Veränderung verbindet sich schnell und unausgesprochen die Frage, ob es sich um eine Veränderung zum „Guten" oder zum „Schlechten" handelt. Auch mit der bloßen Beschreibung von Veränderungen wird oft schon eine *implizite Wertung* getroffen, die nicht zuletzt in der Wortwahl zum Ausdruck kommt. Eine Änderung zum „Guten" wird mit an Fortschritt gemahnenden Formulierungen wie Erwerb, Aufbau oder Entfaltung beschrieben, eine Änderung zum „Schlechten" in Begriffen von Verlust, Abbau oder Verzicht ausgedrückt, die den Gedanken an einen Rückschritt nahelegen.

1.1. Veränderung als Entwicklung

Das Problem der impliziten Wertung von Veränderung ist auch dann nicht aufgehoben, wenn anstelle von Veränderung der Begriff der *Entwicklung* eingeführt und Veränderung zum Thema einer Entwicklungspsychologie erhoben wird. Deutlich kommt dies in der Charakterisierung des Entwicklungsbegriffs bei *Thomae* (1959) zum Ausdruck, wenn er Entwicklung bestimmt als
- eine zielgerichtete Veränderungsreihe
- einen einmaligen, nicht wiederholbaren Vorgang
- einen wertgerichteten Werdegang, der von einem niedrigeren, weniger wertvollen Zustand zu einem höheren, wertvollen Zustand führt.

Aus diesem noch recht allgemeinen Begriff ergibt sich eine Reihe von Folgerungen, die menschliche Entwicklung präziser zu beschreiben gestattet. Entwicklung ist demnach kein zufälliger Vorgang, der sich Analyse und Rekonstruktion entzieht. Ihr Verlauf wird, Kenntnis des Entwicklungszieles einmal vorausgesetzt, verstehbar und auch vorhersehbar, d.h. von einem aktuellen Zustand kann ein späterer „hochgerechnet" werden. Die Einmaligkeit von Entwicklung verweist nicht nur auf die Tatsache, daß Entwicklung nicht zurückgedreht werden kann, sondern auch auf die Bedeutung des *Individuellen*. Entwicklung ist ein einzigartiger Vorgang, der bei unterschiedlichen Individuen auch unterschiedlich verlaufen und im Rahmen des jeweiligen Entwicklungszieles zu einem je unterschiedlichen Entwicklungsergebnis führen kann.

Was eingangs bei den Beispielen für menschliche Veränderung angemerkt wurde, daß sie an keine bestimmte Altersstufe gebunden ist, gilt auch für Entwicklung. Wenn daher von einem Entwicklungsergebnis gesprochen wird, so ist das im Sinne einer Momentaufnahme zu einem definierten Zeitpunkt zu verstehen, die streng genommen nur dafür zutrifft – es sei denn, es kann der explizite Nachweis erbracht werden, daß dem erreichten Stand der Entwicklung eine zumindest relative Stabilität zukommt.

Der bislang skizzierte Entwicklungsbegriff ist noch in zweierlei Hinsicht zu präzisieren. Entwicklung als Veränderungsreihe kann nicht so eng gefaßt werden, als bestünde zwischen zwei Entwicklungszuständen eine feste und direkte („deterministische") Verbindung. Vorhersagen vom aktuellen auf einen künftigen Zustand sind lediglich Vorhersagen mit einer bestimmten *Wahrscheinlichkeit*. Auf die Gründe wird noch einzugehen sein. Zum anderen wäre Entwicklung zu eng gefaßt, würde man sie, wie es das Alltagsverständnis nahelegt, gleichsetzen mit dem Erwerb oder Aufbau von Verhalten und Fähigkeiten. Auch Prozesse des Um- und Abbaus sind mit unter Entwicklung einzuordnen.

In diesem Sinne begreift sich auch die neuere Entwicklungspsychologie als eine *Lebenslaufpsychologie*, die alle Veränderungen vom Säuglings- bis zum Greisenalter untersucht – ganz im Gegensatz zur älteren Entwicklungspsychologie, die sich nahezu ausschließlich mit Kindern und Jugendlichen befaßte. Die neu etablierte Lebenslaufpsychologie wäre unvollständig charakterisiert, verwiese man nicht auf ihr insgesamt gewandeltes Verständnis von Entwicklung, das den engen disziplinären Rahmen der Psychologie sprengt und die Verbindung zur Sozialisationsforschung schafft. *Rauh* (1978, S. 14–21) hat die Kennzeichen des Entwicklungsbegriffs in fünf Leitsätzen zusammengefaßt, von denen der letzte bereits forschungsmethodische Aspekte betrifft.

1. *Der behandelte Lebensabschnitt wird im Gesamt des menschlichen Lebenslaufs gesehen*: Aus forschungspraktischen Gründen ist man in aller Regel gezwungen, Entwicklung bei einer spezifischen Altersgruppe zu untersuchen, doch darf sich die Betrachtung nicht auf den dadurch festgelegten Lebensausschnitt beschränken. Zum einen würden durch ein solchermaßen beschränktes Vorgehen lediglich stereotypisierte Vorstellungen über die „typische" Altersgruppe begünstigt. Zum anderen bliebe die Tatsache unberücksichtigt, daß trotz gleichen Alters keineswegs von einem einheitlichen Lebensabschnitt ausgegangen werden darf. Je nach früheren Erfahrungen und je nach Lebenswelt können gleichaltrige Personen eine recht heterogene

Gruppe bilden. Nur wenn man die gewonnenen Erkenntnisse auf den Hintergrund des individuellen Lebenslaufs bezieht, kann diese Schwierigkeit aufgelöst werden.

2. *Entwicklung läßt sich nur in einem ökologischen Bezugsrahmen beschreiben*: Diese Forderung hat weitreichende Konsequenzen sowohl für das theoretische Verständnis wie für die Analyse von Entwicklung. Individuelle Entwicklung kann nur bezogen auf eine spezifische Umwelt beschrieben werden, wobei mit Umwelt zweierlei gemeint ist: Zu den konkret-physikalischen Gegebenheiten der objektiven Umwelt sind immer auch die subjektiven Wahrnehmungen und Deutungen eben dieser Umwelt hinzuzunehmen, die keineswegs ein direktes Abbild darstellen. Eine solche Verbindung von physikalischer und psychologischer Umwelt findet sich z. B. in Konzepten wie dem des Lebensraumes von *Lewin* (1969) oder dem der Lebenswelt von *Schütz* (1970). Ungleich komplexer stellt sich die Sachlage dar, wenn man sich vor Augen führt, daß nicht nur das Individuum sich in einem Prozeß der Entwicklung befindet, sondern auch die Umwelt. Die besondere Entwicklungs*dynamik* gründet auf einer *zweifachen* Zeitperspektive: Neben dem Lebensalter des Individuums ist das *historische* Zeitalter zu berücksichtigen, das Forscher wie Untersuchungspersonen umgreift. D. h., individuelle und historische Veränderungen verlaufen – vergleichbar einem Schwimmer im Fluß – parallel und können sich überlagern. Ansatzweise werden hier bereits die besonderen Schwierigkeiten sichtbar, denen sich die Forschung gegenübersieht, wenn sie Entwicklung nach historischen und individuellen Einflußfaktoren auflösen will.

3. *Entwicklung ist ein aktiver Prozeß der gegenseitigen Person-Umwelt-Beeinflussung*: Wenn zuvor die Notwendigkeit eines ökologischen Bezugsrahmens betont wurde, so muß diese Forderung aber solange noch unzureichend bleiben, als nicht gleichzeitig das besondere Verhältnis von individueller Entwicklung und Umwelt näher bestimmt wird. Es wäre zu wenig, wollte man eine simple Gleichung der Art aufstellen: Individuum plus Umwelt ergeben Entwicklung. Weder lassen sich Individuum und Umwelt additiv miteinander verknüpfen noch kann ihrer beider Einfluß auf die Entwicklung ohne weiteres auseinanderdividiert werden. Das Individuum beeinflußt seine Umwelt

und wird gleichzeitig von der Umwelt beeinflußt. Für diesen Prozeß der ständigen gegenseitigen Beeinflussung wird auch der Begriff der *Transaktion* gebraucht. Einflußnahme ist nicht nur im konkreten Sinn als eine Änderung des Individuums bzw. als eine Änderung der Umwelt vorstellbar, sondern auch als eine veränderte Umweltwahrnehmung bzw. eine andere Zuweisung von Bedeutung an die Umwelt. Die doppelte Zeitperspektive von ökologisch gefaßter Entwicklung gebietet, die Transaktion zwischen Individuum und Umwelt in zweifacher Hinsicht zu berücksichtigen:

a. als aktuelle Transaktion, in der ein begrenzter Umweltausschnitt, d. h. eine bestimmte Situation, individuelles Verhalten beeinflußt oder das Individuum eine gegebene Situation wahrnimmt und bewertet;
b. als längerfristige Transaktion, in der sich individuelle Verhaltens-, Wahrnehmungs- und Bewertungsänderungen mit Umweltänderungen zu einer prozeßhaften Einheit verbinden. Entwicklung wird damit weniger anhand von Ergebnissen oder Produkten als vielmehr anhand von typischen Verläufen oder Prozessen beschreibbar, in denen sich Individuen mit ihrer Umwelt auseinandersetzen und sie zu bewältigen versuchen.

4. *Entwicklung ist ein differentiell zu beschreibender und zu analysierender Prozeß*: Nimmt man die beiden letztgenannten Charakteristika von Entwicklung – ökologischer Bezugsrahmen und Transaktion – zusammen, so folgt daraus ein weiteres Kennzeichen. Entwicklung gerät zu einem Phänomen, das nur beschränkt bzw. nur unter spezifizierten Bedingungen interindividuell oder über Umwelten hinweg verallgemeinert werden kann. Je ähnlicher individuelle Lebens- und Umweltbedingungen sind, desto eher lassen sich auch ähnliche oder vergleichbare Entwicklungsverläufe erwarten. Auf der anderen Seite schließen fehlende biologische oder Umweltgegebenheiten bestimmte Entwicklungsmöglichkeiten aus. Insgesamt reduziert sich damit der Erklärungsanspruch von Entwicklungspsychologie, die sich in der Konsequenz nicht auf allgemein gültige Gesetzmäßigkeiten abstützen kann.

5. *Entwicklungspsychologische Forschung ist nur als theoriegeleitete Forschung sinnvoll*: Diese Forderung, auf die im

nächsten Kapitel noch ausführlicher einzugehen sein wird, mag zunächst als (zu) selbstverständlich erscheinen. Ihre Notwendigkeit leuchtet aber unmittelbar ein, wenn man einen Blick auf die bisherige Forschungspraxis wirft, die sich bis vor nicht allzu langer Zeit mit der Feststellung von Entwicklungsergebnissen begnügte. Solange man diese statische Perspektive verfolgt, wird das grundlegende Dilemma sozialwissenschaftlicher Operationalisierung und Messung kaum sichtbar, das in einer weitgehenden Fixierung auf standardisierte, allgemein anwendbare Meßinstrumente besteht. Die hier geforderte Prozeßbetrachtung wird dadurch erschwert, wenn nicht ausgeschlossen. Soll Erforschung von Entwicklung nicht zum „Stochern mit der Stange im Nebel" verkommen, so ist sie auf flexible, theoriegeleitete Methoden verwiesen.

Im weiteren dient der erläuterte Entwicklungsbegriff als übergeordnete Kategorie, unter die alle Formen von individueller Veränderung zusammengefaßt werden. Im folgenden soll sich ein erster Abschnitt damit befassen, inwieweit biologisch determinierte Reifungsprozesse psychologische Veränderungen beeinflussen. Die hinter dem Begriff der Reifung stehende Annahme über den dominierenden Einfluß der Erbanlagen auf die menschliche Entwicklung wird in einem eigenen Exkurs kritisch aufgearbeitet. Der daran anschließende Abschnitt befaßt sich mit dem Thema „Lernen als Verhaltensänderung" und thematisiert Erklärungsmöglichkeiten für Änderungen einfacher und reaktiver Verhaltensweisen. Der dritte und letzte Abschnitt behandelt unter dem Stichwort „Sozialisation" Änderungen komplexer, zielgerichteter und aktiver Handlungen und Handlungsentwürfe.

1.2. Reifung als biologisch bedingte Veränderung

In der älteren Entwicklungspsychologie wurde der Reifung zur Erklärung psychologischer Veränderungen ein hoher Stellenwert eingeräumt. Aus gutem Grund spielt Reifung inzwischen nur mehr eine untergeordnete Rolle, während z. B. in der Verhaltensforschung bei der Analyse tierischen Verhaltens nach wie vor mit Reifung argumentiert wird. Mit Reifung wird nämlich allgemein ein Vorgang beschrieben, bei dem bestimmte Verhaltensweisen auftreten und sich ausformen, ohne daß ein irgendgearteter Lern- oder Erfahrungsprozeß stattgefunden hat. Reifung wird somit ursächlich auf die Existenz spezifischer Erbanlagen zurückgeführt, die autonom ihre Wirkung entfalten. Deutlich liegen die normativen Implikationen auf der Hand, da Reifung als ein Prozeß der Veränderung auf einen Zustand der Reife hin verstanden wird, der als wünschenswert und sozial anerkannt gilt. Fehlende Reife oder „Unreife“ bezieht sich auf ein unfertiges, nicht voll akzeptiertes Individuum. Während sich die physiologischen Veränderungen beim heranwachsenden Menschen fraglos mit dem Begriff belegen lassen, sind bei psychologischen Veränderungen weit weniger Reifungsprozesse auszumachen.

Die von Verhaltensforschern wie Konrad *Lorenz* und *Irenäus Eibl-Eibesfeldt* unternommenen Versuche, Forschungsergebnisse zum tierischen Verhalten auf den Menschen zu übertragen – am bekanntesten ist das Beispiel der Aggressivität –, setzen sich nur allzu leicht dem Vorwurf des vorschnellen Analogieschlusses aus. Entgegen der Meinung von *Eibl-Eibesfeldt* (1973) liegen bis heute noch keine zwingenden Beweise oder auch nur „starke Indizien“ vor, daß aggressives Verhalten beim Menschen eine erfahrungsunabhängige, angeborene Instinkthandlung darstellt, die, analog zur Tierwelt, durch Schlüsselreize ausgelöst, der Erhaltung der eigenen Art dienen soll. Genau so wenig lassen sich beim Menschen sog. kritische oder sensible Phasen nachweisen, in denen irreversible Verhaltensprägungen stattfinden sollen, wie sie Konrad *Lorenz* bei seinen Versuchen mit Graugänsen eindrucksvoll belegen konnte (*Lorenz* 1967). Allerdings liegt eine Reihe von Hinweisen vor, daß gerade in der frühen Kindheit Verhaltensweisen erworben werden, die gegenüber späteren Erfahrungen und Einflußnahmen recht stabil sind. Als Beispiel ließe sich das Sozialverhalten nennen, das offensichtlich durch gestörte Mutter-Kind-Beziehungen nachhaltig beeinträchtigt werden kann. Angesichts der erwiesenen therapeutischen und erzieherischen Beeinflußbarkeit des Menschen kann aber keineswegs von „Prägung“ gesprochen werden.

Das grundsätzliche Problem, eine genetisch angelegte psychische Reifung nachzuweisen, liegt darin, daß Reifung beim Menschen nur über das Eintreffen bzw. Ausbleiben „normalerweise“ zu erwartender Veränderungen erschlossen werden kann. Eine geplante und kontrollierte Einflußnahme auf andere nicht-genetische Änderungsursachen, wie es im Tierexperiment geschieht, verbietet sich aus ethischen Gründen. Aussagen über Reifung sind also lediglich nicht-eindeutige Rekonstruktionen. Selbst dann, wenn sich bestimmte Änderungen, wie etwa beim Spracherwerb, bei praktisch allen Kindern in gleicher Abfolge ausbilden, stellt dies noch keinen zwingenden Nachweis für Reifung dar. Tatsache ist nämlich, daß die meisten Kinder bestimmte Erfahrungen und Anregungen zu soziokulturell festgelegten Zeitpunkten vermittelt bekommen, d. h. Reifung ist beim Menschen immer auch auf einen spezifischen soziokulturellen Kontext bezogen und nur auf diesem Hintergrund sinnvoll zu rekonstruieren.

Im Endergebnis stellt sich Reifung als wenig hilfreiches Erklärungskonzept dar, das auch nur einen Aspekt von Entwicklung erfassen kann, nämlich den Aufbau oder Erwerb neuer Verhaltensweisen, nicht aber Verlust- oder Abbauprozesse. Reifung befördert zudem die unrealistische Vorstellung, daß der Mensch einmal einen Zustand der Reife als eine Art Höhe- bzw. Endpunkt seiner Entwicklung erreicht und dann auf diesem Niveau sein weiteres Leben verbringt. Fatale Konsequenzen ergeben sich, wenn psychischer Reifung als einem biologisch vorbestimmten Prozeß das Hauptgewicht beigemessen wird, um „störendes" abweichendes Verhalten zu erklären. Da Abhilfe nicht möglich erscheint, bleibt als Lösungsmöglichkeit meist nur die soziale Ausgrenzung von Personen mit solchen Verhaltensweisen. Dieses dann eminent politische Problem soll im größeren Zusammenhang der Anlage-Umwelt-Diskussion verdeutlicht werden.

Exkurs: *Anlage vs. Umwelt als Ursachen von Veränderung*

Mit einer gewissen Regelmäßigkeit wird von den Massenmedien die Frage nach dem jeweiligen Einfluß von Erbanlagen und Umwelt auf die Entwicklung der Intelligenz aufgegriffen und meist ebenso regelmäßig, oberflächlich und verzerrt anhand vorgeblich spektakulärer neuer Forschungsergebnisse dargestellt. Das große öffentliche Interesse an diesem Thema ist in einer Gesellschaft wenig verwunderlich, die auf Leistungsdifferenzierung baut und wo Intelligenz als das Kriterium für die Vergabe von Ausbildungs- und Arbeitsmöglichkeiten gilt. Wären Leistungsunterschiede, die allemal mit sozialer und ökonomischer Ungleichheit einhergehen, durch eine unterschiedliche genetische Ausstattung bedingt, so müßte man sich mit dieser schicksalhaften, weil naturgegebenen Tatsache abfinden. Wären dagegen Leistungsunterschiede in ungleichen Umwelt- bzw. Entwicklungsbedingungen begründet, bestünde zu Recht die Hoffnung, daß über eine Aufhebung der ungleichen Bedingungen Chancengleichheit für alle hergestellt werden könnte. Daß diese beiden extremen Auffassungen über die Ursachen von Leistungsunterschieden zu kurz greifen, machte schon zu Beginn dieses Jahrhunderts der Persönlichkeitspsychologe William Stern mit seiner Konvergenztheorie deutlich. Danach sind Erbanlagen und Umwelt gemeinsam an der Entwicklung des Menschen beteiligt. Die Konvergenztheorie gilt in der Verhaltensgenetik, die den Zusammenhang zwischen Erbanlagen und Verhalten untersucht, als eine allgemein gesicherte Erkenntnis. Auf die darüber hinausführende Frage allerdings, welches *relative* Gewicht Erbanlagen und Umwelt zukommt, konnte bis heute noch keine verbindliche Antwort gefunden werden. Mißglückt sind auch alle wissenschaftlich ernst zu nehmenden Versuche, die bessere genetische Ausstattung und damit biologische Überlegenheit einzelner ethnischer Gruppen („Rassen") nachzuweisen. Adolf Hitlers Wahnvorstellungen von der „arischen Herrenrasse" und vom „jüdischen Untermenschen" lassen sich mit keinen, auch nicht mit wissenschaftlichen Argumenten rechtfertigen ebenso wie die immer noch praktizierten Maßnahmen zur Rassentrennung. Angesichts der historischen und politischen Vorbelastung des Themas ist eine rationale Auseinandersetzung geboten, die auf einigen grundlegenden Kenntnissen über theoretische Annahmen und Methoden der genetischen Forschung aufbauen kann. Dazu wird im folgenden auf den meistdiskutierten Fall der Erblichkeit von Intelligenz zurückgegriffen. Genau genommen kann es natürlich nicht um die Vererbung der Intelligenz schlechthin gehen, sondern nur um die Vererbung der Intelligenz, wie sie von den in der psychologischen Diagnostik üblichen Intelligenztests anhand von IQ-Punktwerten erfaßt wird. Vorab ist bereits darauf zu verweisen, daß die Tests unterschiedliche Aspekte von Intelligenz messen können, wie z. B. sprachliche Intelligenz, formales Denken oder Kreativität. Kein Test kann für sich beanspruchen, *alle* relevanten Aspekte vollständig zu messen. Aussagen zur Erblichkeit von Intelligenz können sich auf verschiedene Aspekte beziehen und insofern auch unterschiedlich ausfallen.

Die von der genetischen Forschung zur Erblichkeit von Intelligenz vorgelegten empirischen Befunde basieren auf folgender, einfachen Modellannahme: Der gesamte Spielraum möglicher Intelligenzausprägungen in einer definierten Menge von Personen (= Population), die sog. Intelligenzvarianz (= s^2_{gesamt}), setzt sich aus zwei additiv verbundenen Komponenten zusammen. Die eine repräsentiert den Anteil der Erbanlagen (= $s^2_{genetisch}$), die andere den Anteil der Umwelt (= s^2_{Umwelt}) an der Intelligenzvarianz:

$$s^2_{gesamt} = s^2_{genetisch} + s^2_{Umwelt}$$

Die additive Beziehung von Umwelt- und genetischer Varianz schließt eine wechselseitige Beeinflussung von Erbanlagen und Umwelt aus; die beiden Komponenten wirken je isoliert und in sich geschlossen auf die Entwicklung der Intelligenz ein.

Dieses einfache Varianzzerlegungsmodell steht mit dem Erkenntnisstand der Genetik in vielfachem Widerspruch. Die Gene als Träger der Erbanlagen können in einer interaktionalen Beziehung untereinander stehen oder es kann auch ein Gen über andere Gene dominieren. Vergleichbares gilt natürlich auch für die Wirkung der Umweltbedingungen, die sich keineswegs auf eine eindimensionale Einflußgröße reduzieren lassen. Mit dem genetischen Fachbegriff der *Reaktionsnorm* wird ja gerade betont, daß die Umwelt einen differentiellen Einfluß auf die Erbanlagen ausüben kann. Allgemeiner gesprochen, es muß davon ausgegangen werden, daß sich identische Erbanlagen in verschiedenen Umwelten verschieden ausformen und daß identische Umwelten sich auf verschiedene Erbanlagen auch unterschiedlich auswirken. Diese unbestrittenen Interaktionen von Erbanlagen und Umwelt müßten das oben dargestellte einfache Modell eigentlich entwerten und die Forderung nach komplexeren Erklärungsmodellen unterstreichen. Nun liegen zwar solche Modelle seit längerer Zeit vor – das umfassendste wurde von dem amerikanischen Persönlichkeitsforscher Raymond B. Cattell vorgelegt – doch lassen sich auf dem derzeitigen Erkenntnisstand die darin spezifizierten Größen nur zu einem Teil empirisch ermitteln. Der Erklärungswert ist entsprechend gering bzw. ganz in Frage zu stellen. Tatsache ist jedenfalls, daß nahezu alle Untersuchungen zur Vererbung der Intelligenz von dem einfachen Modell der Varianzzerlegung ausgehen. So wird der Anteil der genetischen Vaianz – als Erblichkeit oder Heritabilität (= H) bezeichnet – in aller Regel über folgendes Varianzverhältnis geschätzt:

$$H = s^2_{genetisch} / s^2_{gesamt}$$

Der Erblichkeitskoeffizient H kann also Werte zwischen 0 und 1 annehmen, die für fehlende bzw. vollständige Erblichkeit stehen. Ein Wert für H von .50 würde besagen, daß von der in einer Population erfaßten Gesamtvarianz der Intelligenz 50 % als genetische Varianz zu betrachten sind.

Die praktische Ermittlung des Anteils der genetischen Varianz an der Gesamtvarianz der Intelligenz basiert wesentlich auf der *Zwillingsforschung*. Besonderes Interesse kommt eineiigen Zwillingspaaren zu, die über eine identische genetische Ausstattung verfügen. Und hier wiederum stehen getrennt aufgewachsene eineiige Zwillinge im Mittelpunkt, bei denen etwaige Intelligenzunterschiede eindeutig zu Lasten der jeweiligen Umwelt gehen müssen. Ohne auf die technisch-statistischen Vorgehensweisen der Zwillingsforschung näher einzugehen, seien einige grundsätzliche Schwierigkeiten dieses Forschungsansatzes skizziert.

Eineiige Zwillinge sind in der Bevölkerung recht selten (auf ca. 300 Normalgeburten kommt eine eineiige Zwillingsgeburt!) und getrennt aufgewachsene Zwillinge sind noch seltener anzutreffen. In der Literatur sind nur an die 100 Fälle dokumentiert, von denen allerdings nahezu die Hälfte ausgeklammert werden muß, da die berichteten Daten von dem englischen Genetiker Cyrill Burt, einem engagierten Vertreter der Erblichkeit von Intelligenz, nachweislich gefälscht wurden. Die verbleibenden etwas über 50 Fälle sind in *quantitativer* Hinsicht eine unzureichende Datenbasis. Da mit geringerer Stichprobengröße das Fehlerrisiko steigt, gestattet eine solche Datenbasis nur recht grobe und fehlerbehaftete Rückschlüsse auf die Erblichkeit in der Population. Aber auch in *qualitativer* Hinsicht kann diese Datenbasis nicht befriedigen, da die Zwillingspaare untereinander nur bedingt vergleichbar sind. Die Zwillinge wurden längst nicht alle unmittelbar nach der Geburt getrennt, in einigen Fällen erfolgte die Trennung erst nach Jahren, so daß auf jeden Fall gemeinsame Umwelteinflüsse angenommen werden müssen. Aber selbst eine Trennung unmittelbar nach der Geburt schließt noch nicht aus, daß alle etwaigen Unterschiede auf die Umwelten bezogen werden können. Denn bereits während der Schwangerschaft der Mutter unterliegen die ungeborenen Zwillinge gemeinsamen Umwelteinflüssen.

Mit dieser, nur exemplarisch zu verstehenden Kritik an den Zwillingsuntersuchungen kann zwar nicht die gesamte Erblichkeitsforschung, aber doch eines ihrer Fundamente in Frage gestellt werden, das gerade in den Massenmedien wegen seiner hohen Plausibilität immer wieder aufgegriffen wird. Auf einer ähnlichen Logik wie die Zwillingsforschung basiert die Verwandtschaftsforschung, die aus den Ähnlichkeiten von Verwandten verschiedenen Grades Schlußfolgerungen auf die Erblichkeit von Intelligenz zu ziehen versucht. Je mehr genetische Gemeinsamkeiten zwischen Verwandten bestehen, desto größer muß auch die Ähnlichkeit bezogen auf die Intelligenzausprägung sein. Aber auch die Verwandtschaftsforschung, die im Unterschied zur Zwillingsforschung mit großen Stichproben arbeitet, kann nur recht bedingt Auskunft über den Anteil der genetischen Intelligenzvarianz geben. Zum einen wird die genetische Verwandtschaftsähnlichkeit noch dadurch erhöht, daß sich bei der Partnerwahl erwiesenermaßen ähnliche, bezogen auf die Intelligenz, Partner bevorzugen (*Merz & Stelzl* 1977). Läßt sich der Einfluß dieser Partnerwahl noch über einen entsprechenden Korrekturfaktor in etwa ausgleichen, ist es wesentlich schwieriger, die mit abnehmendem Verwandtschaftsgrad auch zunehmend unterschiedlichen Umweltbedingungen für die Intelligenzentwicklung zu berücksichtigen.

Darüber hinaus ist noch der beschränkte Stellenwert von konkreten Erblichkeitsschätzungen zu präzisieren. Erblichkeitskoeffizienten sind ausschließlich für die Population gültig, aus der die untersuchte Zwillings- oder Verwandtenstichprobe stammt. Bezogen auf individuelle Intelligenzprägungen haben sie keinerlei Bedeutung. Eine Übertragung der Koeffizienten von der ursprünglichen Population auf andere ist mit einem nicht kalkulierbaren Fehlerrisiko versehen. So ist es nicht zulässig, Erblichkeitsschätzungen für eine weiße US-amerikanische Population auf eine Population farbiger Einwanderer in die USA zu übertragen und vice versa. In der Tat liegen auch Hinweise darauf vor, daß sich zumindest in den USA Erblichkeitsschätzungen je nach ethnischer Gruppe und sozialer Schicht beträchtlich unterscheiden können (s. hierzu *Scarr-Salapatek* 1971).

Es ist auch noch einmal deutlich zu machen, daß Erblichkeitskoeffizienten ***keine biologischen Konstanten*** darstellen, die unabhängig von denkbaren Umweltbedingungen gültig sind. So verwirrend es zunächst auch erscheinen mag, alle nach dem einfachen genetischen Modell ermittelten Erblichkeitsschätzungen sind *umweltabhängige* Größen, die immer nur für eine umschriebene homogene Bevölkerung zu einem bestimmten Zeitpunkt ihrer soziokulturellen Entwicklung gelten. Jede Veränderung der Varianz der Umweltbedingungen wirkt notwendig auf die genetische Varianz. Verringert sich in einer Population der Spielraum der intelligenzrelevanten Umweltbedingungen, z. B. durch eine allgemeine Verbesserung des Bildungssystems, so nimmt die Erblichkeit der Intelligenz zu! Im Extremfall würde die Erblichkeit sogar den maximalen Wert von 1 erreichen, wenn nämlich alle für die Intelligenzentwicklung bedeutsamen Umweltunterschiede vollständig aufgehoben wären. Über das tatsächliche Ausmaß der Erblichkeit lassen sich dann keine Aussagen mehr ableiten. Unterstellt man, daß in den letzten Jahrzehnten für die Allgemeinheit bessere Voraussetzungen zur Intelligenzentwicklung geschaffen wurden, so hat im nämlichen Zeitraum auch die Erblichkeit der Intelligenz zugenommen.

Noch wesentlich komplizierter stellt sich die Sachlage dar, wenn man bedenkt, daß auch die herangezogenen Intelligenztests in unterschiedlichem Ausmaß umwelt- bzw. kulturabhängig sind. Bezeichnenderweise liegen die auf der Basis von sprachfreien Intelligenztests – sog. „culture free-Tests" – ermittelten Erblichkeitskoeffizienten zum Teil deutlich unter den Werten wie sie mit sprachgebundenen Intelligenztests gefunden wurden.

Erblichkeitsschätzungen sagen weiterhin so gut wie nichts aus über die künftige Entwicklung der Intelligenz und über die generelle *Veränderbarkeit* bzw. Bildbarkeit. Die immer wieder berichtete Erblichkeitsschätzung für die Intelligenz von H = .80, die im übrigen längst auf niedrigere .50 korrigiert wurde (vgl. *Jencks* et al. 1972), würde also nicht bedeuten, daß 80 % der Intelligenzvarianz für Bildungsmaßnahmen verschlossen sind und eine Art von biologischer „Decke" repräsentieren. Wie schon erwähnt, kann jede allgemeine Umweltveränderung in einer Population auch zu Erblichkeitsänderungen im oben definierten Sinn führen.

Abschließend sei noch ein letzter Gesichtspunkt vorgetragen, der sich auf die Erfassung und Veränderung der Umweltvarianz bezieht. Umwelt ist ein komplexes, heterogenes Gebilde, das immer nur in kleinen Ausschnitten erfaßt und kontrolliert werden kann. Eine experimentelle Kontrolle über relevante Umweltbedingungen, wie sie in der Tier- und Pflanzenzucht unternommen wird, oder gar eine analoge systematische Zuordnung von Umweltbedingungen zu Personen mit spezifischer genetischer Ausstattung ist beim Menschen ausgeschlossen. Ausgeschlossen ist aufgrund der fehlenden Kontrolle über die Umweltvarianz aber dann auch eine exakte Berechnung von Erblichkeiten.

Bedenkt man die recht vagen und „weichen" Aussagen der Verhaltensgenetik zur Erblichkeit von Intelligenz, so muß die öffentliche Diskussion dieses Themas, die immer wieder auch von Fachwissenschaftlern forciert wird, ob ihrer Entschiedenheit befremden. Solange mit exakten Zahlenangaben versucht wird, die Erblichkeit von Intelligenz zu „beweisen", solange muß die Diskussion nicht nur unergiebig, sondern auch irreführend verlaufen. Die Motive für solche Argumentationen sind denn auch weniger auf der fachlichen als auf der *persönlichen* und – wie meist an den abgeleiteten Folgerungen und Empfehlungen ersichtlich – auf der *politischen* Ebene zu suchen. *Sherwood & Nataupsky* (1968) haben am Beispiel der bekannten IQ-Unterschiede zwischen weißer und schwarzer US-amerikanischer Bevölkerung – Weiße haben im Durchschnitt einen um ca. 15 Punkte höheren IQ – nachgewiesen, wie die Erklärung dieser Differenz von biografischen Merkmalen der untersuchenden Wissenschaftler abhängt. Wissenschaftler mit einer Herkunft aus höheren sozioökonomischen Schichten neigen eher dazu, unterschiedliche Erbanlagen für diese Diskrepanz als Ursache zu benennen. Wenn nun gar aus dieser IQ-Differenz, die als solche unstrittig ist, aber eine Reihe anderer, plausibler Erklärungsmöglichkeiten hat, der *bildungspolitische* Schluß gezogen wird, für die beiden Bevölkerungsgruppen unterschiedliche und getrennte Bildungseinrichtungen zu schaffen (so *Jensen* 1969), wird der Einfluß des politischen Standortes des Wissenschaftlers vollends sichtbar. Ähnliches gilt für genetisch begründete Empfehlungen, hoch differenzierende Schulsysteme beizubehalten bzw. einzurichten, weil so eine optimale Förderung je unterschiedlicher Erbanlagen möglich sein sollte. Hier werden unter dem Deckmantel von Wissenschaft politische Interessen verfolgt, die auf eine Konservierung sozialer und ökonomischer Ungleichheit abzielen und im offenen Widerspruch zu den Prinzipien demokratisch verfaßter Gesellschaftssysteme stehen.

Als Fazit aus den bisherigen Überlegungen über menschliche Entwicklung und ihre genetischen und/oder umweltbezogenen Ursachen läßt sich folgendes festhalten. Menschliche Entwicklung ist als ein zunächst offener Prozeß mit unbestimmtem Ausgang zu betrachten, dessen Verlauf lediglich durch „genetische Möglichkeiten" vorgezeichnet ist. Erst durch die erfahrene Erziehung und Ausbildung und durch die mehr oder weniger aktive Auseinandersetzung mit spezifischen Umweltbedingungen werden diese Möglichkeiten fortlaufend konkretisiert und festgelegt. Durch den Ausschluß ungenutzter Möglichkeiten kommt es im Laufe der Zeit zu einer kontinuierlichen Determinierung bzw. Einengung des ursprünglichen Entwicklungsspielraumes, der dann im Alter praktisch aufgehoben ist.

1.3. Lernen als Verhaltensänderung

In weitgehender Übereinstimmung werden mit „Lernen" relativ überdauernde Änderungen von Verhalten oder Verhaltensmöglichkeiten bezeichnet, die auf unmittelbare Erfahrung in Form von Beobachtung oder Übung zurückzuführen sind. Explizit ausgeklammert werden in der Regel kurzfristige durch Ermüdung oder Adaption bedingte und auf Verletzungen, Drogen- oder Alkoholeinfluß zurückgehende sowie durch Alters- und Reifungsprozesse ausgelöste Verhaltensänderungen. Zwischen Verhalten und Verhaltensmöglichkeit wird insofern unterschieden, als sich nicht jeder Lernvorgang sofort und unmittelbar in einer beobachtbaren Verhaltensänderung – auch als Leistung bezeichnet – äußert. Dazu sind bestimmte situative und motivationale Voraussetzungen erforderlich, d. h., die Umwelt muß das Verhalten zulassen und das Individuum muß willens sein, das Verhalten auszuführen.

Als entscheidend für die Erforschung des menschlichen Lernens erwies sich denn auch die Tatsache, daß sich der Lernvorgang als solcher einer *direkten* Beobachtung entzieht und nur am Ergebnis, also der Verhaltensänderung, faßbar wird.

Neuere hirnphysiologische Untersuchungen haben ergeben, daß sich einige Lernvorgänge in nachweisbaren biochemischen Veränderungen des hirns niederschlagen können (vgl. *Domagk* 1977). Bezüge zu den lerntheoretischen Ansätzen der Psychologie sind noch nicht bekannt.

Aber die äußeren Bedingungen, unter denen ein bestimmtes Lernergebnis erzielt werden kann, stehen dem Zugriff des Forschers offen. Technisch gesprochen, liegen „Input“ und „Output“ auf der Hand, die Beziehung zwischen ihnen muß durch systematische Veränderungen des „Inputs“ und Kontrolle der Auswirkungen auf den „Output“ herausgefunden werden. Begreiflicherweise hat das *experimentelle* Vorgehen, das den Einfluß der *unabhängigen* Variablen Lernbedingung auf die *abhängige* Variable Verhaltensänderung ermittelt, in der Lernforschung weiteste Verbreitung gefunden. Als typisch kann die Konditionierung gelten, bei der durch bestimmte „unkonditionierte“ Reize natürlicherweise ausgelöste Reaktionen, also „unkonditionierte“ Reaktionen, systematisch manipuliert werden. Aus Gründen der einfacheren Praktikabilität wurden als unabhängige Variablen ganz überwiegend spezifische, experimentell leicht zu kontrollierende Reize ausgewählt, die ihrerseits eng umschriebene Reaktionen auslösten. Auch wurden bevorzugt nicht Menschen, sondern Tiere, wie insbesondere Ratten und Tauben untersucht, die leichter manipulierbar und in die experimentellen Bedingungen einzupassen sind. Demgegenüber trat das Interesse am eigentlichen, zwischen Reiz und Reaktion liegenden Lernvorgang in den Hintergrund. Pragmatisch auf Verhaltensänderungen ausgerichtet geriet der Lernforschung das Individuum nur allzu leicht zur „black box“, durch die das Geschehen zwischen Wahrnehmung eines Stimulus und Verhaltensänderung weitgehend ausgeklammert und das lernende Individuum auf einen konstanten, weil zu vernachlässigenden Faktor reduziert wird.

Zur theoretischen Verknüpfung von Reiz und Reaktion beschränkt man sich im wesentlichen auf die Erklärungsprinzipien der Kontiguität, der Verstärkung (auch: Bekräftigung) und der Übung. (a) Wird *Kontiguität* zur Erklärung eines Lernvorganges herangezogen, so gilt die *räumlich-zeitliche Nähe* zwischen Reiz und Reaktion als Ursache der Verhaltensänderung. (b) Von *Verstärkung* wird gesprochen, wenn das neue Verhalten in irgendeiner Form sanktioniert (Belohnung oder Bestrafung) und damit in seiner Auftretenswahrscheinlichkeit verändert wird. (c) *Übung* liegt dann vor, wenn die Verbindung von Reiz und Reaktion mehrmals wahrgenommen oder wenn das neue Verhalten mehrmals hintereinander ausgeführt wurde, bevor es mit einer relativen Sicherheit auftritt.

Den genannten Erklärungsprinzipien kommt in den verschiedenen *Lerntheorien*, die im folgenden nur exemplarisch und kurz umrissen werden, ein je unterschiedlicher Stellenwert und eine je unterschiedliche Bedeutung zu.

Für die auf den russischen Physiologen Iwan P. Pawlow zurückgehende Lerntheorie der *klassischen Konditionierung* (vgl. *Foppa* 1965, S. 15–42) ist die Kontiguität in zweifacher Hinsicht relevant. Einmal wird Kontiguität für die Verbindung eines unkonditionierten Reizes mit einer unkonditionierten Reaktion vorausgesetzt, zum anderen muß Kontiguität geschaffen werden zwischen einem neu zu erlernenden Signalreiz und dem unkonditionierten Reiz, indem etwa der Signalreiz kurz vor dem unkonditionierten Reiz gegeben wird. Dem unkonditionierten Reiz kommt dabei gleichzeitig eine Art von Verstärkerfunktion zu. Nach den Prinzipien der Übung muß die Kombination aus Signalreiz und unkonditioniertem Reiz mehrmals auftreten, so daß der Signalreiz auch mehrmals gemeinsam mit der gewünschten Reaktion auftritt, bis er dann alleine diese Reaktion auslöst. Nach dieser recht einfachen Lerntheorie lassen sich beim Menschen Verhaltensänderungen erklären, die durch das autonome Nervensystem vermittelte Reaktionen wie etwa Gefühlsäußerungen betreffen.

Am Beginn der komplexeren *instrumentellen Konditionierung* (vgl. *Foppa* 1965, S. 43–146) stand das Gesetz des Erfolges von Edward Lee Thorndike, nach dem Kontiguität zwischen einer zunächst nach dem Prinzip von Versuch-und-Irrtum auftretenden Reaktion und positiven bzw. negativen Verhaltenskonsequenzen herzustellen ist. Da die Verhaltenskonsequenzen grundsätzlich sich erst dann zeigen, wenn die in Frage stehende Reaktion geäußert wurde, haben sie Verstärkungsfunktion. Das Prinzip der Übung spielt insofern eine Rolle, als die Kombination aus Reaktion und Verstärkung öfter miteinander auftreten muß, bevor die erwünschte Reaktion zuverlässig ausgelöst wird. Nach der instrumentellen Konditionierung kann der Erwerb mancher motorischer und sozialer Reaktionen erklärt werden.

Beim *Modellernen*, einer der jüngsten Lerntheorien, die vor allem durch die Untersuchungen von *Bandura* ausgearbeitet wurde (vgl. *Bandura & Walters* 1963) geht man davon aus, daß Kontiguität zwischen dem Verhalten einer als Modell fungierenden Person und der Wahrnehmung eben dieses Verhaltens durch eine beobachtende (und lernende) Person besteht. Verstärkung ist insofern von Bedeutung, als der Beobachter die Verhaltenskonsequenzen an der Modellperson wahrnimmt und dadurch quasi stellvertretend in seinem eigenen Verhalten verstärkt wird. Übung ist für das Modellernen nicht erklärungskräftig, d.h. für eine Verhaltensänderung reicht bereits eine einmalige Beobachtung eines Modells aus. Im Unterschied zu den beiden vorher genannten Lernformen lassen sich mit dem Modellernen auch Änderungen von komplexeren Verhaltensweisen erklären.

Rückblickend läßt sich festhalten, daß Stellenwert und Bedeutung der drei Erklärungsprinzipien in den einzelnen Lerntheorien offensichtlich von der Komplexität der Theorien abhängen. Wird im Rahmen der klassischen Konditionierung Kontiguität noch bezogen auf die Umwelt durch objektiv-physikalische Maße von Raum und Zeit angegeben, so ist bei der instrumentellen Konditionierung die Kontiguität bereits in das Individuum hineinverlegt, das ja eine *subjektive* Verbindung zwischen Verhalten und Verhaltenskonsequenzen herstellt. Beim Modellernen ist Kontiguität dann als subjektiv-psychologische Nähe zwischen Modellperson und Lernendem gefaßt. Im Fall der klassischen Konditionierung mußte die Verstärkung noch sofort und konkret erfahren werden, bei der instrumentellen Konditionierung konnte sie bereits zeitlich aufgeschoben und indirekt erfolgen und schließlich beim Modellernen nur noch *symbolisch* vermittelt werden. Das einfache Prinzip der Übung, das für die beiden Konditionierungstheorien von zentraler Bedeutung ist, kann zur Erklärung des komplexeren Modelllernens so gut wie nichts mehr beitragen.

Allgemein läßt sich der Schluß ziehen, daß die lerntheoretischen Prinzipien mit steigender Komplexität des zu erklärenden Verhaltens entweder irrelevant werden (Übung) oder einer subjektiv-psychologischen Reformulierung bedürfen (Kontiguität, Verstärkung), die allerdings mit der experimentellen Vorgehensweise der Lernforschung kaum mehr zu vereinbaren ist.

1.4. Veränderung als Sozialisation

Wenn von Sozialisation gesprochen wird, so ist damit weder eine bestimmte Theorie noch ein exakt abgrenzbarer Gegenstandsbereich gemeint; es verbindet sich mit diesem Begriff lediglich eine bestimmte Perspektive, von der aus individuelle Entwicklung betrachtet wird. Während unter den Begriff der Entwicklung alle individuellen psychologischen Veränderungen subsumiert werden, bezieht sich Sozialisation nur auf einen spezifischen Ausschnitt daraus. Im Mittelpunkt stehen nicht so sehr die kurzfristigen, konkret und unmittelbar beobachtbaren Verhaltensänderungen, wie sie vorher im Abschnitt über Lernen thematisiert wurden, als vielmehr die weniger augenfälligen, soziales Verhalten und Handeln steuernden Bewußtseinsstrukturen. Die unterschiedlichen Gegenstandsbereiche von Lernen und Sozialisation lassen sich mit dem der Psycholinguistik (*Chomsky* 1970) entlehnten Begriffspaar von Performanz und Kompetenz verdeutlichen. Performanz bezieht sich auf das in einer konkreten Situation unmittelbar faßbare Verhalten. In Abhebung davon bezeichnet Kompetenz ein nicht direkt faßbares Regel- und Orientierungssystem, das so allgemein und flexibel beschaffen ist, daß es nicht reproduktiv an bestimmte Reize oder Situationen gebunden bleibt, sondern produktiv auf neue Situationen übertragen und insofern auch zu neuen Handlungen führen kann.

Die folgende Herleitung des Sozialisationsbegriffs stützt sich weitgehend auf einschlägige Arbeiten aus dem Max-Planck-Institut für Bildungsforschung in Berlin, wo im Rahmen von Forschungen zur beruflichen Sozialisation umfassende theoretische Abklärungen vorgenommen wurden (*Lempert* et al. 1980, *Hoff* et al. 1982). Der Begriff der Sozialisation dient als eine Art von Sammelbezeichnung, um den lebenslangen Prozeß zu charakterisieren, während dem in Auseinandersetzung mit der jeweiligen sozialen und materiellen Umwelt Handlungs- und Bewußtseinsstrukturen erworben bzw. verändert werden, die über die Handlungsfähigkeit des Individuums entscheiden. Handlungsfähigkeit schließt hier sowohl spezifische Qualifikationen ein, wie Kenntnisse, Fertigkeiten oder Fähigkeiten, die auf eine technisch bestimmte Auseinandersetzung vorrangig mit der materiellen Umwelt zielen (*technische* Handlungsfähigkeit) wie auch Orientierungen gegenüber der sozialen Umwelt, die das

Handeln im sozialen Kontext bedingen (*soziale* Handlungsfähigkeit). Eine strikte Trennung von technischer und sozialer Handlungsfähigkeit ist nicht möglich; angesichts der Tatsache, daß soziale Handlungsfähigkeit die technische meist voraussetzt, kommt dieser Unterscheidung eher analytischer Stellenwert zu. Handlungsfähigkeit läßt sich nicht als eine statische, von Umwelteinflüssen weitgehend unabhängige Persönlichkeitseigenschaft auffassen, sie entwickelt sich immer bezogen auf eine spezifische Umwelt. Vorweg kann daher schon die Annahme getroffen werden, daß eine offene, durch großen Handlungsspielraum ausgezeichnete Umwelt die Handlungsfähigkeit eher begünstigen wird, während eine restriktive Umwelt mit wenig Handlungsmöglichkeiten sich eher nachteilig auswirken dürfte. Handlungsfähigkeit gerät so auch zum Kriterium, nach dem Verlauf und Ergebnis von Sozialisationsprozessen in konkreten Umwelten beurteilt werden können.

Diese erste begriffliche Eingrenzung, die es noch inhaltlich auszufüllen gilt, kann sich auf einen breiten Konsens in der neueren Sozialisationsforschung stützen (vgl. z. B. *Geulen & Hurrelmann* 1980, S. 51f.). Mehrere Absichten sind mit ihr verbunden. Mit der Verwendung des Sozialisationsbegriffs soll einmal eine einseitige direkte Einwirkung der Umwelt auf das Individuum ausgeschlossen und eine wechselseitige, immer auch gesellschaftlich-historisch vermittelte Beziehung zwischen Individuum und Umwelt angenommen werden. Individuelle Bewußtseins- und Handlungsstrukturen verändern die Umwelt – und sei es nur in der subjektiven Wahrnehmung des Individuums –, die Umwelt ihrerseits legt bestimmte Handlungsmöglichkeiten nahe, während sie andere wieder ausschließt. Projiziert man diese transaktionistische Beziehung zwischen Individuum und Umwelt auf die Zeitachse, so wird unmittelbar einsichtig, daß eine Auflösung nach vorausgehenden „Reizen" und nachfolgend ausgelösten „Reaktionen" willkürlich sein muß.

Im Sinne der obigen Begriffserklärung hat eine Analyse des Sozialisationsprozesses Genese und Veränderung der individuellen Handlungsfähigkeit auf der einen Seite und Veränderungen der Umweltbedingungen auf der anderen Seite zu integrieren. Zunächst stellt sich die Aufgabe, auf der Seite des Individuums zu klären, welche spezifischen Bewußtseinsstrukturen soziale Handlungsfähigkeit im Laufe der Entwicklung bedingen, um dann in einem zweiten Schritt abzuklären, wie die sozialisationsrelevanten Umweltbedingungen in ihrer Vielfalt eingegrenzt und präzisiert werden können. Auf dieser Grundlage ließen sich schließlich Empfehlungen gewinnen, wie einerseits Sozialisationsumwelten gestaltet und andererseits Bewußtseinsstrukturen erzieherisch beeinflußt werden könnten, um wünschenswerte Sozialisationsverläufe zu fördern.

Zur individuellen Handlungsfähigkeit seien zwei Anmerkungen vorausgeschickt. Es wird hier auf den naheliegenden Begriff der Persönlichkeit verzichtet, der üblicherweise als allgemeiner Begriff für Eigenschaften sowie Verhaltens- und Handlungspositionen verwendet wird. Auch wenn sich zunehmend Überlegungen zu einer interaktionistischen Theorie der Persönlichkeit finden, ist das ihr zugrundeliegendeVerständnis von Person noch zu statisch, um Sozialisation im obigen Sinn zu integrieren. Individuelle Handlungsfähigkeit ist natürlich von der psychophysischen Grundausstattung des Individuums abhängig, wie sie durch die Erbanlagen vorgegeben ist. Dieser Gesichtspunkt wird im folgenden ausgeklammert, da er bereits im Exkurs über „Anlage und Umwelt“ diskutiert wurde.

Der Begriff des Bewußtseins hat erst in den letzten Jahren über die Sozialisationsforschung weitere Verbreitung in der Psychologie gefunden, unbeschadet der Tatsache, daß der Bewußtseinsbegriff eigentlich am Beginn der Psychologie als einer eigenständigen wissenschaftlichen Disziplin stand (*Wundt* 1908). Zur Verdeutlichung sollen in Abhebung vom herkömmlichen Konzept der Persönlichkeit kurz einige zentral erscheinende Charakteristika angeführt werden. Als erstes ist die Intentionalität von Bewußtsein hervorzuheben, da Bewußtsein immer nur Bewußtsein von etwas sein kann. Dabei ist Bewußtsein aber mehr als eine bloße „kognitive Präsenz von etwas“ oder ein „mehr oder weniger klares Wissen von etwas hic et nunc“, wie *Pongratz* (1980, S. 256) definiert. Aufzuheben ist die dabei nahegelegte Einengung von Bewußtsein auf kognitive Prozesse; letztere sind ja ohne emotionalen Untergrund und ohne Handlungsentwürfe kaum denkbar. Bewußtsein entsteht über Prozesse der sozialen Interaktion, seine Inhalte sind, mit Einschränkungen (s. u.), grundsätzlich mitteilbar. Wenn aber nun Bewußtsein nicht als ein isoliertes Phänomen an sich vorstellbar ist, sondern immer in seiner Bezogenheit auf die Umwelt oder – reflexiv – auf die eigene Person, so folgt daraus zwingend die besondere Dynamik von Bewußtsein. Genauso wie Veränderungen im Bewußtsein zu einer veränderten Wahrnehmung der Umwelt führen, so wirken auch veränderte Umweltbedingungen auf das Bewußtsein zurück. Bewußtsein ist von daher auch als gesellschaftlich-historisch bedingt zu begreifen. Berücksichtigt man weiterhin, daß die Genese von Bewußtsein notwendig soziale Interaktionen voraussetzt, wird die Dynamik vollends deutlich: Bewußtsein ist nicht nur auf dem Hintergrund einer spezifischen gesellschaftlich-historischen Situation, sondern auch im Kontext spezifischer Sozialisationsprozesse zu betrachten. In diesem Verständnis wird Bewußtsein als eine Ganzheit faßbar, die Individuum als Träger des Bewußtseins und Umwelt integriert. Ein ganzheitliches, integratives Verständnis von Bewußtsein schließt nicht aus, daß einzelne Dimensionen oder Bereiche des Bewußtseins analytisch unterschieden werden können; ausgeschlossen ist lediglich ihre je isolierte Betrachtung. Der Begriff des Bewußtseins beinhaltet nicht, daß alle Inhalte und Strukturen auch tatsächlich immer bewußt, d.h. mitteilbar i.w. S. sind. Das Bewußtsein darf nicht als ein bloßer „Speicher" mißverstanden werden. In Abhängigkeit von lebensgeschichtlichen Erfahrungen werden seine Inhalte und Strukturen überformt und können auch unbewußt, weil nicht mehr zugänglich werden (vgl. S. 82 ff.).

Als Auswahlkriterium für sozialisationsrelevante Dimensionen des Bewußtseins läßt sich neben der grundsätzlichen Notwendigkeit für eine interaktionistische, Person und Umwelt integrierende Konzeptualisierung, insbesondere ein Zusammenhang mit der oben angesprochenen Kennzeichnung von Umwelt als offen bzw. restriktiv fordernd. D. h., vorrangig kommen solche Dimensionen in Frage, die es erlauben, individuelle Bewußtseinsaspekte in analoger Weise zu klassifizieren. Der Restriktivität von Umwelt steht dann die *Rigidität* des Individuums gegenüber, während der Offenheit der Umwelt die *Flexibilität* des Individuums entspricht. Gemäß diesen Vorgaben lassen sich einige Dimensionen eher exemplarisch als mit dem Anspruch auf Vollständigkeit benennen (nach *Hoff* et al. 1982, S. 516f.). Sie konstituieren gemeinsam die individuelle Handlungsfähigkeit.

Die Antriebsdimension oder *Motivation* stellt die grundlegende Voraussetzung für die Entwicklung von Handlungsfähigkeit dar. *Intrinsische* Motivation meint eine aktive, von Neugier getragene Erkundung der Umwelt, die sich an den Inhalten der gestellten Aufgaben oder Problemen orientiert. *Extrinsische* Motivation beschreibt dagegen eine passive, abwartende, weitgehend von der jeweiligen Umwelt bestimmte Orientierung, der eigene Handlungsimpulse mangeln. Die Antriebsdimension wird noch anhand eines weiteren Begriffspaares gekennzeichnet, nämlich nach proaktiv und aversiv. Eine *proaktive* Motivation umfaßt Tendenzen zu einer aktiven Lösung und Bewältigung von Problemen und Schwierigkeiten, während mit einer *aversiven* Motivation Vermeidungs- und Abwehrstrategien bezeichnet werden.

Mit der Motivation zusammen hängt die Dimension des *Kontrollbewußtseins*, die sich auf subjektive Grundvorstellungen der Beziehung zwischen eigener Person und Umwelt bezieht. Das Kontrollbewußtsein entscheidet darüber, ob das Individuum für sein Verhalten und Handeln samt Konsequenzen sich selbst oder seine Umwelt i. w. S. als Ursache erlebt. Intrinsische Motivationen begünstigt, extrinsische Motivation beeinträchtigt das Kontrollbewußtsein.

Als eine dritte Dimension wäre die kognitive Struktur oder, genauer, die operative Intelligenz anzuführen, die grundlegend ist für die technische Handlungsfähigkeit des Individuums. Jean Piaget hat ihre Entwicklung anhand einer Sequenz von prototypischen Beziehungen zwischen erkennendem Individuum und erkannten Objekten der Umwelt beschrieben (*Piaget* 1974, vgl. S. 65 ff.). Die Richtung der Intelligenzentwicklung läßt sich grob durch zunehmende Abstraktion, Wahrnehmungsunabhängigkeit und Umkehrbarkeit der jeweiligen Denkprozesse markieren.

Eine vierte und letzte Dimension ist die moralische Handlungsregulation – von *Lempert* et al. (1980) mit dem Konzept des moralischen Bewußtseins belegt –, von dem die Auseinandersetzung mit der sozialen Umwelt abhängt. Da auf diese Dimension in Kap. 3.2 ausführlich von verschiedenen theoretischen Positionen eingegangen wird, erübrigt sich hier eine weitere Darstellung.

Wenn bisher global von sozialer und materieller Umwelt oder auch von sozialisationsrelevanten Umweltbedingungen gesprochen wurde, so bleibt, diese erste unspezifische Kennzeichnung noch inhaltlich auszufüllen. Dann erst kann der eigentlich interessierende Vermittlungsprozeß zwischen den für die individuelle Handlungsfähigkeit bedeutsamen Bewußtseinsdimensionen und den einschlägigen sozialisationsrelevanten Umweltaspekten rekonstruiert werden.

Auf *Bronfenbrenner* (1976), den Begründer der ökologischen Sozialisationsforschung, geht die Idee zurück, hierarschisch aufeinander aufbauende Einflußfaktoren seitens der Umwelt anzunehmen. Er unterschied eine unmittelbare sozialräumliche Umgebung aus Wohnung bzw. Haus, Familie, Nachbarschaft, Schule und Arbeitsplatz, von der eine direkte Einflußnahme ausgeht. Davon hebt er eine mittlere Ebene ab, die neben informalen, sozialen Strukturen („Netzwerken"), die durch Gleichaltrige, Nachbarschaft und Bekannte gebildet werden, formelle Institutionen und Organisationen umfaßt, die teils direkt (Bildungs- und Gesundheitssystem), teils indirekt (Verkehrsumwelt, Wirtschaftssystem) die individuelle Sozialisation mit beeinflussen. Auf der obersten Ebene lokalisiert er das übergeordnete ideologische System, das die beiden vorgenannten Ebenen umgreift und ihnen Motive und Bedeutungen unterlegt.

Ausgehend vom Bronfenbrennerschen Ebenenmodell haben *Geulen & Hurrelmann* (1980, S. 64f.) in ihrer „Programmatik einer umfassenden Sozialisationstheorie" versucht, ein Strukturmodell der Sozialisationsbedingungen aufzustellen, das in Abb. 1 wiedergegeben ist.

Die Autoren trennen die Ebene der direkten „face-to-face" Interaktion, die jenseits der unmittelbaren sozialräumlichen Umgebung z. B. auch in den organisierten Sozialisationsinstanzen stattfindet, von einer Institutionsebene ab, auf der Interaktionen mehr indirekt und zum Teil materiell-technisch vermittelt gesteuert werden. Da soziale Organisationen der Institutionsebene keinen gesellschaftlich gebilligten Auftrag haben, sozialisierend wirksam werden, hat ihr gleichwohl vorhandener Einfluß oft unmerklichen *Hintergrundcharakter*, der für die Betroffenen wie für den Sozialisationsforscher nur schwer auszumachen ist. Ähnliches gilt für die Gesellschaftsebene, wo durch das jeweilige politisch-ökonomische System Rahmenbedingungen geschaffen werden, die das soziale Miteinander und das kulturelle Milieu ebenso prägen wie die technologische Entwicklung.

Die sozialisationsrelevanten Umweltbedingungen blieben, selbst bei einer noch so differenzierten Beschreibung der einzelnen Einflußebenen, unvollständig bestimmt, berücksichtigte

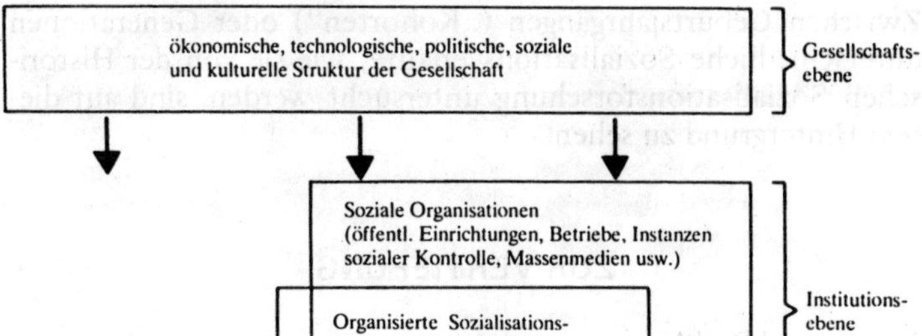

Abbildung 1: Komponenten und Ebenen eines Strukturmodells der Sozialisationsbedingungen

man nicht die Zeitdimension. Mit *Lempert* (1981, S. 725) lassen sich die Umweltbedingungen unter zeitlicher Perspektive in drei Gruppen einteilen:

1. Lebenszyklusbezogene Karrieremuster, d. h. regelhaft miteinander verbundene Bildungsgänge und Berufswege, die unter anderem nach der Gesellschaft, der sozialen Schicht oder Klasse, dem Geschlecht und dem Berufstyp variieren.
2. Kontinuierliche historische Veränderungstendenzen wie die Industrialisierung und
3. unregelmäßig verlaufende Vorgänge wie Krisen und Kriege und unerwartet auftretende Ereignisse wie Naturkatastrophen und Unglücksfälle.

Zwischen Geburtsjahrgängen („Kohorten“) oder Generationen unterschiedliche Sozialisationsverläufe, wie sie von der Historischen Sozialisationsforschung untersucht werden, sind auf diesem Hintergrund zu sehen.

ZUR VERTIEFUNG

Fragen und Probleme

1. Worin liegen die Ursachen, daß gerade in unserer Gesellschaft das Erbe-Umwelt-Problem in der öffentlichen Diskussion eine so wichtige Rolle spielt und die Massenmedien immer wieder darauf zurückkommen?
2. Untersuchungen mit Intelligenztests führen in der Regel zu dem Ergebnis, daß in der Gesamtbevölkerung bei der Gruppe der Hochbegabten (IQ größer 130) der Anteil der Frauen deutlich unter dem der Männer liegt. Auf welche Faktoren läßt sich dieser Unterschied zurückführen?
3. Versuchen Sie anhand der Abbildung 1 auf Seite 31 zu beschreiben, welche Einflußgrößen auf den Sozialisationsprozeß von Studenten an einer Universität einwirken! Inwiefern haben sich die Umweltbedingungen für die universitäre Sozialisation in den letzten 20 Jahren verändert?
4. Beschreiben Sie exemplarisch eine, unter sozialisatorischer Perspektive, restriktive Umwelt und stellen Sie ihr eine offene Umwelt gegenüber!

Literatur

Geulen, D. & Hurrelmann, K. 1980. Zur Programmatik einer umfassenden Sozialisationstheorie. In: *Hurrelmann, K. & Ulich, D.* (Hrsg.) Handbuch der Sozialisationsforschung. Weinheim: Beltz, S. 51–67.

Ausgehend von den Aufgaben einer Sozialisationstheorie skizzieren die Autoren ein umfassendes Strukturmodell der Sozialisationsbedingungen, das einen ersten Überblick über die Felder der Sozialisationsforschung vermittelt.

Heckhausen, H. (1976. Anlage und Umwelt als Ursachen von Intelligenzunterschieden. In: *Studienbegleitbriefe zum Funkkolleg Pädagogische Psychologie*, Teil III, Sozialisation. Weinheim: Beltz, S. 1–26.

In diesem Beitrag werden die komplexen Grundlagen der Anlage-Umwelt-Diskussion in verständlicher Form dargestellt und am Beispiel der Vererblichkeit von Intelligenz ausführlich verdeutlicht.

2. Methoden und Methodenkritik

ÜBERBLICK

In den verschiedenen Kapiteln dieses Bandes werden vielfach Fragen der empirischen Erfassung von individuellen und kollektiven Veränderungsprozessen gestreift, die vorab in einem eigenen Kapitel zwar nicht erschöpfend, aber doch in den Grundzügen diskutiert werden sollen. Auf die nähere Darstellung konkreter Methoden wird zugunsten des Versuches verzichtet, *allgemeine* Prinzipien der Auswahl und Anwendung von Methoden herauszuarbeiten. Eine genaue Unterscheidung zwischen den im Forschungsprozeß vorgängigen *Erhebungs*methoden und den nachgeordneten *Auswertungs*verfahren zu den gewonnenen Daten ist dabei nur bedingt einzuhalten. Die Art der Erhebungsmethode, ob es sich um einen Test, einen Fragebogen oder um ein freies Interview handelt, legt in der Regel bestimmte Auswertungsmethoden für die Daten fest, während sie andere ausschließt.

Als grundsätzliche Maxime für das methodische Vorgehen in der Sozialisationsforschung kann die im Eingangskapitel angeführte Forderung nach einer *theoriegeleiteten* Forschung gelten: Die Anwendung der Methoden ist vom gewählten theoretischen Ansatz her zu begründen. An die empirische Sozialisationsforschung wird der Anspruch gerichtet, Sozialisationsverläufe in einem definierten gesellschaftlichen Kontext zumindest ausschnitthaft zu rekonstruieren. Ausgehend von sozialisationstheoretischen Voraussetzungen der Empirie erfolgt in diesem Kapitel eine kritische Würdigung der Forschungspraxis, die im wesentlichen Fragen der Standardisierung und Datenanalyse aufgreift, um abschließend konstruktive Perspektiven empirischer Sozialisationsforschung aufzuzeigen.

2.1. Ausgangsbedingungen der empirischen Sozialisationsforschung

Das hier zugrundegelegte Verständnis von Sozialisation (vgl. S. 25) beinhaltet bereits eine Reihe von methodenrelevanten Festlegungen, die es gestatten, Anforderungen an empirische Sozialisationsforschung thesenförmig zusammenzufassen:

(a) Sozialisationsforschung hat es mit einer *Vielzahl* von Einflußgrößen zu tun, die *gleichzeitig* auf den Sozialisationsprozeß einwirken.

(b) Die Einflußgrößen sind in *qualitativer* Hinsicht höchst unterschiedlich. Es kann sich um objektivierbare Faktoren handeln wie etwa die Zahl der Familienangehörigen oder die Größe des zur Verfügung stehenden Wohnraumes. Es können aber auch subjektiv-psychologische Faktoren sein wie die individuelle Wahrnehmung und Einschätzung objektiver Lebensbedingungen. Erschwerend kommt hinzu, daß solche subjektiven Faktoren dem Individuum nicht notwendig kognitiv präsent sein müssen, es möglicherweise nicht in der Lage ist, direkt darüber Auskunft zu geben.

(c) Die Einflußgrößen gehören unterschiedlichen Betrachtungs*ebenen* an, die *hierarchisch* aufgebaut sind und sich mit zunehmender Distanz zum Individuum in ihrem Einfluß mehrfach überlagern. Sozialisation ist grundsätzlich in einen spezifischen *ökologischen* Kontext eingebettet.

(d) Aus dem hierarchischen Aufbau der Ebenen folgt notwendig, daß die verschiedenen Einflußgrößen nicht isoliert und unabhängig voneinander ihre Wirkung entfalten, sondern untereinander in *Wechselwirkungsverhältnissen* stehen.

(e) Die Wirkung der Einflußgrößen entwickelt sich *in der Zeit*, d. h. ihr Einfluß ist auf die Dimension der Zeit zu beziehen. Dabei geht es weniger um die Festlegung exakter zeitlicher

Begrenzungen für bestimmte Sozialisationsprozesse als vielmehr darum, Wirkungen über die Zeit hinweg zu verfolgen bzw. zu rekonstruieren. Zu bedenken ist weiterhin, daß die Einflußgrößen selber als *historisch vermittelt* zu begreifen sind.

(f) Da an konkreten Sozialisationsprozessen meist *einzigartige* Muster von Einflußgrößen beteiligt sind, ist Sozialisation primär als ein *individuumspezifisches* Geschehen zu betrachten. Dem steht nicht entgegen, daß sich unter homogenen Bedingungen, wie sie etwa in stark normativ geprägten Umwelten gegeben sind, typische Sozialisationsverläufe entstehen, die in der Konsequenz zu generellen *Sozialcharakteren* führen (vgl. S. 111 ff.).

2.2. Die Forschungspraxis

Nachdem die Ausgangsbedingungen für empirische Untersuchungen von Sozialisationsprozessen umrissen sind, liegt es nahe, einen Blick auf die derzeit geübte Praxis der Sozialisationsforschung zu werfen und zu prüfen, inwieweit die genannten Anforderungen realisiert werden. Angesichts der Vielzahl empirischer Studien, die den Anspruch erheben, in irgendeiner Form Sozialisation zu erfassen, muß eine solche Überprüfung notwendig *selektiv* erfolgen und sich auf typische, verbreitete Vorgehensweisen beschränken.

Die Praxis der Sozialisationsforschung ist nach wie vor geprägt vom Übergewicht *quantitativer* Methoden, die dem Anspruch auf *Objektivität* verpflichtet sind. Objektivität meint hier primär *intersubjektive Nachvollziehbarkeit* der Methodenanwendung und der damit produzierten Ergebnisse. Im Extremfall könnte also eine Methode als objektiv und brauchbar gelten, mit der zwei Forscher unabhängig voneinander zu *gleichen*, wenn auch falschen (!) Ergebnissen gelangen. Ein solcherart *verkürzter* Objektivitätsbegriff begünstigt standardisierte Erhebungsmethoden, bei denen die Reaktionsmöglichkeiten der Probanden fest vorgegeben sind und der Interviewer oder der Befragte selbst nur noch Kreuzchen zu setzen braucht. Weiterhin werden Meß- und Analyseverfahren bevorzugt, die quantifizierte, *metrische* Daten voraussetzen und deren korrekte, meist ohnehin über EDV realisierte Anwendung einfach zu kontrollieren ist.

Wenn im folgenden die Methodenpraxis in der Sozialisationsforschung kritisch gewürdigt wird, so richtet sich diese Kritik nicht gegen die Methoden als solche als vielmehr gegen die gängige Anwendungspraxis. Als Beispiel für praktizierte *Erhebungs*methoden soll die standardisierte Längsschnittbetrachtung vorgestellt werden. Die *Analyse*methoden werden ausgehend von den Produktionsbedingungen der Daten anhand der Mehrebenenanalysen diskutiert.

2.2.1. Standardisierte Längsschnittbetrachtung

In Längsschnitt- oder Panelstudien werden üblicherweise „zu zwei oder mehr Zeitpunkten die gleichen Variablen mit der gleichen Methode an denselben Personen erhoben" (*Friedrichs* 1982[10], S. 366). Insoweit wären Längsschnittstudien noch nicht als eigenständige Erhebungsmethoden zu bezeichnen. In der *Praxis* haben sich freilich, bedingt durch die Forderung nach gleicher Methode, weitgehend *standardisierte, quantifizierende* Erhebungsmethoden eingebürgert, bei denen sich die formale Gleichheit der verwendeten Methode problemlos realisieren läßt.

Klar davon zu unterscheiden sind die sog. *Quasi*-Panelstudien, bei denen zwar die gleichen Variablen mit der gleichen Methode, aber bei *unterschiedlichen* Personen erhoben werden. Als typisch dafür kann die *Kohortenanalyse* aus der politischen Sozialisationsforschung gelten (vgl. *Zengle* 1978), in der Angehörige verschiedener Altersgruppen (Kohorten) in ihren politischen Meinungen und Einstellungen verglichen werden. Aus einem derartigen Vergleich auf politische Sozialisationsprozesse zu schließen, ist selbst dann noch problematisch, wenn andere Einflußfaktoren wie Geschlecht, Schulbildung, Soziale Schicht u. ä. durch gleiche Verteilung in den Kohorten konstant gehalten werden („Parallelisierung"). Etwaige Unterschiede zwischen den Kohorten ließen sich sowohl auf gewandelte Sozialisationsbedingungen als auch auf bloße Altersunterschiede zurückführen.

Demgegenüber erscheint das „echte" Panel zunächst als *die* Möglichkeit, Entwicklung bzw. Sozialisation zu rekonstruieren (vgl. das diesbezügliche Plädoyer von *Wohlwill* 1977). Eine längsschnittliche Betrachtung ist zweifellos geeignet, Veränderungen in der Zeit zu erfassen, allerdings ist die *praktizierte* Form der standardisierten, quantifizierenden Längsschnittstudie mit einer ganzen Reihe von Schwierigkeiten behaftet, die ihren Erkenntniswert empfindlich schmälern. Zuerst stellt das notwendige Festhalten an der *gleichen* Methode, das de facto standardisierte Erhebungsmethoden begünstigt, ein Korsett für die Forschung dar. Um der formalen Vergleichbarkeit zwischen den einzelnen Erhebungen willen muß das Instrumentarium selbst dann noch beibehalten werden, wenn im Laufe des Forschungsprozesses Zweifel an der Brauchbarkeit aufkommen. Der gleiche Zwang geht von den Analysemethoden aus, die formal *äquivalente* Daten über die Erhebungszeitpunkte hinweg verlangen. Die mehrfach belegte Tatsache, daß Erhebungsinstrumente wie etwa die verbreiteten Einstellungsskalen bereits nach kurzer Zeit *Informationsverluste* und *Bedeutungsverschiebungen* mit sich bringen (*Hartmann & Wakenhut* 1973), wird nicht gesehen. Gleiche Erhebungsinstrumente in einer Längsschnittstudie lösen auf Seiten der Probanden notwendig *Lern-* oder auch *Sättigungseffekte* aus – Erscheinungen, die unter dem Begriff der *Reaktivität* zusammengefaßt werden. Sie dürften bei völlig standardisierten Instrumenten noch erheblicher ins Gewicht fallen, da hier die Reaktionsmöglichkeiten für die Probanden auf schlichtes Ankreuzen reduziert sind. Kritisiert werden muß auch die gängige Praxis formal überprüfte und einmal bewährte Erhebungsinstrumente einfach zu übernehmen. Die von einer unreflektierten Anlehnung an die Meßpraxis in den Naturwissenschaften genährte Vorstellung, man könne auch in den Sozialwissenschaften auf fertige und *universell anwendbare* Meßinstrumente zurückgreifen, muß als illusionär abgewiesen werden. Implikationen und theoretische Voraussetzungen der Instrumentenentwicklung werden zu wenig berücksichtigt, vorschnell unterstellt man eine Verträglichkeit mit dem eigenen theoretischen Ansatz.

Weitreichende Konsequenzen ergeben sich aus der Festlegung der für alle Probanden gemeinsamen Erhebungszeitpunkte. Angenommen wird, daß sich bei allen Personen im definierten Zeitraum die erwarteten Veränderungen einstellen. Selbst wenn sich die Erhebungszeitpunkte an bestimmte, für alle Probanden gemeinsame Ergebnisse anlehnen wie Schulabschluß oder Berufseintritt, ist damit noch nicht sichergestellt, daß tatsächlich relativ stabile Sozialisationseffekte und nicht bloße Reaktivitätsphänomene erfaßt wurden.

Weiterhin sei auf ein nur an der Oberfläche technisches, bei näherer Betrachtung *strukturelles* Problem hingewiesen, den zunehmenden *Schwund* („Mortalität") der Probanden beim zweiten und bei späteren Erhebungszeitpunkten. Mortalität wird um so wahrscheinlicher, je weniger Motivation und Interesse an der Untersuchung die Probanden mitbringen und je undurchsichtiger ihnen Sinn und Zweck der Erhebung erscheinen. Genau diese Sachlage dürfte bei standardisierten Methoden in besonderem Maße gegeben sein. Zur Größenordnung der Mortalität finden sich in der Literatur kaum konkrete Werte (so bei *Friedrichs* 1982[10] und *Nehnevajsa* 1973[3]). *Hegner* et al. (1983) berichten von einer Panelstudie zur politischen Sozialisation von Wehrpflichtigen in der Bundeswehr, bei der zum Zeitpunkt der zweiten Erhebung ca. 21 % der Probanden fehlten. Wenn sich in einem so kontrollierten Bereich wie dem Militär bereits derartige Schwundquoten einstellen, ein wieviel größeres Ausmaß ist erst in anderen Bereichen zu erwarten? So mag es auch nicht weiter verwundern, daß die meisten Längsschnittstudien in solchen Populationen durchgeführt werden, in denen der Forscher *Macht und Kontrolle* über seine Probanden ausüben kann: Schüler, Lehrlinge, Berufsanfänger oder Soldaten.

2.2.2. *Datenproduktion und Mehrebenenanalysen*

Die Praxis der Meß- und Analyseverfahren läßt sich nur unzureichend kennzeichnen, wenn man sich nicht auf die grundlegenden Bedingungen der *Produktion* sozialwissenschaftlicher Daten besinnt. Unter Daten versteht man allgemein Ergebnisse von Untersuchungen, ausgedrückt in *symbolischer* Form, und insofern Resultate eines vom Untersucher *aktiv* betriebenen Vorgangs. Daten existieren nicht unabhängig vom Forschungsprozeß, sie stellen *Konstruktionen* des Forschers dar und müssen solange als willkürlich gelten, wie ihre Produktion nicht vom gewählten theoretischen Ansatz her legitimiert werden kann. Die Durchführung spezifischer statistischer Analysen, in denen von der untersuchten Stichprobe auf die zugrundeliegende Population gefolgert wird, hängt ganz entscheidend davon ab, wie die Daten zustandegekommen sind.

Der erste Schritt zur Produktion der Daten erfolgt bei standardisierten Erhebungsmethoden bereits *vor* der eigentlichen Untersuchung. Er besteht darin, die zu untersuchenden Ereignisse oder Merkmalsausprägungen in eine begrenzte Zahl von *Kategorien* zusammenzufassen und nachfolgend durch Symbole darzustellen. So wird z. B., wie im nachfolgenden Beispiel, die Vielfalt denkbarer Meinungsäußerungen zu einem politischen Sachverhalt auf „typische" Zustimmungs- bzw. Ablehnungskategorien reduziert:

ich stimme völlig zu	*ich stimme zu*	*ich bin unentschieden*	*ich lehne ab*	*ich lehne völlig ab*
(5)	(4)	(3)	(2)	(1)

Werden solche Antwortkategorien vorgegeben, setzt das Sprachverständnis des Forschers den Äußerungen der Probanden einen ersten *Filter* entgegen. Die zunächst nur nebensächlich erscheinende Zuordnung von Zahlen zu den Antwortkategorien ist einer der mit den meisten Mißverständnissen verknüpfte Schritt in der gesamten empirischen Sozialforschung. Vorab ist der Sprachgebrauch zu präzisieren: Streng genommen kann es sich nicht um die Zuordnung von Zahlen, sondern allenfalls von Zahl*worten* handeln, die gegebenenfalls auch durch andere Symbole ersetzt werden könnten. *Ritsert* (1971, S. 83) problematisiert diese Unterscheidung anhand ihrer Konsequenzen: „Die Regeln der Zuordnung von Zahlworten zu Objekten legen zugleich auch bestimmte Beziehungen zwischen den Zahlen fest." Im Beispiel: Die Vergabe der Zahlenwerte zwischen 1 und 5 legt es nahe, bestimmte, nämlich *gleiche*, Abstände zwischen den Zahlworten zu unterstellen und, dies ist der schwerwiegendere Schritt, diese Beziehung stillschweigend auf die Abstände zwischen den Antwortkategorien zu übertragen. Ritsert weist kritisch auf dieses verbreitete Mißverständnis hin:

„Wir können nicht ohne weiteres davon ausgehen, daß Quantifizierung als Zuordnung von Zahlworten zu Objekten gemäß Regeln schon Manipulation der Symbole im Sinne der Struktur irgendeines der uns geläufigen Zahlen-Systeme zuließe. Anders ausgedrückt: Wir können Eigenschaften von Objekten symbolisch im abstrakten Raum darstellen, ohne damit schon ein bestimmtes algebraisches System, das die Operationen mit Zahlen regelt, anwenden zu können" (S. 84).

Festzuhalten bleibt, daß zwischen den Zahlworten nur genau *die* Qualität der Beziehung angenommen werden darf, wie sie auch zwischen den Antwortkategorien besteht. Und mehr als eine bloße *Rangreihe* von Zustimmung bzw. Ablehnung läßt sich bei der üblichen Kategorienbildung schwerlich rechtfertigen.

Die Annahme, daß es sich bei Daten um symbolische Abbildungen von Ereignissen oder Merkmalsausprägungen handelt, deren Angemessenheit prinzipiell zu beweisen ist, setzt auch für den zweiten, der eigentlichen Datenanalyse noch vorgeordneten Schritt, die *Messung*, Restriktionen. Unabhängig von den Besonderheiten der einzelnen Meßtechniken kann als ihr gemeinsames Ziel ausgemacht werden, Ereignisse oder Merkmalsausprägungen auf einer oder mehreren gemeinsamen Dimensionen zu lokalisieren und so einen Vergleich zwischen den Probanden zu ermöglichen. Analog können zwischen den zugewiesenen Meßwerten, die als Positionen auf einem Kontinuum vorzustellen sind, nur solche Beziehungen angenommen werden, wie sie *vor und unabhängig* von der Messung durch die Datenqualität festgelegt sind. Dies ist auch, vereinfacht ausgedrückt, der Kerngedanke der *Repräsentationstheorie* sozialwissenschaftlicher Messung (*Orth* 1974), die allerdings noch kaum Eingang in die Sozialisationsforschung gefunden hat. Die Meßpraxis in der Sozialisationsforschung wie in den Sozialwissenschaften generell ist immer noch bestimmt von einer unkritischen Anlehnung an das Vorbild der physikalischen Messung (vgl. Diskussion bei *Hartmann* et al. 1984) und arbeitet mit *stichprobenabhängigen* Meßwerten. Die zugrundeliegende simple Meßtechnik geht auf die Besonderheiten sozialwissenschaftlicher Konzepte und Theoriebildung nicht ein.

Daneben gibt es inzwischen auch Formen der stichprobenunabhängigen, einzelfallorientierten Messung in der Sozialisationsforschung. Als Beispiel mögen die Tests zur Erfassung der moralischen Urteilskompetenz (= TMU) von *Lind & Wakenhut* (1983) dienen, die ihren Ursprung in der Dilemma-Methode der Kohlbergschen Entwicklungstheorie (s. u. S. 69 ff.) haben. Die TMU sind keine Standardinstrumente, sondern umfassen je nach Zielgruppe und Fragestellung unterschiedliche Bestandteile: Kurzgeschichten, die moralisch relevante Konfliktsituationen („Dilemmata“) aus verschiedenen Lebensbereichen beschreiben. Zu jeder Geschichte werden sechs Argumente für und sechs Argumente gegen die geschilderte Konfliktlösung zur Bewertung vorgegeben. Die Argumente stehen für jeweils eine der sechs Moralstufen nach Kohlberg. Die Befragten geben auf einer fünfstufigen Skala an, wie gut man ihrer Meinung nach mit dem jeweiligen Argument die Konfliktlösung rechtfertigen bzw. ablehnen kann. In einem schrittweisen Algorithmus, der direkt aus den theoretischen Annahmen abgeleitet ist, wird von den Urteilsdaten auf das zugrundeliegende Niveau der moralischen Entwicklung geschlossen.

Der Gedanke, daß Daten Repräsentationen der Wirklichkeit darstellen, die immer nur soweit verändert werden können als ihr Abbildungscharakter erhalten bleibt, ist auch bestimmend für die Datenanalyse. Diese umfaßt zwei logisch getrennte Schritte, nämlich die Ermittlung von statistischen Kennwerten zur Datenbeschreibung (*deskriptive* Statistik: Mittelwert, Streuung, Korrelation u. ä.) und die Schlußfolgerung von diesen Kennwerten auf die in der zugrundeliegenden Population (*Inferenz*statistik: statistische Prüf- bzw. Signifikanztests). Entsprechend gilt, soll der Abbildungscharakter der Daten nicht zerstört werden, daß nur solche Kennwerte und solche inferenzstatistische Verfahren heranzuziehen sind, die der Datenqualität angemessen sind. Wenn man bedenkt, daß die gängigen Verfahren Daten von einer *Stichprobe* von Personen erwarten, dann müßte sich praktisch auch noch die Aufgabe stellen, *inter*individuelle von den unter der Sozialisationsperspektive eigentlich interessierenden *intra*individuellen Veränderungen zu trennen — eine Aufgabe, die bis heute noch unbefriedigend gelöst ist (vgl. *Hartmann* et al. 1984). In aller Regel wird die intraindividuelle zugunsten der interindividuellen Variabilität vernachlässigt. Inferenzstatistische Schlüsse beziehen sich daher lediglich auf mittlere bzw. *modale* Veränderungen.

Damit allein sind die Probleme der Analysepraxis noch längst nicht erschöpfend beschrieben. Das Beispiel der *quantitativen Mehrebenenanalysen*, die in neueren Arbeiten zunehmend häufiger angewandt werden, soll verdeutlichen, welche Schwierigkeiten sich in der Praxis stellen. Die Mehrebenenanalyse zielen darauf ab, Daten zu zwei oder mehr Betrachtungsebenen von Sozialisation *methodisch* miteinander zu verknüpfen und in ihrem Einfluß auf den *modalen* Sozialisationsprozeß in der Population zu erfassen. Sie basieren auf der Korrelations- bzw. Regressionsrechnung (*Bamberg & Baur* 1980), bei der die eingehenden Größen nach *unabhängigen* Variablen bzw. Prädikatoren und nach *abhängigen* Variablen, Kriterium genannt, klassifiziert werden. Die Logik der Mehrebenenanalysen läßt sich am besten anhand der vieldiskutierten Untersuchung von *Bertram* (1978) veranschaulichen.

Der Autor wollte mit seiner Untersuchung klären, inwieweit das soziale Milieu die moralische Sozialisation von Kindern bestimmt. Unter dem Begriff des sozialen Milieus verbergen sich zwei unterschiedliche, in hierarchischer Beziehung stehende Ebenen von Sozialisation. Soziales Milieu umfaßt zum einen die übergeordnete sozialstrukturelle Ebene, wie Zugehörigkeit zur Sozialschicht, berufliche Autonomie u. ä., zum anderen aber die nachgeordnete familiale Ebene, die Bertram im wesentlichen gleichsetzt mit elterlichen Einstellungen. Moralische Sozialisation wird, sieht man von einigen kritischen Abgrenzungen einmal ab, analog zu Kohlbergs Entwicklungstheorie (vgl. S. 69 ff.) verstanden. Bertram geht davon aus, daß die sozialstrukturelle Ebene der Entwicklung des kindlichen moralischen Bewußtseins nur indirekt und vermittelt über die familiale Ebene beeinflußt. Weiterhin nimmt er an, daß den additiv verknüpften einzelnen Einflußfaktoren ein geringeres Gewicht zukommt als dem Gesamt der Einflußfaktoren jeder Ebene, von ihm Konstellation genannt, in die auch Wechselwirkungen zwischen den Faktoren eingehen. Zur Datenanalyse greift Bertram auf das AID-Verfahren („Automatic Interaction Detector"), auch Kontrastgruppenanalyse genannt, zurück, ein Mehrebenenanalysemodell, das auch nicht-lineare Beziehungen zwischen den Faktoren berücksichtigt. Kurz gefaßt ergaben sich folgende Ergebnisse: Elterlichen Einstellungen kommt für die moralische Sozialisation der Kinder die größere Bedeutung zu, gesellschaftliche Faktoren üben nur mittelbar eine Wirkung auf das moralische Bewußtsein der Kinder aus. Der familialen Konstellation kommt bei weitem die größte Erklärungskraft zu. Familiale und sozialstrukturelle Konstellation zusammen repräsentieren, quantitativ bemessen, etwa die Hälfte aller Einflußgrößen auf die moralische Entwicklung.

Um den Stellenwert dieser Ergebnisse zu verdeutlichen, ist ein Blick auf die *impliziten* Annahmen des AID-Verfahrens angebracht. Das Verfahren geht von *einseitigen kausalen* Beziehungen zwischen sozialstruktureller, familialer und Individualebene aus, obwohl z. B. *Rückwirkungen* von den Kindern auf die Eltern nicht nur theoretisch plausibel, sondern auch empirisch belegt sind (vgl. *Köckeis-Stangl* 1980). Die Erklärungskraft der als unabhängige Variablen fungierenden Ebenen für das als unabhängige Variable eingehende Niveau der moralischen Entwicklung wird über Extremgruppenbildung schrittweise und *automatisch* so eingegrenzt, daß eine *optimale* Kombination aus den unabhängigen Variablen herausgefiltert wird. Optimal ist im gewählten Modell gleichzusetzen mit maximaler Varianzaufklärung. *Theoretische* Gewichtungen der Variablen spielen keine Rolle, sie werden durch die „objektiven" Steuerungsparameter des Verfahrens (z. B. tolerierter Fehler, Anzahl der Schritte, Gruppengröße) ersetzt. Hierin scheint das grundlegende Dilemma solcher Mehrebenenanalysen und etlicher anderer multivariater Analyseverfahren (Faktorenanalysen, Klassifikationsanalysen) auf. Diese Verfahren können keinen Ersatz für eine unzureichende theoretische Fundierung des methodischen Vorgehens bieten. In theoretischer Hinsicht geben sie keine *qualitativ* neuen Informationen zu den Daten, noch stellen sie „konstitutive Theorieelemente" dar, wie dies Bertram glaubt. Sie liefern lediglich Hinweise auf *mögliche* formale Verknüpfungen und Gruppierungen der untersuchten Variablen. Im Endergebnis muß der Forscher die *vor* der Analyse eingesparte Theoriearbeit *nach* der Analyse leisten und stellt damit die Logik der empirischen Sozialforschung auf den Kopf. Oder wie *Krämer-Badoni* (1980, S. 62) kritisch gegenüber dem AID-Verfahren bei Bertram anmerkt: „Es wird immer schwieriger, die gesellschaftliche Wirklichkeit von der methodisch produzierten Wirklichkeit zu unterscheiden." Um eben dieser Schwierigkeit zu entgehen, ist *Transparenz* im Forschungsprozeß unabdingbar.

In dieser Hinsicht stellen die Prozeduren zur Analyse von linearen Strukturgleichungssystemen, die auf Arbeiten von *Jöreskog* (1973, siehe auch *Weede* 1979) zurückgehen, einen gewissen Fortschritt dar. Anwender der im Programmpaket LISREL zusammengestellten Auswertungsverfahren („linear structural relationships") sind darauf verwiesen, *vor* der Analyse ihre Annahmen zu explizieren. Es ist die Modellvariante mit den spezifischen Beziehungen zwischen den gemessenen oder auch theoretisch postulierten Einflußgrößen genau festzulegen und anhand von linearen Gleichungssystemen vorzugeben. Für das je definierte Modell liefert dann LISREL Schätzungen zur Enge des Zusammenhanges bzw. der Abhängigkeit.

2.2.3. Zur Einschätzung der Forschungspraxis

Die bisher vorgetragene Kritik an der Praxis der empirischen Sozialisationsforschung trifft, dies sei noch einmal betont, nur für einen, wenn auch den *größeren* Teil der vorliegenden Untersuchungen zu. Am stärksten ist davon die politische Sozialisationsforschung betroffen (*Zengle* 1978). Daneben gibt es eine zunehmend größer werdende Zahl von Studien, in denen die aufgezeigten Schwachstellen der Forschungspraxis erkannt und mehr oder weniger überwunden wurden. Gleichwohl ist nicht zu erwarten, daß sich in der Praxis schnelle und grundlegende Veränderungen einstellen, die über bloß technische Verbesserungen hinausgehen. Das *strukturelle* Problem, das dem im Wege steht, wird sichtbar, wenn man den roten Faden der Kritik noch stärker akzentuiert. Am Beginn steht die *Fixierung* auf standardisierte Methoden zur Datenerhebung, gestützt vom Glauben an die allgemeine Verwendbarkeit sozialwissenschaftlicher Meßinstrumente. Vergessen wird die Tatsache, daß standardisierte Methoden aufgrund ihrer Restriktionen auch entsprechend *mehr* an theoretischen Vorkenntnissen erfordern als offene Erhebungsmethoden.

Die Entwicklung hin zu einer *Verselbständigung* der Methoden wird noch begünstigt durch Sammlungen und Dokumentationen von erprobten Fragebogen und Skalen, wie sie laufend vom Standardprofildienst des Informationszentrums Sozialwissenschaften in Bonn und vom Zentrum für Umfragen, Methoden und Analysen (ZUMA) in Mannheim vorgelegt werden. Es läßt sich nicht abstreiten, daß diese nach US-amerikanischen Vorbildern (*Robinson* et al. 1973) zusammengetragenen Dokumentationen ihren Wert haben. Er liegt aber mehr darin, die meist nur kursorisch beschriebenen Erhebungsmethoden in veröffentlichten Arbeiten transparent und *nachvollziehbar* zu machen, und weniger darin, fertige Methoden für beliebige Fragestellungen bereitzustellen.

Ein übriges tun die an fast allen Großrechenanlagen verfügbaren *Programmpakete* zur Datenanalyse (u. a. BMD, SPSS), die komplexe, von vielen Anwendern formal nicht mehr nachvollziehbare Auswertungsverfahren anbieten. Eine technisch einwandfreie Handhabung von Programmen und Steuerungsparametern, die zu formal korrekten Lösungen führt, kann eine Reflexion inhaltlich-theoretischer Restriktionen der Auswertungsprozeduren nicht ersetzen; die nach außen hin routinierte und technisch effiziente Abwicklung von Forschung vermag das strukturelle Problem quantitativer Forschungspraxis nicht zu überdecken. Die kritisierte Praxis entspricht ziemlich genau einem verbreiteten *Selbstverständnis* von Forschern, nach dem sie um der vermeintlich objektiven Erkenntnis willen Macht und Kontrolle über das Untersuchungsfeld ausüben müssen. Zu diesem Zweck geht der Forscher ein Bündnis mit den jeweiligen Machtinhabern ein, die ihm den Zugang zum Untersuchungsfeld eröffnen, wenn er nicht schon von vornherein in ihrem Auftrag tätig wurde. Die Perspektive des Forschers dürfte somit näher an der der Machtinhaber als an der seiner Probanden liegen. Am deutlichsten tritt das *Machtgefälle* zu Tage, wenn dem Untersucher Gruppen von Probanden regelrecht zugeführt werden, um unter seiner Aufsicht in einer *anonymen* Situation standardisierte Fragebogen zu bearbeiten. In einer von jeglichen Alltagseinflüssen bereinigten, *vollständig* kontrollierten Untersuchungssituation geraten dem Forscher, ob gewollt oder ungewollt, seine Probanden zu bloßen Forschungs*objekten* und *Datenlieferanten*. Abtrennung und Distanz zwischen Forschern und dem „Gegenstand" seiner Forschung als methodische Prinzipien verstellen den Blick auf die gesellschaftliche Wirklichkeit. Damit liegt aber auch auf der Hand, daß Änderungen der Erhebungs- und Analysepraxis das Selbstverständnis des Forschers in einem ganz erheblichen Maße tangieren würden (vgl. *Berger* 1974).

2.3. Alternative Perspektiven der Sozialisationsforschung

Wurde im Rahmen der kritischen Auseinandersetzung mit der quantitativ orientierten Methodenpraxis bereits auf neuere, weniger problematische Methoden verwiesen (s. S. 41), so soll abschließend überlegt werden, welche *qualitativ* angelegten Vorgehensweisen sich anbieten. Damit ist kein Verzicht auf die quantitativen Methoden verbunden – vorausgesetzt, sie stehen im Einklang mit dem theoretischen Bezugsrahmen und sind der Datenqualität angemessen –, verloren geht freilich ihre bislang dominierende Stellung. Es wäre irreführend, von einem *Konkurrenzverhältnis* zwischen quantitativen und qualitativen Methoden auszugehen. Verknüpfungen im Forschungsprozeß etwa der Art, daß auf eine qualitative Vorstudie eine quantitative Hauptuntersuchung folgt, weisen auf ihre Vereinbarkeit hin. Wie *Kleining* (1982) in seinem „Umriß zu einer Methodologie qualitativer Sozialforschung" aufzeigt, haben quantitative und qualitative Methoden ihren gemeinsamen Ursprung in den *Alltagstechniken*, mit denen Erkenntnisse und Erfahrungen in der tagtäglichen Lebenspraxis gewonnen werden: „Sie werden aus ihnen entwickelt, durch Abgrenzung, durch Absonderung aus ihrem Alltagszusammenhang, durch Abstraktion.“ Sozialwissenschaftliche Methoden zeichnen sich dadurch aus, daß sie unter *kontrollierten* Bedingungen angewandt werden. Da die offenen Methoden der qualitativen Sozialforschung zweifellos den Alltagstechniken näher stehen, begreift sie Kleining als eine *erste* Stufe der Abstraktion, während die quantitativen Methoden einer *zweiten* Abstraktionsstufe zugeordnet werden. Er zieht daraus den Schluß:

„Dies impliziert, daß eine wissenschaftliche Behandlung eines Themas mit Techniken zu beginnen hat, die mit niedrigerem Abstraktionsgrad aus den Alltagstechniken entstanden sind, nicht mit solchen eines hohen Abstraktionsniveaus. Qualitative Forschung ist demnach in der Forschungspraxis auch „früher“ als quantitative anzusetzen. Sie muß in jedem Fall der quantitativen Forschung vorausgehen, braucht aber nicht von ihr gefolgt zu werden ... Die quantitative Forschung braucht die Vorstufe der qualitativen, ohne die sie Gefahr läuft, Sinnlosigkeiten zu produzieren, deren Vermeidung ja gerade die Aufgabe der qualitativen Forschung ist“ (S. 326).

Vor der Anwendung quantitativer Methoden haben meist zu einem früheren Zeitpunkt auch einmal als qualitativ zu bezeichnende Methoden gestanden. So wird bei Instrumentenentwicklungen öfter von offenen Gesprächen, Gruppendiskussionen u.ä. berichtet, um Material für die Formulierung von Fragen und Antwortmöglichkeiten zu erhalten. Freilich ist die Verbindung zu dieser Vorstufe beim fertigen Meßinstrument kaum mehr nachvollziehbar. Darin liegt die Gefahr, Sozialisation von ihrem konkreten historisch-gesellschaftlichen Kontext loszulösen.

Diese Schwäche versuchen die unter der Sammelbezeichnung *Biographische Methoden* (Überblick: *Szczepanski* 1973[3]) zusammengefaßten Vorgehensweisen zu vermeiden. Sie heben die durch die „entsubjektivierende“ Standardisierung geschaffene Abstraktion von der Einzigartigkeit des Individuums wieder auf. Die für die quantitativen Methoden so typische, methodisch bedingte Distanz zwischen Untersucher und Untersuchtem wird dadurch aufgelöst, daß der Untersucher den *Standpunkt des Untersuchten* einzunehmen und aus dessen Perspektive Struktur und Veränderung der individuellen Lebenssituation zu rekonstruieren sucht. Biographische Methoden umfassen unterschiedliche Verfahrensweisen zur Erhebung und Auswertung der Daten, die zudem aus unterschiedlichen Disziplinen, nämlich Psychologie, Soziologie und Sprachwissenschaften, stammen. Um die *Grundzüge* dieser Methoden zu verdeutlichen, sollen einige Arbeitsschritte kurz skizziert werden.

Das Datenmaterial für die Biographischen Methoden bilden die biographischen bzw. *persönlichen Dokumente*, unter die *Szczepanski* (1973³, S. 233) zählt:

„Bei einer weiten Interpretation der Bezeichnung ‚persönliches Dokument' werden wir nicht nur Autobiographien jeder Art, Tagebücher, Erinnerungen (Memoiren) so benennen, sondern auch Briefe, wörtliche Niederschriften von Zeugenaussagen, Geständnissen, Interviews sowie alle anderen Dokumente, die einen Niederschlag von seelischen Zuständen irgendeiner Person zum Inhalt haben (projektive Documents)."

Solche Dokumente lassen sich auf recht unterschiedliche Art und Weise gewinnen. Denkbar sind sowohl offene, mündliche wie schriftliche, Befragungen oder teilnehmende Beobachtungen wie auch die Sammlung und Sichtung einschlägiger Texte oder die Analyse von Akten. Gleichgültig, ob es sich um eine eigene, vom Untersucher getätigte Erhebung oder um die Erhebung vorliegender Dokumente handelt, zu beachten sind die von *Köckeis-Stangl* (1980, S. 355) formulierten Maximen. Sie beinhalten, kurz gefaßt, folgende Forderungen: (a) Verzicht des Forschers auf Strukturierung und Kontrolle der Erhebungssituation; (b) Aufgabe der distanzierten Betrachtung, Eintauchen des Untersuchers in die Lebenswelt seiner Untersuchungspersonen und, wenn auch nur marginale, Mitwirkung des Untersuchers in dieser Lebenswelt; (c) Überwindung und Reflexion des intuitiven Alltagsverständnis des Forschers durch ein methodisch kontrolliertes Fremdverstehen, das über eine parallele Erhebung von Dokumenten i.w.S. zu erreichen ist.

Kennzeichnend für diese Maximen ist eine Erhebungssituation wie bei den sog. *narrativen Interviews*, in denen der Untersucher nur das Thema vorgibt und es ansonsten dem Untersuchten überläßt – in der aktiven Rolle des Gesprächspartners – frei etwa über sein Leben zu erzählen. Die von der angloamerikanischen Geschichtswissenschaft betriebene Erfassung der „Oral History" (*Turner* 1976), also der mündlich tradierten, *subjektiv* erfahrenen Geschichte, basiert auf dem gleichen Vorgehen. Die Grenzen zwischen dieser „Geschichte von unten" und der historischen Sozialisationsforschung (s. Kapitel 3) sind fließend.

Um das angestrebte *methodisch kontrollierte Fremdverstehen* zu realisieren, ist es unverzichtbar, dokumentarische Texte und Dokumente miteinzubeziehen. Es lassen sich auch Produkte, bekannte Leistungen oder sonstige „Spuren" des Untersuchten hinzunehmen, die geeignet sind, die subjektiven Daten zu strukturieren und ergänzen. Dies belegen etwa die *Psychobiographien* (*Hartmann* 1983) oder die *psychohistorische* Forschung zur Entstehung von Fremdenhaß in einem dörflichen Milieu (*Spangenberg & Altevogt-Brauns* 1982):

Aus den Erinnerungen älterer Dorfbewohner, wie sie an Altennachmittagen und anderen Veranstaltungen erzählt wurden, rekonstruierten die Autoren eine Dorgeschichte, die geprägt war von einer konfliktfreien, harmonischen Armutskultur. Auch die derzeitige dörfliche Gemeinschaft stellte sich als frei von Feindschaften und Neid dar, trotz deutlicher sozialer Unterschiede. Die durch die Industrialisierung ausgelöste Zerstörung der traditionellen Lebensformen, die erzwungenen Abwanderungen aus dem Dorf in die Industriegebiete kamen nicht zur Sprache. Erst aus den Ortsgerichtsakten des Dorfarchivs ergab sich ein unverstelltes Bild der tatsächlichen Lebensverhältnisse im 19. Jahrhundert. Dokumentiert waren zahlreiche Beschlüsse zur Pfändung und Zwangsversteigerung von Kleidern (!) sowie wiederholte Auswanderungsgesuche. Diesen Bruch zwischen historischer Realität und subjektiver Erinnerung führen die Autoren auf einen immer noch wirksamen kollektiven Verdrängungsprozeß zurück, der auch die realistische Wahrnehmung der aktuellen psychosozialen Dorfsituation beeinträchtigt. Verdrängte Not- und Konfliktsituationen in der Gemeinschaft führen zu einer Projektion der Mißgunst- und Haßgefühle nach außen, auf „Sündenböcke" wie dörfliche Außenseiter oder eben Fremde.

Die Auswertung persönlicher Dokumente verlangt *Interpretation*; Stichprobenanalysen sind vorab ausgeschlossen, es wird streng idiographisch vorgegangen, da keine über die Untersuchungspersonen hinweg vergleichbare Datenbasis besteht. Meist werden auch keine einzelnen Dimensionen oder Faktoren spezifiziert, obwohl es auch dafür Beispiele gibt (so *Kohli* 1978), sondern umfassende, ganzheitliche Interpretationen angestrebt. Für eine nähere Darstellung und Diskussion von Interpretations*regeln*, die der psychoanalytischen Hermeneutik verpflichtet sind, sei auf *Leithäuser & Volmerg* (1979) sowie auf *Oevermann* et al. (1976) verwiesen. Biographische Methoden kennzeichnen eine empirische Sozialisationsforschung, für die *konkrete Nähe* zum Untersuchungsgegenstand das zentrale methodische Prinzip darstellt. Damit einhergeht ein spezifisches Selbstverständnis des Untersuchers, der sich nicht als neutralen, distanzierten und unberührbaren Beobachter von außen sieht, sondern sich auch als *unmittelbar* Betroffenen erfährt. *Betroffenheit* und *Wissenschaftlichkeit* schließen einander nicht aus, ihre je konkrete Vermittlung ist Aufgabe des Forschers.

In den folgenden vier Kapiteln dieses Buches werden verschiedene Sozialisationsprozesse exemplarisch dargestellt. Entsprechend unterschiedlich sind auch die methodischen Vorgehensweisen, die zu ihrer Untersuchung eingeschlagen werden. Auf eine nähere Beschreibung der Methoden, die, sollte sie im einzelnen nachvollziehbar sein, einen breiten Raum einnehmen müßte, wird verzichtet. Das Schwergewicht liegt auf der *inhaltlichen* Diskussion und auf Fragen der *Theoriebildung*, nicht zuletzt deswegen, um der im Eingangskapitel erhobenen Forderung nach einer theoriegeleiteten Forschung gerecht zu werden.

ZUR VERTIEFUNG

Fragen und Probleme

1. Kurz vor einer Wahl erheben Meinungsforscher die Sympathien für die politischen Parteien. Folgendes (fiktives) Ergebnis zur Sympathie für die Partei der „Grünen" wird in den verschiedenen Altersgruppen festgestellt:

Anhänger der „Grünen":	18–25 Jahre:	25 %
	25–35 Jahre:	21 %
	35–45 Jahre:	11 %
	45–55 Jahre:	4 %
	55–65 Jahre:	5 %
	über 66 Jahre:	5 %

   Wie könnte diese annähernd lineare Beziehung („je älter, desto weniger Sympathie für die „Grünen") unter der Perspektive der Sozialisationsforschung interpretiert werden?

2. Von *Roghmann & Sodeur* (1973) wurde in den Jahren 1966 und 1968 eine Untersuchung über die Veränderung autoritärer Einstellungen („Autoritarismus") während des Wehr-

dienstes in der Bundeswehr durchgeführt. Als Erhebungsinstrument diente eine Einstellungsskala aus insgesamt 12 Items, auf die mit zwei vorgegebenen Reaktionsmöglichkeiten zu antworten war. Im Oktober 1966 wurden insgesamt 1590 Wehrpflichtige, die gerade ihren Dienst angetreten hatten, befragt. Davon konnten im März 1968 kurz vor der Entlassung noch 1149 Probanden ein zweitesmal untersucht werden. Deutliche Unterschiede in den Meßwerten zwischen Erst- und Zweitbefragung, die zudem unabhängig vom Alter waren, ließen die Autoren zu dem Schluß kommen, daß durch die Sozialisation während des Wehrdienstes autoritäre Einstellungen abgebaut werden.
Nehmen Sie kritisch Stellung zu dieser Untersuchung!

3. Im Rahmen eines Forschungsvorhabens zur Analyse jugendlicher Subkulturen stehen Sie vor der Aufgabe, eine empirische Untersuchung für die Gruppe der sog. Skinheads zu planen. Welche methodischen Schritte schlagen Sie ein, um ein solches Vorhaben zu realisieren?

Literatur

E. Köckeis-Stangl, 1980. Methoden der Sozialisationsforschung. In: *Hurrelmann, K. & Ulrich, D.* (Hrsg.). Handbuch der Sozialisationsforschung. Weinheim: Beltz, S. 321–370.
Dieser empfehlenswerte Aufsatz stellt in der deutschsprachigen Literatur die bislang einzige systematische und kritische Aufarbeitung der Methodenprobleme in der Sozialisationsforschung dar. Zudem werden konstruktiv die wichtigsten Voraussetzungen für qualitative Vorgehensweisen skizziert.

G. Rudinger, 1979. Erfassung von Entwicklungsveränderungen im Lebenslauf. In: *Jahrbuch für Entwicklungspsychologie* 1, 157–214. Stuttgart: Klett-Cotta.
Der Autor informiert umfassend über die Analysemethoden der um Quantifizierung bemühten Entwicklungspsychologie.

3. Moralische Handlungsregulation aus psychologischer Sicht

ÜBERBLICK

Nach allgemeiner Bestimmung ist *Moral* ein mehr oder weniger widerspruchsfreies System von Regeln, das Wertvorstellungen und Normen setzt, die als überindividueller Maßstab für gesellschaftlich wertvolles Handeln dienen sollen. Während eine technische Beurteilung einer Handlung danach fragt, ob und wie ein beabsichtigtes Handlungsziel erreicht werden kann, bewertet das moralische Urteil die beabsichtigte oder ausgeführte Handlung danach, ob andere Personen durch sie im Erreichen ihrer eigenen Handlungsziele gefördert oder behindert werden. Die moralische Handlungsregulation jedes einzelnen dient somit der Lösung von gesellschaftlichen Koordinationsproblemen.

Moral ist indessen nur im Zusammenhang mit anderen Mitteln der Koordination zu sehen; diese sind: *Gewalt, Vertrauen, Gewohnheit* und *Gesetz* (geltendes Recht). Während vertrauensbildende Maßnahmen stark situationsabhängig und höchst anfällig für Enttäuschungen sind, zielt eine moralische Handlungsregulierung auf Stabilität. Im Unterschied zu den „natürlichen", der Reflexion weitgehend entzogenen Gewohnheiten beansprucht sie eine höhere Bewußtseinsstufe, die Explizierung des Gebotenen und Verbotenen erlaubt. Anders als Gewaltmaßnahmen, die zudem ebenfalls situationsabhängig unzuverlässig wirken, setzt Moral die Verpflichtung, die explizierte Bewertung zu begründen und bindet somit auch den jeweils Stärkeren an Kommunikation. Im Hinblick auf Gesetze übt die moralische Handlungsregulierung schließlich die Funktion aus, auch in gesetzesfreien gesellschaftlichen „Räumen" eine Wertorientierung zu ermöglichen. Darüber hinaus liefert sie insgesamt eine Bewertungsgrundlage, von der aus Gewaltaktionen, vertrauensbildende Maßnahmen, Gewohnheiten und Gesetze geprüft werden können.

Moralische Regeln sind relativ, auch wenn sie einer Person, die ihnen folgt, absolut vorkommen mögen. Über sie läßt sich streiten; dazu bedarf es aber relativierender Erfahrungen, wie sie im interkulturellen Kontakt oder im Vergleich der Gegenwart mit der sie hervorbringenden historischen Vergangenheit gemacht werden können. Schließlich relativiert auch die Teilnahme an aktuellen Konfliktsituationen, in denen „richtiges" Handeln nicht ohne weiteres klar ist. Um moralische Regeln miteinander vergleichen zu können, bedarf es schließlich des Rekurses auf die gesellschaftliche Setzung und Begründung höchster Werte. Dem *Relativismus* ist nur auf diese Weise zu entgehen, aber auch dem *Rigorismus*, der die erfahrungsunabhängige Gültigkeit bestimmter Forderungen behauptet.

Der Beitrag, den die Psychologie zur moralischen Handlungsregulation leisten kann, liegt vor allem in der Frage, wie moralische Regeln gelernt werden. Daß sie *gelernt* werden und keinem „natürlichen" sittlichen Empfinden folgen, steht dabei außer Frage. Die Rekonstruktion empirischer Lernprozesse bietet drei Vorteile: (a) Die Schwierigkeiten, mit denen sie gelernt und eingehalten werden, sagen etwas über den Realismus des Gebotenen und Verbotenen aus (Differenz von Sollen und Wollen). (b) Die Identifizierung von Prinzipien des moralischen Lernens sagt etwas über Möglichkeiten, die Moral zu verbessern (Differenz von Wollen und Können). (c) Interindividuelle bzw. gruppenspezifische Unterschiede sagen etwas über die moralische Heterogenität und damit die Konfliktanfälligkeit einer Gesellschaft aus (Differenz zwischen Universalität und Partikularität).

Im folgenden wird das Lernen moralischer Regeln aus drei unterschiedlichen psychologischen Perspektiven diskutiert. Dazu ist es notwendig, die ausgewählten Theorien – Verhaltenstheorie, Kognitivismus und Psychoanalyse – über das spezifische Thema hinaus auch in ihren grundlegenden Entwicklungsannahmen darzustellen. Soweit dies eine knappe Einführung erlaubt, enthalten die einzelnen Darstellungen Querverweise, die auf eine mögliche Integration zielen. Als Bezugspunkt dient die Theorie des moralischen Bewußtseins.

3.1 Moralische Handlungsregulation als Selbstkontrolle bzw. Selbstregulation

„Gebt mir ein Dutzend gesunder, wohlgebildeter Kinder und meine eigene Umwelt, in der ich sie erziehe, und ich garantiere, daß ich jedes nach dem Zufall auswähle und es zu einem Spezialisten in irgendeinem Beruf erziehe, zum Arzt, Richter, Künstler, Kaufmann oder zum Bettler und Dieb, ohne Rücksicht auf seine Begabungen, Neigungen, Fähigkeiten, Anlagen und die Herkunft seiner Vorfahren."

Diese programmatische Aussage von *Watson* (1925, 1968, S. 123), dem Begründer des Behaviorismus, drückt den milieutheoretischen Optimismus aus, der Grundlage aller Lern- oder Verhaltenstheorien ist. Laut Watson sind dem Menschen nur einige Reflexe und drei emotionale Reaktionen angeboren: Angst bei einem Sturz oder einem lauten Geräusch, Wut bei Einengung der Bewegungsfreiheit und Liebe als Reaktion auf sanfte Berührungen (vgl. *Neel* 1974, S. 151). Alle darüber hinausgehenden psychischen Merkmale und Ausdrucksformen des menschlichen Organismus müssen im Laufe der Zeit dazugelernt werden und stellen damit die Ergebnisse von außengelenkten Konditionierungsvorgängen dar. Andere Verhaltenstheoretiker sind etwas vorsichtiger in ihrer Einschätzung der Gewichtigkeit von Umwelteinflüssen; aber alle sind sich darin einig, daß „Moral" ausschließlich ein Produkt von Verstärkungsmechanismen sein kann.

Der Objektivitätsanspruch der behavioristischen Position verlangt die experimentelle Untersuchung von beobachtbarem Verhalten mit dem Ziel, dieses erklären, vorhersagen und kontrollieren zu können. Vermittelnde Prozesse im Organismus zwischen der äußeren Situation (Input) und den resultierenden Verhaltensweisen (Output) werden entweder für wissenschaftlich irrelevant gehalten (Skinner) oder als gedankliche Hilfskonstruktionen ohne konkrete, empirische Grundlagen betrachtet (Hull) oder als existierende, aber nicht unmittelbar nachweisbare Phänomene angenommen (Tolman). Dementsprechend wird der „mentalistische" Begriff der „Moral" von Verhaltenstheoretikern durch „Selbstkontrolle" ersetzt; dabei verstehen die verschiedenen Theoretiker unter diesem Begriff durchaus Unterschiedliches.

Die einfachste Betrachtungsweise der Selbstkontrolle ist die über eine *klassische Konditionierung* (vgl. S. 23) gelernte Angstreaktion auf eine bestimmte Umweltsituation. Wird bei einem Kleinkind ein ursprünglich neutraler Reiz, z.B. der Anblick eines „fremden" Spielzeugs, mit einem angstauslösenden lauten Geräusch (unbedingter Reiz) gekoppelt, so wird bei häufigerer Wiederholung der Reizkombination allein der Anblick des Spielzeugs Angst aulösen. Um Angst zu vermeiden, wird das Kind in Zukunft dieses Spielzeug nicht ansehen, geschweige denn anfassen. Theoretisch erscheint es möglich, einem Kind auf diese Weise beizubringen, daß fremder Besitz „tabu" ist. Ein solches Vorgehen wäre aber, angesichts der immensen Zahl zu verbietender Gegenstände, nicht nur äußerst aufwendig, sondern mit steigendem Alter und wachsender Erfahrung eines Menschen auch zunehmend ineffektiv, weil die hinter der Bestrafung stehenden Absichten und Machtverhältnisse immer besser erkannt werden können und damit zu einer Einschränkung ihrer Wirkung führen. Soweit es trotzdem gelingt, handelt es sich um absolute Fremdkontrolle; die scheinbare Selbstkontrolle ist dann identisch mit der gelernten Angst vor und der durch sie bedingten Vermeidung von bestimmten Reizsituationen.

Genauso wenig wie die klassische Konditionierung kann der einfachste Fall einer *operanten Konditionierung* (vgl. S. 23) den Erwerb von Selbstkontrolle erklären. Danach werden bestimmte, spontan gezeigte Verhaltensweisen von der Umwelt entweder positiv verstärkt und damit anschließend häufiger auftreten, oder negativ verstärkt und damit seltener oder gar nicht mehr vorkommen. Sofern sich das Verhalten durch häufige Wiederholung der Verhalten-Konsequenz-Verbindung (Kontingenz) genügend verfestigt hat, bedarf es keiner Selbstkontrolle für das „richtige" Tun mehr, weil es überhaupt keine Alternative gibt. Die Verhaltenstheoretiker sind sich daher darin einig, daß das Konzept der Selbstkontrolle nur dann sinnvoll sein kann, wenn ein bestimmtes Verhalten eines Individuums gleichzeitig sowohl positive als auch negative Konsequenzen erwarten läßt, also ein intraindividueller Konflikt vorliegt (vgl. *Hartig* 1975, S. 8ff.). Dieser *Appetenz-Aversions-Konflikt* kann sich in zwei Formen zeigen: bei der ersten ist die kurzfristige Konsequenz positiv, die langfristige negativ, z.B. der unmittelbare Genuß der Beute aus einem Diebstahl mit dem Risiko einer zukünftigen Bestrafung; bei der zweiten steht der unangenehmen, direkten Folge eines spätere Belohnung gegenüber, z. B. die konkreten Nachteile aufopfernden Helfens in Erwartung eines möglichen (irdischen oder himmlischen) Entgelts. Die Lösung des Konflikts setzt in beiden Fällen ein kontrollierendes Verhalten seitens der betroffenen Person (*Selbstkontrolle*) voraus, das die Minimierung der negativen Konsequenzen des konfliktträchtigen, zu kontrollierenden Verhaltens erlaubt. Wenn dieses Kontrollverhalten selbst wieder nach dem Prinzip der operanten Konditionierung funktionieren soll, wie es die Behavioristen fordern, muß es Lernprozesse auf mindestens zwei verschiedenen Ebenen geben: 1. Die unmittelbaren Kontingenzen von Verhaltensweisen und deren Konsequenzen, 2. die Kontingenzen von konfligierenden Kontingenzen. Auf der unteren Ebene tut der Mensch das, was bisher Erfolg brachte, und vermeidet, was bisher mit Mißerfolg verbunden war. Auf der Meta-Ebene wird die Verhaltensstrategie gewählt, die bisher langfristig zu besseren Ergebnissen geführt hat. Im Falle eines Appetenz-Aversions-Konfliktes bleibt angesichts der Tatsache, daß eine operante Konditionierung nur bei unmittelbaren Konsequenzen erfolgt, allerdings unklar, warum sich die Meta-Ebene gegenüber der anderen durchsetzen können soll. Von den Verhaltenstheoretikern wird dafür das Prinzip der „Selbst-Verstärkung" herangezogen: Durch stummes Eigenlob soll ein Verhalten auch bei fehlender äußerer Verstärkung über längere Zeit aufrecht erhalten werden können. Weil „... diese sich sozusagen im Privaten abspielenden Verstärkungsprozesse ... ." (*Hartig* 1975, S. 12) naturgemäß nicht „objektiv" beobachtet werden können, müssen sie im Rahmen einer streng behavioristischen Theorie als gedankliche Hilfskonstruktion ohne empirischen Bezug angesehen werden. *Skinner* (1953, S. 228) versucht, dieses Problem durch die Gleichsetzung von Selbstkontrolle und den Prinzipien der operanten Konditionierung zu lösen: Der Mensch „... kontrolliert sich selbst genau so, wie er das Verhalten von irgend jemandem kontrollieren würde – durch die Manipulation von Variablen, von denen das Verhalten abhängt." Dabei läßt Skinner allerdings unberücksichtigt, daß sich sein wissenschaftlicher Ansatz nur mit dem passiven Prozeß des Konditioniertwerdens beschäftigt und eben nicht mit dem aktiven Setzen von Kontingenzen. Gerade dieses Fehlen des (inter-)agierenden (und nicht nur reagierenden) Menschen läßt seine Betrachtung aber insgesamt als einseitig und damit zu kurz gegriffen erscheinen.

Nur wenige Behavioristen der Vergangenheit und Gegenwart sind in ihrer Ablehnung theoretischer („mentalistischer") Begriffe so weit gegangen wie Watson und Skinner, obwohl letzterer sicherlich den größten Einfluß auf die psychologische Praxis hatte (Programmierter Unterricht, Verhaltenstherapie). Schon in den 30er und 40er Jahren haben Einflüsse durch die Psychoanalyse und die Gestalttheorie teils begriffliche, teils theoretische Modifikationen der behavioristischen Position herbeigeführt. Moderne Verhaltenstheoretiker operieren mit dem kognitiven Begriff der *„Selbstregulation"* (*Bandura* 1969, S. 278, *Kanfer* 1975, S. 86), um interne, handlungsteuernde Prozesse zu beschreiben. Damit wird das klassische Betrachtungsschema von Reiz: Reaktion: Konsequenz durch die vermittelnden Aktivitäten des menschlichen Organismus erweitert, die über einfache Selbstverstärkungsmechanismen hinausgehen.

Als Beispiel für einen solchen kognitiv-behavioristischen Ansatz soll die *sozial-kognitive Lerntheorie* von *Bandura* (1977) in bezug auf die moralische Handlungsregulation dargestellt werden. Ausgangspunkt dieser Theorie ist das Phänomen des *Modellernens* (vgl. S. 24): bestimmte Verhaltensweisen können allein dadurch gelernt werden, daß sie bei anderen Personen beobachtet werden, vor allem, wenn diese mit ihrem Verhalten Erfolg haben. Diese *stellvertretende Verstärkung* erweist sich in vielfältiger Hinsicht als wirksam: experimentelle Befunde zeigen, daß Kinder das Verhalten verschiedener Art von Modellen übernehmen – sowohl sozial erwünschtes Verhalten, wie z. B. Helfen (*Rosenhan* & *White* 1967), als auch normalerweise unerwünschtes, wie z. B. Aggressivität (*Bandura* et al. 1963). Auch die Äußerung von moralischen Urteilen, also verbales Verhalten, kann durch Beobachtungslernen modifiziert werden. Die darauf angelegte Untersuchung von *Bandura* & *McDonald* (1963) ist insofern besonders interessant, als sie eine empirisch begründete Entscheidung zwischen dem Ansatz des Modellernens und der kognitivistischen Entwicklungstheorie von Piaget (s. u. S. 65 ff.) ermöglichen sollte:

Ein Forschungsergebnis von Piaget besagt, daß jüngere Kinder die moralische Rechtfertigung von Handlungen nach deren positiven oder negativen Konsequenzen vornehmen, während ältere Kinder die „guten" oder

„schlechten" Intentionen der handelnden Person zur Entscheidung heranziehen und die Konsequenzen entsprechend relativieren. Die zweite Argumentation ist nach Piaget die „reifere" und er nimmt an, daß der Rückfall von einer anspruchsvolleren Argumentations-Stufe zu einer vorhergehenden, unreiferen im Prinzip nicht möglich ist (s. u. S. 68, die Annahme der Invarianz der Stufenabfolge bei Kohlberg). Bandura & McDonald untersuchten Kinder im Alter von 5 bis 11 Jahren auf die Art der von ihnen verwendeten Rechtfertigungen für vorgegebene Handlungen. Anschließend wurden die Kinder mit einem Modell konfrontiert, das sich dem ursprünglingen Verhalten des einzelnen Kindes jeweils genau entgegengesetzt äußerte: Ein Kind, das selbst vorwiegend konsequenzen-zentrierte Urteile abgegeben hatte, hörte nur Intentionen-Argumente vom Modell, und ein überwiegend intentionen-orientiertes Kind ausschließlich konsequenzenbetonende Rechtfertigungen. In der darauf folgenden Befragungs-Situation zeigten beide Gruppen etwa gleich starke Veränderungen ihrer Argumentation jeweils in Richtung auf die Äußerungen der Modellperson. Eine Replikation dieses Versuchs von *Cowan* et al. (1969) ergab, daß diese Veränderungen auch nach zwei Wochen, nur geringfügig abgeschwächt, vorhanden waren.

Die hohe Übereinstimmung in den Ergebnissen der beiden Studien und der Nachweis einer überdauernden Wirkung der modellierenden Situation veranlassen *Bandura* (1969, S. 279) zu der Feststellung, daß Modellernen eine wesentliche Determinante der Veränderung des moralischen Urteilens sei. Die Beeinflussung der Kinder mit intentionen-bezogenen Rechtfertigungen in Richtung auf eine stärkere Betonung der Konsequenzen interpretiert er als unterstützendes Ergebnis für die Annahme von reversiblen Lernprozessen und als partielle Falsifikation der kognitivistischen Entwicklungstheorie von Piaget. Sicher scheint zu sein, daß Modellernen im Labor, aber auch in Alltags-Interaktionen, Auswirkungen auf das Verhalten hat. Die meisten empirischen Untersuchungen zum Modellernen geben allerdings nur unzureichenden Aufschluß darüber, warum das so ist. Es stellt sich also die Frage nach einer theoretischen Erklärungsmöglichkeit.

Die frühen Untersuchungen von Bandura und Mitarbeitern (bis ca. 1967) gehen von einem behavioristischen Paradigma aus. Die Fragestellungen beziehen sich auf die Wirkungen von unterschiedlichen Verhaltensweisen und Eigenschaften der Modelle, ohne daß die interne Verarbeitung bei den beeinflußten Personen genauer thematisiert wird. Probleme bei der Interpretation bestimmter Ergebnisse führten schließlich zur Annahme von kognitiven Prozessen mit symbolischen Repräsentationsmöglichkeiten bisheriger Erfahrungen. Dadurch wird es möglich, Phänomene zu verstehen, die im Rahmen einer rein behavioristischen Betrachtungsweise unerklärbar bleiben: zum Beispiel, daß Kinder allein über Beobachtungen lernen, ohne das entsprechende Verhalten unmittelbar nachzuahmen, daß sie indirekt lernen, ohne daß eine mögliche Belohnung zu erkennen ist, daß sie auch ihnen völlig unvertraute Modelle nachahmen, daß sie gelerntes Verhalten erst wieder nach längeren Zeitabständen zeigen, oder daß sie gelerntes Verhalten auf neue Aufgaben transferieren können (vgl. *Zimmermann* 1983, S. 18).

Die zentrale Variable für das Verständnis dieser Beobachtungen in der sozial-kognitiven Lerntheorie ist die „Erwartung". Diese besteht sowohl in bezug auf die individuelle Ausführungsmöglichkeit einer Handlung als auch in bezug auf deren vermuteten Konsequenzen. Damit sind nicht die objektiven, aktuellen Kontingenzen für das Verhalten entscheidend, sondern die subjektive Beurteilung dieser Kontingenzen auf dem Hintergrund aller einschlägigen Erfahrungen. Diese müssen in abstrahierter Form als Regeln oder Prinzipien im Gedächtnis abgespeichert und bei Relevanz abrufbar sein. Die sozial-kognitive Lerntheorie unterscheidet dabei prinzipiell nicht zwischen moralischen und (anderen) kognitiven Regeln. Moralische Prinzipien werden auf die gleiche Art und Weise erworben und angewendet wie z. B. komplexe Problemlösungsstrategien. Die Relevanz der verschiedenen Regeln ergibt sich aus der jeweils gegebenen Situation bzw. aus ihrer Ähnlichkeit mit vertrauten Situationen.

Die Annahme der subjektiven Bewertung von Handlungskonsequenzen erlaubt eine Erklärung dafür, weshalb Personen anderen helfen, auch wenn sie dabei Nachteile erleiden: Aufgrund bisheriger Erfahrungen wird die Einhaltung des Prinzips der Hilfsbereitschaft subjektiv als so befriedigend empfunden, daß die konkreten Nachteile dadurch aufgehoben werden. Der subjektive „Gewinn" auf der einen Seite übersteigt den subjektiven „Verlust" der anderen, und der Mensch entscheidet sich generell für die Alternative mit der positiven „Bilanz".

In der sozial-kognitiven Lerntheorie entspricht die ***moralische Handlungsregulation*** also der Auswahl der Handlungskonsequenz mit dem größten, positiven Erwartungs-Wert aus zwei oder mehr antizipierten Konsequenzen der subjektiv verfügbaren Handlungsmöglichkeiten. Richtet sich eine Person nur nach den erwarteten konkreten Folgen möglichen Verhaltens, urteilt und handelt sie amoralisch. Wägt sie dagegen auch den Wert der Meta-Konsequenzen ab, also den abstrakten Gewinn oder Verlust, der durch die (Nicht-) Befolgung von Regeln oder (Nicht-)-Einhaltung von Prinzipien entsteht, trifft sie eine moralische Entscheidung.

Sowohl die subjektiven Bewertungen der Konsequenzen und der Handlungsfähigkeit als auch die gegebenenfalls herangezogenen Regeln oder Prinzipien werden über soziale Lernprozesse angeeignet. Das Lernen kann durch Instruktion, Verhaltens-Verstärkung und am effektivsten durch Modellernen bzw. dessen Kombination mit den anderen Maßnahmen erzielt werden. Die Unterscheidung von Konsequenzen-Erwartungen auf der einen Seite und Erwartungen bezüglich der eigenen Handlungsfähigkeit auf der anderen ermöglicht auch die Interpretation des in der Praxis nicht seltenen Falles, daß konkret gezeigte Verhaltensweisen im Widerspruch zu verbal geäußerten moralischen Urteilen für die gleiche Situation stehen. Für die moralisch begründete Lösung eines Handlungs-Dilemmas reicht die subjektive Konsequenzenbeurteilung aus, die entsprechende Ausführung der Entscheidung kann aber nur erfolgen, wenn sich die betroffene Person subjektiv fähig und willens fühlt, diese Handlung auch tatsächlich zu vollziehen; die kognitive Beherrschung bestimmter moralischer Regeln muß also nicht zwangsläufig mit ihrer Befolgung einhergehen. Andererseits kann dieser mögliche Widerspruch zwischen Denken und Handeln gar nicht erst entstehen, wenn von einer Person überhaupt nur Konsequenzen von solchen Handlungen in Betracht gezogen werden, zu denen sich die Person selbst in der Lage sieht. Dann müßten moralisches Urteil und Handlung kongruent sein.

Da der soziale Lernprozeß der abstrahierten Regeln (der Moral) bei einem Individuum für unterschiedliche Situationen mit ungleicher Intensität und auf verschieden hohen Abstraktionsniveaus stattfinden kann, ist es unwahrscheinlich, daß es eine einheitliche und situationsunabhängige Fähigkeit des moralischen Urteilens oder Verhaltens bei einer Person gibt. In den meisten Fällen werden Menschen je nach ihren spezifischen Erfahrungen in den Teilbereichen ihrer Umwelt mit unterschiedlichen Regeln oder mit Regeln unterschiedlichen Abstraktionsniveaus arbeiten. Eine einheitliche Reaktion in beliebigen Situationen dürfte nur bei den wenigen Personen vorkommen, die über gleichartige Erfahrungen aus allen für sie relevanten Lebensbereichen verfügen.

Da Regeln auf vielen unterschiedlichen Abstraktionsebenen vorliegen können, und moralische Entscheidungen meistens die Anwendung mehrerer Regeln und vielfacher kognitiver Verknüpfungen erfordern, ist das Lernen von moralischen Urteilen ein Prozeß mit einer unübersehbaren Zahl von kleinen Schritten (s. u. dagegen die Stufen-Annahme in der kognitivistischen Entwicklungstheorie, S. 68).

Die gelernten Regeln sind über kurze Zeiträume relativ stabil, können aber langfristig durch entsprechende Erfahrungen mit der Umwelt sowohl in Richtung höherer als auch niedrigerer Abstraktion verändert werden. Der „Rückfall“ auf eine einfachere Ebene der moralischen Begründung läßt sich mit der veränderten Verstärkungs- und Modellsituation erklären, z. B. in einer stark einschränkenden Umwelt (Militärdienst, Gefängnisaufenthalt u. ä.). Ob die „alte“ Argumentationsebene dabei latent bestehen bleiben kann oder wieder neu gelernt werden muß, hängt wahrscheinlich von der Intensität und Zeitdauer der beeinträchtigenden Situation ab (s. u. dagegen die Annahme der Invarianz der Stufensequenz in der kognitivistischen Entwicklungstheorie, S. 68).

Da der Mensch die Verhaltensregeln ausschließlich aufgrund seiner Erfahrungen mit seiner Umwelt lernt und die Umwelten verschiedener Gruppen von Menschen (Nationen, Stämme etc.) jeweils in einen spezifischen historisch-gesellschaftlichen Rahmen eingebunden sind, kann es keine universale Entwicklung der moralischen Handlungsregulation geben, sondern allenfalls kultur- und zeitspezifische Entwicklungen (s. u. dagegen die Annahme der Universalität in der kognitivistischen Entwicklungstheorie, S. 74).

Der wesentliche Unterschied in der Betrachtung der Entwicklung der moralischen Handlungsregulation zwischen der sozial-kognitiven Lerntheorie von Bandura und den kognitivistischen Entwicklungstheorien (z. B. von Kohlberg, s. u. S. 69 ff.) ist die Frage, ob sich diese Entwicklung kontinuierlich (bzw. in vielen kleinen Schritten) vollzieht, im Prinzip auch umkehrbar ist und jeweils stark vom kulturell-historischen Kontext der Umwelt abhängt, oder ob die Entwicklung in einer festen Abfolge von abgrenzbaren Stufen universaler Gültigkeit aufgrund individuell unterschiedlicher sozialer Anregungsbedingungen erfolgt. Übereinstimmung herrscht in der Betonung der Wichtigkeit kognitiver Prozesse und der Notwendigkeit einer interaktionistischen Betrachtungsweise des Erwerbs von Fähigkeiten zur moralischen Handlungsregulation. Dabei nimmt die sozial-kognitive Lerntheorie allerdings weniger genetisch bedingte Präformationen an als die kognitivistischen Entwicklungstheorien.

Der starke *Milieu-Optimismus* der sozial-kognitiven Lerntheorie enthält – wie alle anderen verhaltens- oder lerntheoretischen Ansätze – das Ideal der prinzipiellen Gleichheit aller Menschen, damit verbunden aber auch die Vorstellung der nahezu absoluten Manipulierbarkeit. In den streng behavioristischen Ansätzen schlägt sich dies in der Untersuchung der Effektivität verschiedener „Disziplinierungstechniken" nieder, die Eltern und Erzieher anwenden können (sollen?), um moralisches Verhalten bei Kindern zu erzielen (vgl. z. B. die Darstellung bei *Kasten* 1976). Die Problematik der Setzung von Erziehungszielen wird dabei selten thematisiert, daher läuft dieses Erziehungsmodell explizit oder auch nur implizit auf die perfekte Anpassung von Verhaltensweisen an das jeweils bestehende soziale System hinaus. Das Modellernen von nur äußerlichen Verhaltensweisen würde genau zum gleichen Ergebnis führen; erst die Annahme einer individuellen kognitiven Strukturierung der bisherigen Erfahrungen ermöglicht auch theoretisch die aktive Auseinandersetzung des Menschen mit seiner Umwelt. Damit ist der *Determinismus* des strikten Behaviorismus in der sozial-kognitiven Lerntheorie zumindest partiell aufgehoben: Das Verhalten eines Menschen könnte selbst dann nicht exakt vorhergesagt und geplant werden, wenn seine Lerngeschichte vollständig bekannt wäre. Diese relative Unbestimmtheit der Prognose menschlicher Reaktionen stellt daher die Gültigkeit allgemeiner, verhaltenstheoretisch begründeter „Techniken" in Pädagogik und Therapie generell in Frage. Erfolgreiche Interventionen im Einzelfall setzen immer die Berücksichtigung der individuellen kognitiven Verarbeitungsstrukturen voraus. Aber auch im Rahmen der sozial-kognitiven Lerntheorie ist eine Begründung für die Entstehung und Tradierung gesellschaftlich vermittelter Erziehungsziele unmöglich. Zur Beantwortung der Frage, warum in einer Kultur dennoch eine ganz bestimmte Auswahl aus den möglichen normativen Zielvorstellungen die Erziehung bestimmt, wird auf eine Adaptierung der biologischen Evolutionstheorie für soziale Denk- und Verhaltensweisen zurückgegriffen: Im Laufe der stammesgeschichtlichen Entwicklung der Menschheit haben sich bestimmte Regeln als günstiger für den Fortbestand der jeweiligen Sozialsysteme erwiesen als andere; langfristigen Bestand haben nur die Systeme mit den (ursprünglich zufällig gewählten) richtigen oder besseren Regeln, die durch Erziehung den jeweils nachfolgenden Generationen überliefert werden. Da diese Hypothese über den eigentlichen Aussagenbereich der sozial-kognitiven Lerntheorie hinausgeht, soll hier nur auf das Problem der empirischen Überprüfbarkeit einer solchen Erklärung und auf die anfechtbare Gleichsetzung von biologischen und sozialen Systementwicklungen hingewiesen werden.

Die sozial-kognitive Lerntheorie lehnt die Berücksichtigung von *Gefühls- und Motivationsprozessen* als eigenständige Erklärungskonzepte ab; in ihrer Sicht handelt es sich dabei um abgeleitete Prozesse physiologischer und/oder kognitiver Funktionen. Die Annahmen von genetisch festgelegten Trieben (s.u. dagegen die Annahmen der Psychoanalyse, S. 78 ff.) oder motivationalen Strukturen für einen notwendigen Entwicklungsverlauf (s. u. dagegen die Annahmen der kognitivistischen Entwicklungstheorie, S. 65 ff.) werden als wissenschaftlich unfruchtbar angesehen, da sie empirisch nicht eindeutig nachweisbar sind und allenfalls zu post hoc-Erklärungen dienen können. Theorien werden nur insoweit als sinnvoll betrachtet, als sie empirisch eindeutig überprüfbare Prognosen ermöglichen. Da eine solche Überprüfung letztendlich aber die direkte Beobachtbarkeit von konkreten Verhaltensweisen voraussetzt, gerät die sozial-kognitive Lerntheorie von Seiten der Psychoanalyse und der kognitivistischen Entwicklungstheorien in den Verdacht des *naiven Empirismus*, das meint die Erkenntnishaltung, daß beobachtete Fakten eindeutige Schlüsse auf die Ebene der theoretischen Annahmen zulassen. Die Trennung von individueller Performanz und Kompetenz in bezug auf kognitive Prozesse in der kognitivistischen Entwicklungstheorie (s. u. S. 67) oder von bewußten und unbewußten Prozessen des psychischen Apparats in der Psychoanalyse (s. u. S. 82) läßt solche eindeutigen Beziehungen nicht zu. Empirische Ergebnisse können nach dieser Betrachtungsweise nur im Lichte der zugrunde gelegten Theorie interpretiert und relativiert werden. Dieser Widerspruch der methodologischen Position, d. h. der Frage, auf welche Weise überhaupt Erkenntnisse über den jeweiligen Gegenstand der Wissenschaft gewonnen werden können, und die dementsprechend gestalteten Forschungsmethoden führen dazu, daß ein bestimmtes empirisches Ergebnis von Vertretern verschiedener Theorien völlig unterschiedlich bewertet wird. So hat z.B. *Bandura* (1969, S. 279) die Ergebnisse der oben beschriebenen Studien zur Modellierung moralischer Urteile als Argument gegen die kognitivistische Entwicklungstheorie von Piaget angeführt; auf der anderen Seite hat *Kohlberg* (1969, S. 409) dieselben Ergebnisse als situationsspezifische Trennung von genereller moralischer Kompetenz und experimentell beeinflußter Performanz interpretiert. Die Künstlichkeit der experimentellen Situation in diesen Studien läßt Kohlbergs Gegenargument nicht unplausibel erscheinen; generell stellt sich allerdings die Frage, ob die Kompetenz-Performanz-Differenzierung in den kognitivistischen Entwicklungstheorien eine Falsifikation der Theorie nicht prinzipiell unmöglich macht, eben weil es keine eindeutigen Rückschluß-Möglichkeiten von der empirischen auf die theoretische Ebene gibt. Vergleichbare Vorwürfe von Seiten der sozial-kognitiven Lerntheorie, aber auch anderen Positionen, richten sich gegen die Annahme unbewußter Prozesse in der Psychoanalyse. In dieser Beziehung nimmt die sozial-kognitive Lerntheorie eine größere Offenheit gegenüber widersprechenden, empirischen Ergebnissen und eine entsprechend höhere Bereitschaft zur Revidierung ihrer theoretischen Annahmen für sich in Anspruch.

Zusammenfassend kann festgestellt werden, daß verhaltens- oder lerntheoretische Ansätze nur dann etwas zur Beschreibung und/oder Erklärung der moralischen Handlungsregulation beitragen können, wenn sie kognitive Funktionen im Sinne einer symbolischen Verarbeitung und Repräsentierung von interaktiven Erfahrungen mit der Umwelt als handlungssteuernde Prozesse annehmen. Diese Forderungen werden zur Zeit am ehesten von der sozial-kognitiven Lerntheorie von *Bandura* (1977) und Mitarbeitern erfüllt. Im Vergleich zu den in diesem Themenbereich mit ihr konkurrierenden theoretischen Ansätzen, der kognitivistischen Entwicklungstheorie von Kohlberg und der Psychoanalyse zeichnet sich diese Theorie vor allem durch ihre Betonung der Wichtigkeit lebenslanger Einflüsse der sozialen Umwelt auf den Menschen aus; erkenntnistheoretisch bezieht sie sich selbst stärker als die beiden anderen Positionen auf die Empirie direkt beobachtbarer Verhaltensweisen; speziell gegenüber der Psychoanalyse wird von ihr die kognitive Determination des menschlichen Denkens und Verhaltens herausgestellt.

3.2 Moralische Handlungsregulierung als Funktion des moralischen Bewußtseins

Der kognitive Zugang zur Handlungsregulierung, der auf dem bereits angesprochenen Konzept des moralischen Bewußtseins fußt (s. o. S. 29) geht im wesentlichen auf die Annahmen der entwicklungsbezogenen Erkenntnistheorie („genetische Epistemologie" des Schweizer Entwicklungspsychologen Jean Piaget zurück (*Piaget* 1975, zusammenfassende Darstellung bei *Seiler* 1980). Ausgehend von der plausiblen Annahme, daß in jede Form menschlicher Erkenntnis notwendig entwicklungsabhängige psychologische Vorgänge wie Wahrnehmungs- und Denkprozesse eingehen, entwirft Piaget ein umfassendes Modell der kognitiven Entwicklung für seine Erkenntnistheorie. Im Mittelpunkt dieses Modells steht die sich verändernde Beziehung zwischen dem erkennenden Individuum und den Objekten seiner Umwelt.

Dem neugeborenen Kind ermöglichen zunächst *angeborene* Handlungsstrukturen – Piaget versteht darunter Reflexe wie Saug- oder Greifreflex – eine erste und grobe Orientierung in seiner Umwelt. Diese sehr beschränkten Handlungsstrukturen werden durch ständig neue Erfahrungen des heranwachsenden Kindes fortlaufend ausgeweitet und ergänzt. Sie bestimmen Wahrnehmung, Denken, Urteilen und Handeln und sind das *Medium* für die Auseinandersetzung und Bewältigung der Umwelt durch das Individuum. Handlungsstrukturen bilden den Angelpunkt, von dem aus kognitive Entwicklung rekonstruiert werden kann. Da Objekte und Ereignisse der Umwelt immer nur gemäß den schon vorhandenen Handlungsstrukturen wahrgenommen werden können, ist der Kontakt zwischen Individuum und Umwelt als ein *vermittelter* vorzustellen. Es gibt kein „objektives", von den bisherigen Erfahrungen losgelöstes Erkennen der Realität. Wahrnehmungen und Urteile bilden die Gegebenheiten der Umwelt nicht intersubjektiv gleich ab, sie erhalten ihre Bedeutung erst auf dem Hintergrund der individuell verfügbaren Handlungsstrukturen. Piaget nimmt an, daß den Handlungsstrukturen eine je eigene *Dynamik* innewohnt, wieder reaktiviert zu werden; so tragen sie gewissermaßen den „Motor" der Veränderung in sich. Menschliches Handeln wird grundsätzlich als *adaptiv* begriffen, da es sich auf die je vorhandenen Gegebenheiten der Umwelt aktiv einstellt. Die Adaptation darf man nicht als eine einfache Anpassung der Handlungsstrukturen an die Umwelt mißverstehen, vielmehr ist sie unter zwei verschiedenen, *komplementären* Funktionen zu sehen. *Assimilation* bezeichnet, vereinfacht ausgedrückt, Wahrnehmen und Handeln gegenüber der Umwelt gemäß den je verfügbaren eigenen Handlungsstrukturen. Das bedeutet, daß Objekte und Ereignisse nur insoweit Gegenstand von Handlungen sein können, als sie auf eine spezifische Struktur bezogen werden. Assimilation beinhaltet immer auch eine subjektive Veränderung oder auch Verzerrung der Umwelt, sei es, daß das Individuum gemäß seinen Strukturen nur selektiv wahrnimmt, sei es, daß es das Wahrgenommene mit neuen Attributen und Bedeutungen versieht. Der Assimilation entgegen wirkt der komplementäre Prozeß der *Akkomodation*, bei dem die Strukturen durch die umgebende Realität beeinflußt und verändert werden. Die Notwendigkeit zu akkomodieren stellt sich, weil bei aller Assimilation neue Objekte und Ereignisse nie vollständig den verfügbaren Handlungsstrukturen entsprechen. Deshalb kann es keine Assimilation geben, die nicht gleichzeitig von Akkomodation begleitet ist. In den nur analytisch trennbaren, *simultan* ablaufenden Prozessen von Assimilation und Akkomodation ist die *interaktionistische* Ausrichtung des kognitivistischen Ansatzes begründet, die die individuelle Entwicklung als einen von personalen und Umweltfaktoren beeinflußten, *dynamischen* Prozeß erzeugt. Das Individuum spielt in diesem Prozeß eine aktive Rolle, es versucht zwischen seinen Handlungsstrukturen und der Umwelt einen immer ausgewogeneren, besseren *Gleichgewichtszustand* herzustellen. Der Verlauf des Prozesses läßt sich als ein mehr oder weniger kontinuierlicher Übergang von äußeren Handlungen gegenüber konkreten Objekten zu internalisierten Handlungen mit innerlich repräsentierten („symbolischen") Objekten, d.h. zum Denken, charakterisieren.

Auf der ersten, der *sensumotorischen* Stufe der kognitiven Entwicklung während des ersten Lebensjahres muß das Kleinkind zunächst lernen, sich und die Objekte der Umwelt als getrennt wahrzunehmen und zu behandeln.

Am Ende dieses Stadiums ist das Kind dann in der Lage, einfache Mittel-Zweck-Relationen zu beherrschen und gleiche Objekte in verschiedenen Perspektiven wiederzuerkennen (Prinzip der Objekt- bzw. Gestaltkonstanz). Die anschließende *präoperationale* Stufe ist gekennzeichnet durch den Erwerb von Symbolen, die dem Kind ganz neue Denk- und Handlungsmöglichkeiten eröffnen. Die Objekte der Umwelt sind jetzt auch symbolisch verfügbar und ermöglichen es dem Kind, unabhängig von raumzeitlichen Gegebenheiten mit Objekten umzugehen. Die ab dem ca. 7. Lebensjahr verfügbaren *konkret-operationalen* Strukturen weisen als entscheidendes Merkmal die *Reversibilität* auf: das Kind erkennt die Möglichkeit, Denkprozesse umzukehren und wieder zum Ausgangspunkt des Denkens zurückzukehren. So sieht es auch ein, daß Objekteigenschaften wie Länge oder Gewicht konstant bleiben, selbst wenn das physikalische Erscheinungsbild geändert wird (Prinzip der Invarianz), da es den Ausgangszustand des Objekts für sich rekonstruieren kann. Erst ab dem 12. Lebensjahr mit der Verfügbarkeit *formal-operationaler* Strukturen löst sich das Denken aus seiner Gebundenheit an die konkrete Wirklichkeit. Neben der Befähigung zur Reflexion und Introspektion lernt der Jugendliche multivariate Problemzusammenhänge zu erkennen, Gesetzmäßigkeiten und Regeln aufzustellen und anzuwenden.

Anders als beim verhaltenstheoretischen Ansatz zur Handlungsregulierung interessieren hier weniger konkret faßbare, in einer spezifischen Situation beobachtbare Handlungsperformanzen als vielmehr die „dahinter"stehenden, einzelnen Handlungen generierenden *Kompetenzen*. Generell interessieren Performanzen nur insoweit als sie als Indikatoren für die in Frage stehende Kompetenz dienen. Damit steht man freilich auch vor der Notwendigkeit, nicht nur die Beziehung zwischen Kompetenz und Performanz definieren, sondern auch die Bedingungen aufstellen zu müssen, unter denen es zu Abweichungen der Performanz von der Kompetenz kommen kann, ohne daß damit der empirische Gehalt des Kompetenzbegriffs ausgehöhlt würde. Die für den kognitivistischen Ansatz typische Ausrichtung auf Kompetenzen schließt solche Änderungen, die sich auf Häufigkeiten oder Intensitäten beziehen ebenso von der Betrachtung aus wie einzelne, lediglich durch neue Inhalte ausgezeichnete Änderungen. Entscheidend ist das Auftreten neuer *Organisationsformen* in den Handlungsperformanzen, die auf *qualitative* Änderungen schließen lassen. Die naheliegende Vermutung, daß sich *Inhalte* und *Strukturen* als unabhängige, trennbare Aspekte von Entwicklung auffassen lassen, trifft allerdings nicht zu. Tatsache ist, daß bestimmte, komplexere Inhalte an entwickeltere Strukturen gebunden sind und daß Strukturen bestimmte inhaltliche Aspekte ausschließen können.

Im Endergebnis stellt sich die Aufgabe, menschliche Entwicklung anhand von *Sequenzen* unterschiedlicher Kompetenzqualitäten zu rekonstruieren; dies ist der Kerngedanke der sog. *Entwicklungslogiken*, wie er von *Flavell* (1972) herausgearbeitet wurde. Eine Entwicklungslogik spezifiziert zunächst eine begrenzte Anzahl von Entwicklungs*stufen*. Die Stufen repräsentieren qualitativ unterschiedene Organisationsformen von Handlungsstrukturen, die alle auf die gleiche Kompetenz bezogen sind. Sie legen eine *nicht-umkehrbare* Reihe bzw. Abfolge für die Entwicklung fest, die durch soziokulturelle Einflüsse allenfalls verlangsamt, vielleicht auch zum Stillstand gebracht, aber niemals in der Reihenfolge geändert werden kann. Es darf in der Entwicklung genau so wenig eine Stufe ausgelassen werden wie es einen Rückfall auf eine bereits überwundene Stufe geben darf. Jede Stufe bildet eine in sich geschlossene *Ganzheit* mit einer typischen strukturellen Organisationsform. Die Stufen insgesamt stellen *hierarchische* Integrationen dar, die eine Ordnung von zunehmend differenzierteren und integrierteren Strukturen ergeben. Höhere Stufen integrieren die auf den niedrigeren Stufen bestehenden Strukturen. Die Annahme von Entwicklungsstufen beinhaltet aber keineswegs, daß Entwicklung bei den Stufenübergängen in Form von dramatischen „qualitativen Sprüngen" verläuft. Entwicklung in Stufen ist als ein *kontinuierlicher* Prozeß vorzustellen, bei dem sich die Stufenübergänge eher still und unmerklich vollziehen, indem schrittweise neue Inhalte integriert und hierarchisiert werden und strukturelle Neu- und Umorganisationen stattfinden. Auf den besonderen Vorteil von Entwicklungslogiken haben insbesondere *Döbert* & *Nunner-Winkler* (1975) aufmerksam gemacht. Durch die Vorgabe eines theoretisch zu erreichenden Entwicklungs*zieles*, dessen Existenz natürlich empirisch nachzuweisen sein muß, wird es möglich, konkrete Entwicklungsverläufe zu vergleichen und zu bewerten. Die *Bewertungsfunktion* von Entwicklungslogiken läßt sich insbesondere auf Institutionen und Organisationen anwenden, die einen formellen, auf die Entwicklungslogik projizierbaren Erziehungs- oder Ausbildungsanspruch erheben. Soll-Ist-Vergleiche geben dann darüber Auskunft, inwieweit der formelle Anspruch eingelöst wird. Entwicklungslogiken können über eine bloße Beschreibung von Entwicklung hinausführen und einen wichtigen Beitrag dazu leisten, faktische Sozialisationsleistungen anhand typischer Handlungsstrukturen kritisch einzuschätzen.

Entwicklung des moralischen Bewußtseins nach Kohlberg. Analog der oben nur grob umrissenen kognitiven Entwicklung, die eine fortschreitende Aneignung der Umweltobjekte beinhaltet, versteht *Piaget* (1973) auch die moralische Entwicklung. Er sieht in ihr eine parallele Aneignung der sozialen Umwelt durch das heranwachsende Individuum. Piaget unterscheidet zwei Stadien der moralischen Entwicklung: (a) Das *heteronome* Bewußtsein mit seiner Moral des Zwanges gründet in der einseitigen Abhängigkeit des Kindes von den Eltern und anderen erwachsenen Bezugspersonen sowie im noch unzureichenden kognitiven Entwicklungsstand. (b) Durch den zunehmenden Kontakt mit Gleichaltrigen („peer-group"), der weit weniger durch einseitige Abhängigkeiten als vielmehr durch Gegenseitigkeit bestimmt ist, sowie durch die für die formal-operationalen Strukturen typische Befähigung zur Abstraktion und selbständigen Herleitung von Gesetzmäßigkeiten und Regeln erwirbt der Jugendliche ein *autonomes* moralisches Bewußtsein.

Ausgehend von Piagets Entwurf der kognitiven und moralischen Entwicklung hat *Kohlberg* (1974, 1976) ein differenziertes Modell individueller Moralentwicklung aufgestellt, das u. a. durch Überlegungen von *Habermas* (1976) und *Lempert* (1982) ergänzt und präzisiert wurde. Moral wird zunächst allgemein als ein System von handlungsleitenden Regeln bestimmt, die in sozialen Konfliktsituationen aktivert werden. Nach *Habermas* (1976, S. 75) gelten nur solche Situationen als „moralisch relevant", die von den Beteiligten als grundsätzlich *konsensfähig*, d. h. ohne Anwendung manifester Gewalt lösbar, erkannt werden. In moralischen Konfliktsituationen werden miteinander konkurrierende *moralische Themen* angesprochen, wie z. B. Eigentum vs. Gerechtigkeit, Gleichheit vs. Autorität oder Strafe vs. Wahrhaftigkeit. Die Regeln dienen dazu, Konfliktlösungen zu gewinnen und zu bewerten, indem sie die Beziehungen zwischen den am Konflikt beteiligten festlegen. Dadurch werden die jeweiligen Interessen eingegrenzt, gegeneinander gestellt und schließlich in einer für „gerecht" erachteten Lösung ausgeglichen. Das moralische Bewußtsein – auch als moralische *Urteilskompetenz* bezeichnet – äußert sich in Urteilen über solche Konfliktlösungen. In moralische Urteile gehen zwei nur analytisch trennbare Komponenten ein. Die *deskriptive* Komponente legt den sozialen Bezugsrahmen bzw. die *soziale Perspektive* fest, also den Rahmen, in dem ein konkreter Konflikt wahrgenommen und gelöst wird. Sie gründet auf der Fähigkeit, sich in die Rolle der vom Konflikt Betroffenen hineinzuversetzen und deren Interessenlage zu identifizieren. Die Rollenübernahmefähigkeit lehnt sich eng an die Stadien der Intelligenzentwicklung an und stellt, vereinfacht ausgedrückt, eine Übertragung der kognitiven Strukturen, die ja auf Subjekt-Objekt-Beziehungen zielen, auf Beziehungen zwischen Subjekten dar (nach *Selman* 1976). Die *präskriptive* und im engeren Sinn moralische Komponente umfaßt affektiv bestimmte Vorstellungen und Werthaltungen über die Richtigkeit und Gerechtigkeit von Handlungen. Sie beinhaltet das Motiv, jenseits einer bloßen Wahrnehmung unterschiedlicher Interessen auch zu einem gerechten Interessenausgleich zu gelangen. Dabei werden durchaus die Interessen einer Konfliktpartei bewußt und einvernehmlich hintangestellt. Die präskriptive Komponente entwickelt sich früher (vgl. hierzu den Beitrag der Psychoanalyse s. u. Kap. 3.3) und schneller als die strukturelle, die sich erst ab dem 7. Lebensjahr ausbildet, wenn im kindlichen Denken die *Reversibilität* auch auf soziale Beziehungen übertragen werden kann. Wie die empirischen Ergebnisse von *Lind* (1980) zeigen, sind z. B. bei den mehrheitlich konventionell urteilenden Abiturienten bereits postkonventionelle Vorstellungen und Werthaltungen vorhanden, die aber in strukturell-kognitiver Hinsicht noch nicht ausreichend verankert sind. Die von Kohlberg vorgelegte Entwicklungstheorie des moralischen Bewußtseins spezifiziert ein Stufenmodell, nach dem sich moralische Urteile im Verlauf der Sozialisation verändern. Die insgesamt sechs Stufen legen eine entwicklungslogische Ordnung mit Richtung und theoretisch erreichbarem Ziel der moralischen Entwicklung fest. Ihre Spannweite läßt sich mit „vom Einfachen zum Komplexen“ und „vom Konkreten zum Abstrakten“ markieren. Der *Anwendungsbereich* der Regeln, der von der jeweiligen sozialen Perspektive abhängt, wird von Stufe zu Stufe immer weiter ausgedehnt, um schließlich auf der höchsten Stufe uneingeschränkte Geltung zu erreichen. Moralische Urteile werden mit fortschreitender Entwicklung unabhängiger von konkreten Bezugspersonen und integrieren zunehmend mehr unterschiedliche Interessen von immer mehr Personen. Erst wenn die Interessen *aller* potentiell von einem moralischen Konflikt betroffenen Personen berücksichtigt werden, d.h. auch die soziale Perspektive *unbegrenzt* ist, kann Gerechtigkeit im umfassenden Sinn realisiert werden wie sie die höchste Stufe vorsieht. Die Stufenfolge beinhaltet schließlich einen Übergang von einer ausschließlich externalen, situativ geprägten Handlungsregulation hin zu einer von *internalisierten*, von allgemein gültigen Prinzipien bestimmten Regulation.

In der nachfolgenden Übersicht und in Tab. 1 findet sich eine detaillierte Beschreibung und Einordnung der sechs Entwicklungsstufen (nach *Lind* et al. 1976 und *Hegner* et al. 1983), die zu insgesamt drei Ebenen zusammengefaßt werden, einer *präkonventionellen*, einer *konventionellen* und einer *postkonventionellen*.

1. Präkonventionelle Ebene

Auf dieser Ebene beruht die moralische Wertung auf äußeren, physisch präsenten Geschehnissen, auf unmittelbaren Verhalten. Mit Worten wie „gut" und „schlecht", „richtig" und „falsch" verbinden sich auf dieser Ebene Vorstellungen von physischen oder triebbefriedigenden Konsequenzen. Die Durchsetzung moralischer Regeln wird mit physischer Macht verbunden gesehen.

Stufe 1: Im Vordergrund steht das Element physischer Herrschaft, das Recht des Stärkeren im Zusammenhang mit einer unbegrenzten Egozentrik. Dem entspricht das Prinzip der Strafvermeidung: Eine richtige oder gerechte Handlung ist die, die keine negativen Konsequenzen für den Handelnden hat (Strafvermeidung einerseits, voller Einsatz der Egozentrik bei sanktionsunfähigen Personen andererseits).

Stufe 2: Vorherrschendes Moment ist eine begrenzte Egozentrik, deren Hauptzweck eine individuelle Bedürfnisbefriedigung ist. Der Hinweis auf den Austausch verweist auf die Qualität dieser Grenze, die weniger mit der relevanten Stärke des Gegenübers gegeben ist, als mit der formalen Freiheit des Tauschpartners, der von woanders her zum Tauschen motiviert ist. Die Anerkennung läuft über „Haben", weniger über „Sein". Sie erfolgt unter Vergleichbaren, aber nicht unter Gleichen. Die wechselseitige Abhängigkeit als Voraussetzung des sozialen Lebens überlebt einzig in spezifischer Form als „Anerkennung" der tauschbaren Leistung.

2. Konventionelle Ebene

Auf dieser Ebene wird die Richtigkeit sozialen Handelns an den Erwartungen der anderen, der Familie, der Bezugsgruppe oder des Staates gemessen. Die Einhaltung übernommener Rollen und die Aufrechterhaltung und Rechtfertigung der sozialen Ordnung sowie die Anerkennung der

Funktionen der einzelnen Gruppenmitglieder stehen auf dieser Ebene im Vordergrund.

Stufe 3: Vorherrschendes Moment ist ein moralischer Pragmatismus im überschaubaren sozialen Raum, weiterhin ist eine positive Annahme über den Sinn der Bewertung solcher zweckgebundener, gezielter Moralität (unter relativer Ausblendung von Folgeproblemen) kennzeichnend. Eine allgemeine Menschennatur mit einer natürlichen Moralität wird als gegeben vorausgesetzt. Und es wird konsequent auf eine unkritisch gefaßte – weil natürlich gegebene – Normativität dieser Moralität geschlossen.

Stufe 4: Im Vordergrund der Stufe 4 steht die Definition von Moralität durch die in Gesetzen und Über-Unterordnungsverhältnissen ausgedrückte soziale Ordnung (anonyme Rollensysteme). Ein Konsens ist nicht gefragt, sondern wird durch Anpassung definiert. Der herrschenden sozialen Ordnung muß zugestimmt werden; sie muß anerkannt werden. Die Rechte der Mitmenschen werden ausschließlich festgelegt durch die soziale Ordnung. Und die Anerkennung von Personen erfolgt nach Maßgabe ihrer Funktion oder ihres Ansehens.

3. *Postkonventionelle Ebene*

Auf dieser Ebene wird moralisches Handeln und moralisches Urteilen auf die Ebene der Menschheit verlagert. Moralischen Werten wird eine zeitlich und räumlich universelle Gültigkeit und eine Existenz unabhängig von Macht und Autorität verliehen.

Stufe 5: Im Vordergrund steht die Verpflichtung auf eine allgemein akzeptierte Sozialordnung und auf die Wahrung individueller Freiheiten und Rechte auch dann, wenn die entsprechenden Personen einer Minderheit angehören. Die Freiheit des moralischen Urteilens und Handelns wird zunächst begrenzt durch legitim zustandegekommene Gesetze, dann aber dient die Freiheit der Auseinandersetzung dazu, daß soziale Miteinander mittels besserer Gesetze bestmöglich zu gestalten. Die Allgemeinheit der Norm drückt sich in der Gesetzmäßigkeit des Verfahrens, in der Anerkennung von Mehrheitsentscheidungen und in den individuellen Menschenrechten aus. Im Unterschied zur Stufe 4 können mit Handlungskonsequenzen keine guten Gründe gegen legitime Entscheidungen vorgebracht werden.

Stufe 6: Das Hauptmoment der Stufe 6 ist die offene und selbstbewußte Konfrontierung des Handelnden mit einem schon bei Stufe 5 benannten Problem: Der Anwendung allgemeiner Maximen auf besondere Situationen. Im Unterschied zur Stufe 5 aber ist die individuelle Einführung in die „Rechtssituation" (Gewissensentscheidung) mit einem leichten positiven Akzent vor der Allgemeinheit der ethischen Norm ausgezeichnet (zwar wird Übereinstimmung proklamiert; der Schwierigkeit des Versuchs, diese zu erreichen, wird durch die Akzentuierung Rechnung getragen). Ein Nebenmoment ist die anerkannte Gleichheit aller Menschen, der die Allgemeinheit der ethischen Norm entspricht.

Tabelle 1: Übersicht über Kohlbergs Entwicklungstheorie des moralischen Bewußtseins

	Kennzeichnung der moralischen Entwicklungsstufe	**Soziale Perspektive**	**Geltungsbereich der Regeln zur Konfliktlösung**	**Als gerecht gilt eine Konfliktlösung, wenn sie**	**Vorausgesetzte kognitive Strukturen**
präkonventionelle Moral	Stufe I: Orientierung an Strafe und Gehorsam	egozentrische Perspektive	natürliche und soziale Umwelt	keine negativen Konsequenzen für den Handelnden hat	konkret-operationale Strukturen
	Stufe II: Naiv-egoistische Orientierung	konkret individualistische Perspektive		dem „Wie du mir, so ich dir" folgt	
konventionelle Moral	Stufe III: „braves Kind"-Orientierung	wechselseitig als gemeinsam erkannte Perspektive	Gruppe der primären Bezugspersonen	von der unmittelbaren sozialen Umwelt gebilligt wird	partiell formal-operationale Strukturen
	Stufe IV: Autorität und soziale Ordnung aufrechterhaltende Orientierung	System- oder Gesellschaftsperspektive	Angehörige des politischen Verbandes	im Einklang mit Recht, Ordnung und Autoritäten steht	
postkonventionelle Moral	Stufe V: Orientierung an sozialen Abmachungen	gesellschaftsübergreifende Perspektive	alle Rechtsgenossen	demokratisch legitimierten Mehrheitsentscheidungen entspricht	vollständig formal-operationale Strukturen
	Stufe VI: Gewissens- oder Prinzipienorientierung		alle Menschen als Privatpersonen	allgemeine Grundwerte wie Freiheit, Menschenwürde oder Gleichheit berücksichtigt	

Implikationen von Kohlbergs Entwicklungstheorie. Einige Chrakteristika von Kohlbergs Ansatz, die insbesondere aus der Tabelle 1 hervorgehen, sollen noch einmal betont werden: Die Stufenfolge beansprucht *universelle* Gültigkeit, sie müßte damit unabhängig vom jeweiligen kulturellen und ökonomischen Kontext nachzuweisen sein. Damit ist nicht gesagt, daß der kulturelle und ökonomische Entwicklungsstand in einer Gesellschaft ohne Einfluß auf die Moralentwicklung wäre. Er legt vielmehr den Rahmen der Moralentwicklung fest. Unterschiedlich entwickelte Gesellschaften können sich durchaus im mittleren Moralniveau unterscheiden, aber die Abfolge der Stufen darf davon nicht berührt werden.

Zu unterstreichen ist die Beziehung zwischen dem Stand der kognitiven Entwicklung und dem Niveau des moralischen Bewußtseins. Allgemein geht Kohlberg davon aus, daß spezifische kognitive Strukturen *notwendige*, aber nicht hinreichende Voraussetzungen für das Erreichen bestimmter Moralstufen darstellen. So setzt die Stufe 4 notwendig voraus, daß das Individuum über vollständig entwickelte formal-operationale Strukturen verfügt. Daraus darf aber nicht gefolgert werden, daß niedriger kognitiver Entwicklungsstand mit „weniger Moral" einhergeht. Wie schon bei der Beschreibung der beiden Komponenten des moralischen Bewußtseins angedeutet wurde, ist davon lediglich die deskriptiv-strukturelle Komponente tangiert. In einem moralischen Konflikt können auch konventionelle Personen ohne formal-operationale Denkstrukturen „gefühlsmäßig" postkonventionell urteilen und handeln. Sie sind aber nicht in der Lage, ihre postkonventionellen Vorstellungen jenseits ihrer verfügbaren sozialen Perspektive konsistent anzuwenden oder argumentativ zu vertreten.

Die bereits problematisierte Unterscheidung von *Inhalt* und *Struktur* als Aspekt von Entwicklung soll hier am Beispiel verdeutlicht werden. Wie Kohlberg selber erläutert, gibt es zum einen stufentypische Inhalte und zum anderen modifizieren neu auftretende Inhalte die Bedeutung vorhandener Inhalte je nach Struktur unterschiedlich. D. h., die Stufenfolge läßt sich auch durch Inhalte rekonstruieren (nach *Eckensberger* & *Reinshagen* 1978, S. 44):

Stufe 1: Strafe und Vergeltung
Stufe 2: Eigentum

Stufe 3: Zuneigung und Liebe
Stufe 4: Gesetz und Regierung
Stufe 5: bürgerliche Grundrechte
Stufe 6: Gewissen

Im weiteren folgt daraus, daß je nach Stufe nicht beliebig inhaltliche Entscheidungen über Konfliktlösungen getroffen werden können. Eine Rechtfertigung der Todesstrafe ist auf der Stufe 6 genau so wenig denkbar wie es sich mit der Stufe 4 vereinbaren läßt, daß ein Konflikt durch einen bewußten Verstoß gegen gesetzliche Bestimmungen gelöst wird.

Wenn die konventionellen und insbesondere die postkonventionellen Stufen im Vergleich zu den präkonventionellen Stufen als die „höheren" apostrophiert werden, so wird dadurch die Vorstellung nahegelegt, daß es sich auch um die „besseren" handeln könnte. Eine solche Vorstellung findet zumindest in Teilen ihre Rechtfertigung darin, daß mit zunehmender Stufenhöhe auch immer mehr Standpunkte und Interessen eingebracht und integriert werden können. Die resultierenden Konfliktlösungen können insofern auch als die angemesseneren und *gerechteren* gelten. Solang in einer Gesellschaft oder in einem Gemeinwesen Gerechtigkeit als regulatives Prinzip sozialer Beziehungen dient – und dies trifft für alle demokratisch verfaßten Gesellschaften zu –, solange können die *höheren* Stufen als die grundsätzlich *besseren* gelten. Aus dieser Sicht ließe sich auch die Forderung ableiten, daß in einem Gemeinwesen möglichst viele Mitglieder möglichst hohe Moralstufen erreichen sollten. Aufgabe einer *Moralpädagogik* wäre es dann, durch entsprechende erzieherisch-didaktische Vorgehensweisen die Voraussetzungen dafür zu schaffen, daß die jeweils nachfolgende Generation in die höchsten Moralstufen hineinwachsen kann. In der Tat hat Kohlberg eine Moralpädagogik begründet, die auf die Errichtung einer *gerechten Gemeinschaft* („just community") in einem überschaubaren sozialen Bereich abzielt (*Kohlberg* et al. 1978). In dem von ihm geleiteten „Harvard Center for Moral Education" und in der 1974 organisierten Alternativschule, der Cambridge Cluster School, werden die praktischen Möglichkeiten einer Moralpädagogik untersucht. Das pädagogische Mittel zur Stimulierung der Moralentwicklung ist die Konfrontation der Schüler mit moralischen Konflikten, den sog *Dilemmata* (s. Vertiefungsteil), die auch für die empirische Ermittlung des individuellen moralischen Entwicklungsstandes von zentraler Bedeutung sind. Die Dilemmata, die sowohl hypothetischer Natur sein als auch dem unmittelbaren Lebens- und Erfahrungsraum entstammen können, werden den Schülern vorgestellt, um gemeinsam Konfliktlösungen samt Begründungen auszuarbeiten und zu bewerten. Aus der Art der vorgeschlagenen Konfliktlösung und aus den Argumenten, mit denen sie begründet wird, kann zum einen der individuelle moralische Entwicklungsstand gefolgert werden. Zum anderen aber kann durch die gezielte Konfrontation der Schüler mit je stufenhöheren Argumenten – bewährt haben sich offensichtlich genau eine Stufe höhere Argumente – das moralische Bewußtsein zur Weiterentwicklung angeregt werden. Die praktischen Möglichkeiten der Kohlbergschen Moralpädagogik werden teils optimistisch (*Oser* 1981; Fritz Oser, Universität Fribourg/Schweiz, leitet ein Forschungsprojekt „Humanisierung der beruflichen Ausbildung durch die Entwicklung des sozialmoralischen Urteils") teils eher resignativ (*Kohlberg* 1978) gesehen. Ohne auf die praktischen Schwierigkeiten einer Moralpädagogik näher einzugehen, die grundsätzlich als lösbar gelten können, sei doch ihre *generelle* Problematik kurz skizziert. Eine die Moralentwicklung wirklich stimulierende moralische Diskussion wird schon allein aus motivationalen Gründen auch die in der jeweiligen Umwelt vorhandenen bzw. angelegten Konflikte aufgreifen. Es ist einsichtig, daß die institutionellen und organisationsstrukturellen Rahmenbedingungen bestimmte Konfliktlösungen zulassen oder auch ausschließen können und insofern so etwas wie einen impliziten moralischen Gehalt, in Kohlbergs Worten eine *Gerechtigkeitsstruktur*, aufweisen. So schließen autoritäre Umweltstrukturen und postkonventionelle Konfliktlösungen einander aus. Bei der Diskussion etwa von schulbezogenen Konflikten wird es sich nicht umgehen lassen, daß auch hierarchischer Aufbau und Organisation der Schule, Schulordnung u. ä. zur Sprache kommen und auch in Frage gestellt werden. Eine *restriktive*, durch präkonventionelle Gerechtigkeitsstruktur bestimmte Umwelt wird moralpädagogischen Bemühungen von vornherein enge Grenzen setzen. Kohlbergs Versuche, bei Strafgefangenen die moralische Entwicklung durch Gruppendiskussionen anzuregen (vgl. *Kohlberg* et al. 1978), können als ein anschauliches Beispiel dafür dienen, wie der Erfolg von Moralpädagogik organisationsstrukturell determiniert ist.

Der *politische* Gehalt von Kohlbergs Ansatz gibt immer wieder Anlaß zu kontroverser Diskussion. Je nach Politikverständnis werden die an sich unstrittigen politischen Implikationen anders wahrgenommen und bewertet. Versteht man Politik im Sinne der *traditionellen* Politikwissenschaft als Schaffung und Erhaltung einer staatlichen Ordnung, so berührt zumindest die Stufe 4 („Gesetz, Ordnung, Tradition") unmittelbar Bereiche, die als politisch gelten müssen. Aber bereits die Stufe 5 mit ihrem Rückgriff auf Verfassungsprinzipien und insbesondere die Stufe 6 mit ihrer Orientierung an universellen, *systemunabhängigen* Prinzipien erhalten einen potentiell störenden, weil systemüberwindenden Charakter. Auf diesem Hintergrund ist wohl auch die Kritik von *Hogan & Schroeder* (1981) zu sehen, die monieren, daß auf der Kohlbergschen Entwicklungsskala Konservative notwendig „schlechter abschneiden" als Liberale – was immer auch genau sich hinter diesen politischen Standortbestimmungen verbergen mag.

Begreift man aber Politik – und dies zeichnet sich als Konsens in der *neueren* Politikwissenschaft ab (vgl. *Clausen* 1981) – als die formelle und informelle Regelung menschlichen Zusammenlebens, dann gerät Moral insgesamt zu einem wichtigen *Teilaspekt* von Politik. Moralisches Bewußtsein wird zu einem Bestandteil des umfassenderen politischen Bewußtseins, der in Konfliktfällen zum Tragen kommt. Entgegen einigen Formulierungen bei *Kohlberg* (1977) kann aber Politik nicht auf Moral reduziert werden. Politik hat ja nicht nur eine *reaktive* Funktion zur Konfliktregelung, sondern beinhaltet darüber hinausgehend auch die *aktive* Gestaltung menschlichen Zusammenlebens etwa in Form von Konfliktvorbeugung. Empirische Zusammenhänge zwischen Moralentwicklung und politischen Einstellungen und Handlungen lassen sich vielfach aufweisen (vgl. *Ijzendoorn* 1980). Als eine allgemeine Tendenz kann herausgelesen werden, daß sich Distanz, Ablehnung und Protest gegenüber einem politischen System sowohl auf prä- wie auf postkonventionellem Niveau finden, kaum dagegen auf konventionellem Niveau.

Eine letzte Anmerkung soll noch dem *moralphilosophischen* Hintergrund gelten, auf dem Kohlbergs Ansatz gründet. Er ist zweifellos dem *deutschen Idealismus* verpflichtet, wie er in der formalen Ethik von Kant seinen typischen Ausdruck fand. *Kohlberg* (1978) beruft sich selbst explizit auf Kant und erhebt dessen *Kategorischen Imperativ* („Handle so, daß die Maxime deines Willens jederzeit zugleich als Prinzip einer allgemeinen Gesetzgebung gelten könne!“) zum regulativen Prinzip der Stufe 6. Dies hat Kohlberg den Vorwurf eingetragen, daß die höheren Moralstufen (nach Stufe 3) zunehmend die „kalte Idee der Gerechtigkeit“ widerspiegeln (*Schreiner* 1983) und mitmenschliche Orientierungen notwendig unterdrückt werden. Andere Autoren wie der Psychoanalytiker *J. Gilligan* (1976) setzen der als *formalistisch* deklarierten Ethik Kohlbergs die Forderung nach einer *Liebesethik* entgegen, die eben nicht zu einem rationalen Abwägen der jeweils unterschiedlichen Interessen und Bedürfnisse, sondern zu einer von Liebe bestimmten Koinzidenz der Bedürfnisse und Interessen führt.

3.3 Moralische Handlungsregulation als psychodynamischer Prozeß

Die *Psychoanalyse* konzentriert ihre Untersuchungen auf drei moralisch geregelte Bereiche: (a) Sexualität, (b) Aggressivität und (c) Narzißmus, das ist die Wertschätzung, die eine Person für sich beansprucht. Es wird nach dem Prozeß gefragt, in dessen Verlauf aus einem biologisch bestimmten Organismus ein sozial handlungsfähiges Individuum entsteht, dem es gelingt, seine sexuellen, aggressiven und narzißtischen Wünsche in gesellschaftlich akzeptierter und persönlich befriedigender Weise zu erfüllen. Dieser Prozeß ist durch die lebensgeschichtlichen Konflikte strukturiert, die aufgrund der Zivilisierung menschlicher Natur zustandekommen. Moralische Regeln zielen auf Konfliktausgleich, indem sie gesellschaftsdienliche Verzichtleistungen – z. B. im Sinne der Zehn Gebote – mit individuellen Belohnungsversprechen – dem Beispiel folgend: Seelenheil – koppeln. Die Psychoanalyse beschreibt das Lernen dieser Regeln als *Verinnerlichung*, d. h.: Sie werden einem Kind gegenüber als notwendige Ansprüche an die regelmäßige Erzeugung „richtiger“ Handlungen, Gedanken und Gefühle vorgestellt, die es zu freiwilligen Ansprüchen an sich selbst machen soll. Als tragender Grund für die gewünschte Übernahme fungiert die kindliche Abhängigkeit, die vor allem in den ersten Lebensjahren im Rahmen der Eltern-Kind-Beziehung mit Trennungsangst durchsetzt ist. Mittel der Verinnerlichung sind Identifizierungen, die eine Aneignung von psychischen Merkmalen der moralischen Autoritäten erlaubt. *Identifikation* ist in der psychoanalytischen Theorie ein Entwicklungsbegriff; es wird angenommen, daß sich der konkrete Aneignungsprozeß nach Maßgabe bestehender Fähigkeiten verändert (*Schafer* 1968). Die früheste Form wird als *Introjektion* vollzogen, bei der die Aneignung ohne Bewußtsein für den Vorgang körperanalog nach dem Muster der Nahrungsaufnahme abläuft, wie überhaupt anfangs kein Unterschied zwischen Physis und Psyche besteht. Die am weitesten entwickelte Form ist die *Objektwahl*, die zumindest das Bewußtsein gegebener Alternativen voraussetzt.

Identifizierungen führen zum Aufbau einer psychischen Struktur, die *Freud* (GW XVII, S. 63ff.) in einer abstrakten *Strukturhypothese* formuliert hat. Er unterscheidet drei Instanzen: „Es", „Ich" und „Über-Ich". Die Begriffe gliedern unterschiedliche, aber aufeinander bezogene Gruppen von *Funktionen* und *Inhalten* der Psyche; es handelt sich um theoretische Konstrukte, die keine unmittelbare Entsprechung im Selbsterleben einer Person haben.

Das *Es* ist als Reservoir der *Triebe* bestimmt, von denen Freud – ungeachtet der verschiedenen Entwicklungsstufen seiner Theorie – *Sexualität* und *Aggressivität* unterscheidet. Beide weisen biologische Verankerungen auf, sind ererbt und konstitutionell geprägt. Erlebt werden sie über ihre *Repräsentanzen*. Allgemein sind damit *Vorstellungen* und *Affekte* gemeint, die einer Person zu Bewußtsein kommen können. Für die Instanz des Es läßt sich von *Bedürfnissen* und *Wünschen* sprechen. Sie besitzen (a) als somatischen Ursprung eine erregbare Körperzone, (b) dranghafte Erlebnisqualität, (c) das Ziel, (meist) durch Erregungsminderung zu ihrer Befriedigung oder Erfüllung zu kommen, und (d) ein Objekt, an dem Bedürfnisbefriedigung und Wunscherfüllung gesucht wird. Von diesen vier Bestimmungsgrößen zeigen die Objekte die größte Variabilität; sie umfassen alle Personen, Sachen und Ideen einer spezifischen kindlichen Lebenswelt im Hinblick auf ihre Eigenschaften, Lust zu erzeugen und Unlust vermeiden zu helfen.

Mit seiner Geburt befindet sich ein Säugling in Objektbeziehungen, die über die Befriedigung und Versagung seiner Bedürfnisse entscheiden und damit maßgeblich darauf Einfluß nehmen, welches Muster von Bedürfnissen individuell ausgebildet werden kann (*Brede* 1971). Bestimmt das Es, dann folgt die Wunscherfüllung dem *Lustprinzip*, d.h.: Sie soll *sofort* (ohne Aufschub), *vollständig* (ohne Verzicht) und *rücksichtslos* (ohne Achtung von Außenweltgegebenheiten) zustandekommen. Dieses Prinzip ist mit jeder gesellschaftlichen Situation, in der real mit knappen Mitteln komplexe Koordinationsprobleme gelöst werden müssen, unvereinbar und deshalb konfliktträchtig. Die entstehenden Wunsch-Realitäts-Konflikte gelten in der Psychoanalyse als humanspezifischer Lernantrieb. Ihre Lösungen führen zu verschiedenen Mischungsverhältnissen zwischen einer Veränderung der Psyche und einer Veränderung der Objekte (vgl. Assimilation-Akkomodation in der kognitivistischen Lerntheorie, s. o. S. 66). Dabei ist anzunehmen, daß die Entwicklung grundsätzlich zu einer aktiven Objektbeeinflussung fortschreitet.

Die Möglichkeit, auftretende Konflikte zu bearbeiten, setzt angemessene Urteilsfähigkeiten voraus: motorische Kontrolle, Wahrnehmung, Vorstellung, Nutzung von Affekten als Signale für Lust und Unlust, Denken, Erinnerung, Planung. Ihre Gesamtheit bildet die psychische Instanz des *Ich*. Die Entwicklung seiner Funktionen vollzieht sich in der Kindheit weitgehend als *Reifung*, denn biologisch betrachtet ist das Neugeborene eine Frühgeburt, die noch Jahre braucht, um über ein voll funktionstüchtiges Zentralnervensystem zu verfügen. Dieser Prozeß wird aber gleichermaßen von Geburt an durch die Pflege- und Erziehungspraktiken der Eltern beeinflußt, die nicht nur angemessene Entwicklungsziele durchsetzen können, sondern leicht auch zu Über- oder Unterforderungen führen.

In Funktionsabstimmung mit dem Es hat das Ich die Aufgabe, aktuelle Wünsche einer situationsgerechten Erfüllung zuzuführen. Dies verlangt eine Veränderung des Lustprinzips: In Abhängigkeit von den Besonderheiten einer Situation müssen die Wünsche aufgeschoben werden und erreichen eine nur unvollkommene Erfüllung, weil die Widerständigkeit der Objekte Rücksichten erzwingt. Je jünger und hilfloser Kinder sind, desto bedingungsloser ist ihre Abhängigkeit von Erwachsenen, die sich als *Hilfs-Ich* anbieten, um die kindliche Ohnmacht auszugleichen. Die Familie übernimmt die Anpassung an die Realität der Außenweltsituationen, die das Ich des Kindes, wenn es stärker wird, alleine meistern und als Bestandteil des herrschenden Realitätsprinzips beachten lernen muß. Die Realität der kindlichen Lebenswelt ist eingebettet in den Zusammenhang der Gesellschaft und der gesellschaftlichen Gruppe, in der es lebt. Mutter, Vater, Geschwister und mehr oder weniger Fremde, die mit seiner Familie verkehren, treten ihm als moralische Autoritäten entgegen. Moralische Regeln gehen in ihre Pflege- und Erziehungspraktiken ein (*Lorenzer* 1972) und legen z.B. fest, ob Trotz generell als ungehörige Auflehnung bestraft oder als Selbständigkeitsäußerung toleriert werden soll. Aufgrund dieses Bewertungsaspektes erweist sich das herrschende Realitätsprinzip nie als situativ neutral, sondern immer als konventionell oder normativ bestimmt. Die Gesamtheit der von einem Kind mittels Identifizierungen und Gegenidentifizierungen angeeigneten Bewertungen bilden sein *Über-Ich*.

Die Psychoanalyse unterscheidet an moralischen Regeln zwei Aspekte: *Verbot* („Du darfst nicht!")/*Gebot* („Du sollst!") und *Ideal*. Die Verbote oder Gebote, die zugleich auch Ideale sind, stellen eine Teilstruktur des Über-Ich dar, die als *Ich-Ideal* bezeichnet wird. Die moralischen Regeln, die eine Person verinnerlicht, erlebt sie über die dem Über-Ich eigenen Repräsentanzen als *Motive*. In Funktionsabstimmung mit Ich und Es ergibt sich die Aufgabe, Bedürfnisse und Wünsche kurzfristig auf ihre gesellschaftliche Akzeptabilität hin zu beurteilen und sie langfristig in eine dauerhafte Übereinstimmung mit den Konventionen und Normen zu bringen. Von daher greift das Über-Ich tief in die Es-Entwicklung ein. Einen Eingriff kann es aber auch in umgekehrter Richtung geben: Im Extremfall erhalten dann die verinnerlichten moralischen Regeln triebhafte Züge, so daß die Übereinstimmung mit ihnen zu einer exklusiven Quelle des Lustempfindens einer Person wird.

Für das Über-Ich lassen sich verschiedene Funktionen unterscheiden: (a) kritische Selbstbeobachtung, um spontane Gefühle, Gedanken und Handlungen nach den inneren Standards bewerten zu können; (b) Vermeidung und Aussorderung der psychischen Merkmale, die ihnen widersprechen – Aufsuchen und Integration derjenigen, die ihnen entsprechen; (c) Erzeugung von Unlustgefühlen bei Verfehlungen gegen die Standards – Lustgewinn bei ihrer Einhaltung; (d) Verlangen von Wiedergutmachung sich selbst gegenüber, wenn gefehlt worden ist. Die Entwicklung dieser Funktionen schafft die Möglichkeit, daß eine Person auch in Situationen, in denen äußere Strafgewalten nicht präsent sind, Verbote/Gebote und Ideale achtet und sich von ihnen leiten läßt. Wegen dieser erreichbaren Unabhängigkeit von moralischen Autoritäten der Außenwelt findet sich in der Psychoanalyse häufig eine Gleichsetzung von Über-Ich und (persönlichem) *Gewissen*.

Die epochemachende Entdeckung von Freud war aber weniger seine Instanzenlehre, wie sie hier gemäß der Strukturhypothese ausgeführt worden ist, sondern die Behauptung, das Ich sei nicht Herr seiner selbst, da es das *Unbewußte* (*Freud* GW X, S. 263ff.) gebe. Mit diesem theoretischen Konzept wird keine gesonderte psychische Instanz beschrieben, sondern ein besonderer Funktionszustand, der die Struktur der Psyche selbst als auch Inhalte und Funktionen von Es, Ich und Über-Ich betreffen kann. Das Unbewußte ist dann die Gesamtheit der psychischen Eigenschaften, die nicht im aktuellen Bewußtseinszusammenhang stehen, aber dennoch Auswirkungen auf Gefühle, Gedanken und Handlungen einer Person haben. Von größtem Interesse für die Psychoanalyse ist dabei der Teil der unbewußten Wirkungen, der auf *Verdrängung* zurückgeht: Das Ich hat die Aufgabe, zwischen den Erfordernissen einer Situation der Außenwelt und den inneren Ansprüchen von Es und Über-Ich zu vermitteln. Diese Vermittlung von Bedürfnissen/Wünschen, Motiven und objektivem Handlungsdruck erzeugt Konflikte, die als mehr oder weniger starke *Angst* erlebt werden. Die Psychoanalyse versucht, dieses Gefühl humanspezifisch zu beschreiben und deshalb nicht nur Intensitäten anzugeben, sondern auch spezifische Qualitäten. So kennzeichnen *Schuldgefühle* die Ängste bei Verfehlungen gegen Verbote/Gebote, *Schamgefühle* dagegen die Ängste, hinter dem eigenen Ideal zurückzubleiben. Aber nicht nur das Über-Ich ist angsterzeugend, sondern auch das Es. Seine spezifischen Angstqualitäten sind *Panik* (Übererregung) und *Leere* (Abstumpfung gegenüber Erregungen). Wie das Ich mit diesen Unlustgefühlen umzugehen vermag, hängt wesentlich von seiner Stärke ab. Und diese *Ich-Stärke* ist der Fähigkeitsentwicklung einer Person verbunden. Nur wenn sie als Kind lernen konnte, an kleinen Angstintensitäten (unterschiedlicher Qualität) ihre jeweils vorhandenen Fähigkeiten erfolgreich zu üben, kommt sie als Erwachsener in die Lage, gelassen und damit auf dem für sie höchsten Fähigkeitsniveau den ängstigenden Gefühlen zu begegnen. Ohne diese Sozialisationserfahrung entwickelt sich die Angst allzuleicht traumatisch. Mit dem Begriff des *Traumas* bezeichnet die Psychoanalyse Ereignisse, deren Erlebnisintensität weit größer ist als die Fähigkeit der erlebenden Person, angemessen darauf zu reagieren, so daß als Folge eine momentane oder andauernde psychische Desorganisation entsteht. Traumatisierung ist eine ständig wiederkehrende Gefährdung der Kindheit, da die Fähigkeiten des Ich erst unzulänglich entwickelt sind. Hat ein Kind sie hinnehmen müssen, behält es für den jeweiligen psychischen Erlebnisbereich eine Schwäche zurück. Die fortschreitende Entwicklung von Ich-Funktionen vermag sie zwar grundsätzlich auszugleichen, dennoch bleiben charakteristische Bereitschaften, in solchen Bereichen ängstlicher zu reagieren als in anderen. Im Erwachsenenalter kann es dann in Zeiten eines aktuell herabgesetzten Fähigkeitsniveaus zu einer Wiederbelebung der früheren Traumata kommen, was sich etwa im „unerklärlichen" Anwachsen von Gefühlen der Leere, Panik, Scham oder Schuld bemerkbar macht. In solcher Not greifen Erwachsener wie Kind zu *Abwehrmechanismen* (*Anna Freud* 1964). Auch bei ihnen handelt es sich um Ich–Funktionen; genauer gesagt, es werden die jeweils vorhandenen Fähigkeiten nurmehr abwehrend gebraucht. D. h.: Eine Person verzichtet in dem Ausmaß auf die Erfüllung ihrer Wünsche, wie dieser Verzicht hilft, die befürchtete Angstentwicklung zu vermeiden. Der härteste Eingriff von Abwehrmechanismen in die Psyche besteht darin, angstintensive Funktionen und Inhalte aus dem Bewußtsein auszuschließen. Die Psychoanalyse lehrt, daß dies zwar vordergründig Entlastung und Stabilisierung bringt, die betroffene Person aber von einem mehr oder weniger ausgedehnten irrationalen Persönlichkeits„kern" abhängig macht. Denn es zeigt sich, daß die Abwehrmechanismen selbst unbewußt werden und ein emotionaler *Widerstand* gegen ihre Aufklärung entsteht. Aufgrund solcher Realitätsverzerrungen kommen letztlich neue Konflikte mit der Außenwelt zustande und behindern eine befriedigende Handlungskoordination mit anderen Menschen.

Die Psychoanalyse versteht Sozialisation immer auch als Leidensgeschichte, denn niemand bleibt von Angst, Abwehr und Widerstand frei. Bewußtsein zu haben und nach selbstgesetzten Zielen lernen zu können, ist ein selektiver und äußerst störanfälliger Zustand. Dies gilt individuell wie für das „kollektive Bewußtsein". Jede Gesellschaft zwingt mit unterschiedlicher

Strenge die psychische Strukturierung ihrer Mitglieder zur *Normalität. Devereux* (1974, S. 23f.) spricht von einem „ethnischen Unbewußten"; das ist jener Teil des gesamten individuellen Unbewußten, den eine Person gemeinsam mit der Mehrzahl der Mitglieder ihrer Kultur und Gesellschaft besitzt. Es setzt sich aus all dem zusammen, was jede Generation, entsprechend den moralischen Regeln und sonstigen Normierungen selbst zu verdrängen lernt und die folgende Generation zu verdrängen zwingt. Vermittelt ist diese Produktion einer spezifischen Psyche über das Gesamt der Pflege- und Erziehungspraktiken, denen vor allem das Kind, aber auch der Erwachsene in lebenslangem Lernen ausgesetzt ist. Dabei geht es aber nicht um die objektiven Tätigkeitsmerkmale dieser Praktiken (auf die sich der Behaviorismus zu beschränken versucht, s. o. S. 54), sondern um ihre *szenische* Einbettung. So hat Freud betont, daß sich das kindliche Über-Ich nicht nach den aufgestellten moralischen Regeln, sondern nach dem Über-Ich der Eltern entwickelt (*Freud*, GW XV, S. 73): Das Kind verinnerlicht demnach die Regeln gemäß den Konflikten der Eltern, die diese selbst mit ihnen haben und aufgrund deren Existenz sie ihren Jungen oder ihr Mädchen wiederum in spezifische Konflikt-Szenen bringen. Diese Konflikthaftigkeit ist universal, denn nach einer der gesellschaftstheoretischen Grundüberzeugungen des Freudschen Denkens geht die Gleichung von biologischer Herkunft und Zivilisationszielen des Menschen niemals zwanglos auf. Eine bedeutsame Konsequenz aus dieser Überzeugung ist das Programm, Sozialisationsforschung in Einheit mit Gesellschaftskritik zu betreiben (*Görlich* et al. 1980) und alle Institutionen der Sozialisation – Familie, Schule, Fabrik, Gefängnis u. a. m. – als Produktionsorte von Unbewußtem zu untersuchen (*Mentzos* 1976).

Stand in der bisher gegebenen Darstellung die Strukturhypothese im Vordergrund, so soll im folgenden stärker auf genetische Fragen eingegangen werden (*Schmidbauer* 1975). Für jede der Instanzen Es, Ich und Über-Ich läßt sich eine eigene Abstammungslinie entwerfen. Real überschneiden sie sich, auch wenn grob davon auszugehen ist, daß das Ich nach dem Es und vor dem Über-Ich seine volle Funktionsfähigkeit erreicht. Freud hat die Entwicklung der psychischen Struktur vor allem von der Sexualität her untersucht (mit Aggressivität und Narzißmus befaßt sich erst die neuere Psychoanalyse systematisch). Seine schon klassische Argumentation enthält Annahmen, die bis heute relevant geblieben sind.

Freud (GW V, S. 37ff.) geht davon aus, daß Sexualität mit der Geburt vorhanden ist. Dies macht deutlich, daß sein Begriff nicht mit dem der Genitalität gleichgesetzt werden darf, da die Genitalien für einen Säugling eine noch vergleichsweise untergeordnete Bedeutung haben. Freud versteht jede Form sinnlicher Erregung als sexuell. Von diesem weiten Begriff her kann er dann die Frage stellen, wie sich allgemeine sinnliche Erregung und Genitalität zueinander verhalten. Er hat schließlich als Antwort ein Modell formuliert, dessen Leitlinien *Differenzierung* und *hierarchische Integration* sind. Nach Freuds Untersuchungen nimmt die Entwicklung der Sexualität ihren natürlichen Verlauf in Abhängigkeit von den *vordringlichen* Lustzentren, die sich reifungsbedingt, aber nicht unabhängig von sozialer Einflußnahme verändern. Es ergibt sich folgende psychobiologische Reihe: (a) Mund und oberer Verdauungstrakt (*orale* Phase), (b) unterer Verdauungstrakt und Ausscheidung, vegetative Muskulatur (*anale* Phase), (c) Skelettmuskulatur, Sprachmotorik, orgasmus*un*fähige Genitalien (*phallische* Phase); anschließend zeigt sich (d) eine *Latenz*, die einer „Beruhigung“ der Erregbarkeit entspricht, bevor dann (e) in der *Pubertät* erneut orale, anale und phallische Erregungsqualitäten, allerdings nunmehr im Wechsel, hervortreten und schließlich hinter der orgasmusfähigen Erregung der primären Geschlechtsorgane zurückbleiben (*genitale* Phase). Dieses Modell, das hier nur angedeutet werden soll, hat zu drei wichtigen Forschungsthemen angeregt:

1. *Veränderungsmodelle*. Die Entwicklung der Sexualität erscheint als Phasensequenz, d.h.: (a) die einzelnen Abschnitte sind in ihrer Abfolge *invariant*, allenfalls in zeitlichen Grenzen variabel, (b) *kumulativ*, da ältere Entwicklungsformen von jüngeren zwar neu gruppiert werden, aber nicht verschwinden; (c) die Sequenz ist *fortschrittlich*, denn die später entwickelten Formen bieten vermehrte/verbesserte Befriedigungsmöglichkeiten; (d) schließlich beansprucht sie, *universal* zu sein. Welche psychischen Merkmale außer der Sexualität zeigen dieselbe Entwicklungslogik? Wovon hängt sie ab? (vgl. die Modellannahmen der kognitivistischen Entwicklungstheorie).

2. *Entwicklungstranfer.* Freud hat in zahlreichen Bemerkungen angedeutet, daß er einen Zusammenhang zwischen Sexualitätsentwicklung und der Entwicklung kognitiver Fähigkeiten sieht. So beschreibt er die Unterordnung der sexuellen Erregungsvielfalt unter den Primat der Genitalien als „Motor" eines parallelen Aufbaus des rationalen Denkens. In welchem Verhältnis stehen Fühlen und Denken? Wer gibt wem die Entwicklung vor? (vgl. *Ciompi* 1982).
3. *Gesellschaftskritik.* Freud hat scharf die zu seiner Zeit herrschende Sexualmoral kritisiert und Sexualitätsverbote als Denkverbote interpretiert. Darüber hinaus hielt er auch bereits den (mit Fortpflanzung verknüpften) Genitalprimat für zu streng, da er nicht zur Integration, sondern zur Verkümmerung der nicht-genitalen Lust geführt habe (*Freud* GW VII, S. 141ff.). Welche Interessen verfolgt eine Gesellschaft mit den ihr eigenen moralischen Regeln über Sexualität und andere triebhafte Gefühle?

Entwicklungsmodelle der vorgestellten Art bestimmen die Abfolge von einzelnen Abschnitten, ohne etwas über den Prozeß auszusagen, wie es denn zu den Übergängen zwischen den Abschnitten kommt. Dadurch gewinnt man zwar ein griffiges, aber doch nur schematisches Bild der ineinanderlaufenden Prozesse. Deshalb soll im folgenden eine *Prozeßbeschreibung* versucht werden, wobei die Aufmerksamkeit auf dem Schicksal von Aggressivität und Narzißmus liegt, da sie für die Über-Ich-Entwicklung von ausschlaggebender Bedeutung sind. Da solche Beschreibungen größerer Argumentationsaufwendungen bedürfen, muß sich die Darstellung hier mit einem exemplarischen Ausschnitt begnügen. Er soll die ersten fünf Lebensjahre umfassen, um zu zeigen, daß die emotionalen Grundlagen einer persönlichen Moral sehr früh gelegt werden. In psychoanalytischer Unterscheidung geht es um den Übergang von der prä-ödipalen zur ödipalen Phase, während die post-ödipale oder Adoleszenzphase ausgespart bleibt.

Prä-ödipale Phase. Mit seiner Geburt wechselt ein Säugling aus dem fötalen Zustand absoluter passiver Bedürfnisbefriedigung in einen Zustand ständig drohender Versagung über. Er ist hilflos und darauf angewiesen, daß ihm die Mutter zu einer Befriedigung seiner Bedürfnisse verhilft. Das Zusammenspiel beider trägt von Anfang an Züge eines Dialoges (*Spitz* 1976), der zunächst als vor-sprachliche Interaktion abläuft, wobei der Erwachsene das Monopol der Interpretation der kindlichen Bedürfnisse inne hat; später erlaubt der Spracherwerb eine kommunikative Verständigung, die eine größere Gleichberechtigung der Interpretationen erbringt. Vorerst aber ist das Leben des Säuglings von dem Verlust der absoluten passiven Bedürfnisbefriedigung geprägt, der je nach Geburtsverlauf mehr oder weniger traumatisch erlebt worden sein kann und an die Mutter die Aufgabe stellt, extrauterin eine Situation zu schaffen, die der intrauterinen nahe kommt. Gelingt ihr dies, indem sie sich einfühlsam auf ihr Kind einstellt, dann kommt eine *symbiotische Beziehung* zustande, die vor allem vom Kind als „Zweieinheit innerhalb gemeinsamer Grenzen" (*Mahler* et al. 1978, S. 62) erlebt wird. Die Mutter gewährt einen Schonraum, den der Säugling braucht, um sich langsam, in Abstimmung mit seinem Reifungsstand mit der Außenwelt anzufreunden. Das Bild der Zweieinheit verweist dabei auf eine spezielle kindliche Unfähigkeit, deren Überwindung seine erste einschneidende Entwicklungsaufgabe ist. Das kleine Kind vermag den Unterschied zwischen Ich und Nicht-Ich, Selbst und Objekt noch nicht zu repräsentieren; deshalb erlebt es alles, was seine Mutter an Bedürfnisbefriedigung oder -versagung zustandebringt als „eigen". Sie ist für ihn ein *omnipotentes Selbst-Objekt*, eine überwältigende Macht, die es in einen paradiesischen Zustand versetzt oder vernichten kann. Die zugehörigen Gefühle lassen sich als *Grandiosität* und *absolute Nichtigkeit* ausdrücken (*Kohut* 1971).

Die Symbiose ist ein höchst labiler Zustand, weil sich trotz äußerster Anstrengung Versagungen nicht vermeiden lassen. In einem wohldosierten Ausmaß sind sie sogar notwendig, damit ein Kind seine Passivität überwindet. In diesem Sinne formuliert *Chasseguet-Smirgel* (1981, S. 36f.) die generelle psychoanalytische Erfahrung: „Jede Etappe seiner Entwicklung soll ihm (dem Kind, R. H.) ausreichend Gratifikationen bieten, damit es nicht auf Früheres zurückzukehren begehrt, und ausreichend Frustrationen, damit es dort nicht verweilen (fixiert bleiben) will". Damit wird Mütterlichkeit (*Schaffer* 1977) zu einer Fähigkeit der einfühlsamen Dosierung von Wunscherfüllung und -versagung. Vor allem Melanie *Klein* (1962) hat nachzuvollziehen versucht, welches dramatische emotionale Geschehen durch Versagungserlebnisse ausgelöst werden kann. Ihre Untersuchungen legen nahe, daß das Kind mit *Objektspaltung* reagiert. Genaugenommen handelt es sich zu allererst um eine Spaltung von Partialobjekten, da die kindlichen Kognitionen es nicht zulassen, die Mutter als ganze Person zu repräsentieren. So wird das wichtigste Partialobjekt, die mütterliche Brust, entweder als „gut" (nährend) oder als „böse" (versagend) erlebt. Beide Erlebnisse hält das Kind voneinander getrennt, versteht nicht, daß ein und dasselbe Objekt derart gegensätzlich sein kann. Je versagender das omnipotente Selbst-Objekt Mutter erlebt wird, desto länger bleibt es notwendig, die Spaltung aufrechtzuerhalten. Sie setzt sich dann in die Entwicklungsphase hinein fort, in der das Kind schon längst kognitiv fähig ist, das ganze Objekt zu repräsentieren. Die Verinnerlichung solcher Spaltungen führt zu Illusionsbildung: Die Mutter wird als absolut gut überschätzt (*idealisiert*) und beständig Übereinstimmung mit ihr gesucht, um die Wahrnehmung von ihrer wie von der eigenen Unzulänglichkeit zu vermeiden.

Realitätsgerechtes Erleben setzt aber die Überwindung der Abspaltung von Aggressivität voraus, denn jede Wunschversagung erzeugt ihrerseits wiederum aggressive Wünsche und wird dementsprechend als aggressiver Akt erlebt. Integration gelingt dadurch, daß Versagungserlebnisse überbrückt werden. Die Psychoanalyse spricht von der Einführung von *Übergangsobjekten* (*Winnicott* 1969) – ein Schmusetuch, ein Gummiball, ein Teddy. Sie sind selbst gewählt und repräsentieren die guten (warmen, weichen) Seiten der Symbiose. In Zeiten, wenn die Mutter abwesend oder sonstwie versagend ist, trösten sie, indem sie an deren Qualitäten, Bedürfnisse zu befriedigen, erinnern. Mit der Existenz solcher Objekte braucht das Kind eine Versagung nicht mehr passiv hinzunehmen; es kann tätig werden, indem es seine Enttäuschungen, vor allem aber seinen Geborgenheitswunsch auf das Mutter-Symbol überträgt und es dementsprechend manipuliert.

Mahler et al. (1978) räumen der kindlichen Tätigkeit den entscheidenden Stellenwert bei der Auflösung der Symbiose ein. Sie beobachten, daß in einer nicht-pathologischen Entwicklung ab dem vierten Lebensmonat eine *Differenzierungsphase* einsetzt, die sich durch zunehmende Aktivität auszeichnet. Das Kind beginnt, den mütterlichen Körper sinnlich zu erforschen und ihn mit anderen Objekten, die nicht die Mutter sind, zu vergleichen. Diese erste aktive Distanzierung wird dann entsprechend der motorischen Reifung vergrößert und geübt. Dabei herrscht in der anschließenden *frühen Übungsphase* die

Bewegungsform des Krabbelns vor, die eine Erkundung des mütterlichen Nahraums erlaubt. Die *eigentliche Übungsphase* setzt erst mit dem aufrechten Gang ein, der dem Kind einen erweiterten Raum eröffnet. Somit vermag es, je nach dem Stand seiner motorischen Kontrolle, die Mutter aus unterschiedlicher Entfernung und Perspektive zu sehen. Diese „Wanderung" des Beobachtungsstandpunktes bereitet die Repräsentanz der Selbst-Objekt-Unterscheidung vor. Die Bewegung kommt spontan zustande, eine Mutter kann sie fördern, aber auch behindern, wenn sie ihrem Kind nichts zutraut und ängstlich damit rechnet, es könne ihm ein Unglück zustoßen. Solche Gefühle dienen der kindlichen Orientierung; sie werden sogar getestet. Nach den Beobachtungen von *Mahler* et al. (1978, S. 91) umkreist das Kind seine Mutter und kehrt beständig aus immer weiterer Entfernung zu ihr zurück. Wird es mit Bewunderung für seine Selbständigkeit empfangen, verschafft ihm dies ein starkes Gefühl von Selbstwert. Anders als das frühere Gefühl der Grandiosität ist es nunmehr mit eigenen Fähigkeiten gekoppelt und insofern realistischer. Bringt seine Mutter indessen keine Bewunderung auf, dann wertet sie die kindliche Selbständigkeit ab, was nach psychoanalytischer Erfahrung Mädchen häufiger widerfährt als Jungen. Ein (weibliches) Kind wird derart in die symbiotische Umklammerung zurückgetrieben und emotional auf passive Anpassung festgelegt.

Rene *Spitz* (1967) setzt die Frühform des Über-Ich für diese Phasen lokomotorischer Distanzierung an. Dabei verweist er insbesondere auf die Funktion des mütterlichen „Nein!". Es markiert das Verbotene schlechthin, so wie es die Mutter durch ihre versagenden Eingriffe in die kindliche Lebenswelt einführt. Das Kind übernimmt dieses „Nein!" und wendet es erst spielerisch, dann aber immer systematischer auf seine Handlungen und Handlungsentwürfe an, auch wenn es alleine ist. *Spitz* (1967, S. 200) spricht in Anlehnung an *A. Freud* (1964, S. 85ff.) davon, es habe sich mit dem mütterlichen Angreifer identifiziert.

Mit Beginn des zweiten Lebensjahres scheint auch im nicht-pathologischen Fall ein Entwicklungsrückschritt aufzutreten. War ein Kind eben noch selbstbewußt, so zeigt es nunmehr wieder vermehrte Anhänglichkeit, von der die Mutter meinen wird, sie gehöre längst der Vergangenheit an; ebenso kann es aber abrupt trotzig und wütend werden, obwohl es wunschgemäß die mütterliche Bereitschaft findet, sich ihm anzuschmiegen. Die Psychoanalyse nennt dieses widersprüchliche Verhalten *ambi-tendent*, die dazugehörenden Gefühle *ambivalent*. *Mahler* et al. (1978) sprechen von der *Wiederannäherungskrise*. Noch einmal wird die Mutter auf ihre Verläßlichkeit geprüft, wobei zu diesem Zeitpunkt verstärkt die kindlichen Aggressionen im Vordergrund stehen. Das Kind verweigert, obgleich ängstlich, der Mutter den Gehorsam. Es setzt ihrem „Nein!" ein erstes eigenes „Nein!" entgegen; es verneint ihre Verneinung und versucht, diese dadurch aufzuheben. Die Mutter steht vor der Aufgabe, die kindlichen Aggressionen zuzulassen und manchmal nachzugeben, ohne aber von begründeten Verboten abzugehen. *Klein* (1962) diskutiert diesen Konflikt unter dem Begriff der *Wiedergutmachung*; erfaßt wird die Beobachtung, daß Kinder nach abruptem heftigem Trotz ebenso abrupt sich der Mutter wieder freundlich nähern können. D.h.: Die kindlichen Gefühle nehmen einen zyklischen Verlauf, in dem noch vorwiegend biologische Regulationsmechanismen bestimmen. Eine Mutter, die ihrem Kind in solchen Situationen gelassen zu begegnen versteht, vermittelt ihm das Gefühl, daß Aggressionen in Objektbeziehungen *integrierbar* sind, was sein Vertrauen in sie erhöht. Andernfalls werden aggressive Gefühle als zerstörerisch erlebt und abgespalten. Es entsteht die Anlage (*Fixierungs*stelle) für starke Schuldgefühle, von denen die Psychoanalyse lehrt, daß sie mit einer bleibenden hohen Aggressionsbereitschaft einhergehen. Es muß auch von Auswirkungen auf spätere Denkleistungen ausgegangen werden, da z. B. analytische Fähigkeiten, also gedankliches Zerlegen, nicht ohne *integrierte* Aggression auskommen. Ein Über-Ich, das sich ohne Erfahrung von Wiedergutmachung und ohne narzißtische Bestätigung von Selbständigkeit bildet, steht in der Gefahr, unerbittlich gegen die eigene Person und/oder gegen Andere zu werden (vgl. „puritanische Psyche", s. u. S. 205).

Ohne Bewältigung der Wiederannäherungskrise kann auch die letzte von *Mahler* et al. (1978) beschriebene prä-ödipale Phase, die *Konsolidierung der Individualität* und der *Beginn der emotionalen Objektkonstanz*, keinen befriedigenden Abschluß finden. Sie umfaßt das dritte Lebensjahr und verlangt eine weitere Differenzierung von Selbst und Objekt. Das Kind faßt die verschiedenen Repräsentanzen seiner selbst („gutes" Kind, „böses" Kind) zusammen und ebenso die verschiedenen

Objektrepräsentanzen („gute" Mutter, „böse" Mutter). Zu einem Integrationsversuch kommt es aufgrund der kognitiven Entwicklung auf jeden Fall.

Sowohl die Psychoanalyse als auch die kognitivistische Entwicklungstheorie Piagets (s. o. S. 65 ff.) handeln von Konstanzphänomenen. Die Verbindung beider Konzepte führt aus psychoanalytischer Sicht zu folgender Hypothese: In der sozialen Beziehung zum geliebten Objekt Mutter wird die Fähigkeit entwickelt, sich Gegenstände vorstellen zu können; diese führt zur kognitiven Objektkonstanz, die ihrerseits eine Voraussetzung dafür liefert, die Mutter als zuverlässige Befriedigung spendendes, emotional konstantes Objekt verinnerlichen zu können.

Das Integrationsproblem kann in diesem frühen Lebensalter noch nicht endgültig gelöst werden, es besteht aber die Tendenz, einen emotionalen *Gleichgewichtszustand* auf dem zu diesem Zeitpunkt höchstmöglichen kognitiven Niveau herzustellen.

Zusammenfassend läßt sich über die gesamte prä-ödipale Entwicklungsphase sagen, daß in ihr die Grundlagen für den Erwerb von Selbständigkeit gelegt werden, was mehrere Komponenten umfaßt: (a) Fähigkeit, zwischen Selbst und Objekt zu unterscheiden, (b) Vertrauen in die wunscherfüllende Funktion von Objektbeziehungen, (c) Hochschätzung des eigenen aktiven Zugriffs auf Objekte, (d) Fähigkeit, Aggressionen konstruktiv zu wenden. Erworben sind nur die Grundlagen; das hergestellte Gleichgewicht bleibt äußerst labil und wird in der ödipalen Phase einer schweren Belastungsprobe ausgesetzt.

Die ödipale Phase. Der wichtigste Gewinn, den die bisherige Entwicklung gebracht hat, liegt in einer Verringerung der Gefahr, psychische Stabilität nur als passive Unterwerfung unter eine Sanktionsgewalt erreichen zu können, die nicht als vom eigenen Selbst abgegrenzt repräsentiert wird. Dadurch sind Differenzierungen möglich, die über den Alles-oder-Nichts-Modus der Spaltung in „gut" und „böse" hinausweisen. Ihre Entwicklung ist eng mit der Vaterrolle verbunden.

Der für die klassische Psychoanalyse zentrale Begriff des *Ödipus-Komplexes* (*Freud* GW XIII, S. 393ff.) meint eine familiäre Konfliktkonstellation, die sich dadurch auszeichnet, daß der Vater stärker als reale, weil abgegrenzte Person in Erscheinung tritt und die Mutter-Kind-Beziehung „stört". Aus einer Zwei-Personen-Konstellation wird eine Drei-Personen-Konstellation, die von ihrer Struktur her neuartige Konflikte bringt und ihnen angemessene Fähigkeiten verlangt. Bei der Beurteilung der Vaterrolle darf man sich nicht mit der vereinfachenden Feststellung begnügen, ob ein Vater in der Familie lebt und wann er in welchem Ausmaß wie in das Leben des Kindes eingreift. Eine derartige Betrachtung vergißt, daß jede Mutter auch Trägerin eines bestimmten freundlichen oder feindlichen Männerbildes ist (wie umgekehrt der Vater natürlich auch ein bestimmtes Frauenbild hat). Dieses Bild, in dem sich bewußte und unbewußte Züge mischen, überträgt sie ihrem Kind und bereitet dadurch das reale Erscheinen des Vaters vor; die konkreten Umstände des väterlichen Eingreifens hängen dann allerdings vom Stand der geschlechtsspezifischen Arbeitsteilung in einer Gesellschaft und von der jeweiligen Familiendynamik ab. Besonders für die Überwindung der Wiederannäherungskrise hat der Vater große Bedeutung. Er kann die Funktion eines Übergangsobjektes übernehmen, zu dem sich das Kind flüchtet, wenn es die Mutter versagend erlebt (*Rotmann* 1978).

Freud läßt den Vater erst mit dem Ödipus-Komplex am Ende der phallischen Phase der Sexualitätsentwicklung größere Bedeutung gewinnen. Außerdem konzentriert er sich auf die Entwicklung von Jungen, was ihm heute heftige Kritik wegen einer Fehleinschätzung der Entwicklung von Mädchen einträgt (*Chasseguet-Smirgel* 1974, 1976). In der phallischen Phase ist der Penis für den Jungen im Unterschied zum Mädchen *sichtbarer* und *auffälliger* Unterschied zur Mutter und deshalb ein stabiler Anhaltspunkt für sein Selbstsein. Allerdings taugt dieses Symbol nur dann, wenn es narzißtisch hoch bewertet ist. Und analog dem Stolz auf die eigene motorische Beweglichkeit rührt auch der Stolz auf den Penis von der mütterlichen Bewunderung her. Ohne sie ist er entwertet, mit ihr wird er zu einem bevorzugten Mittel der kindlichen Eroberungslust.

Diesem Penis-Stolz des Jungen stellt die klassische Psychoanalyse den *Penisneid* des Mädchens gegenüber. Dieses spezifische Phänomen der weiblichen Sozialisation ist früher als universale geschlechtsspezifische Konstante mißverstanden worden und hat dazu beigetragen, den patriarchalischen Mythos von der biologischen Minderwertigkeit der Frau zu befestigen. Moderne Psychoanalytikerinnen bestreiten zwar nicht die empirische Existenz des Penisneides, deuten seine Entstehung aber gesellschftstheoretisch. Zum einen sehen sie ihn im Zusammenhang mit den natürlichen

Schwierigkeiten eines Mädchens, trotz seiner Ähnlichkeiten mit der Mutter sein Anderssein zu bestimmen. Zum anderen halten sie dieses Problem aber für gesellschaftlich verschärft: Frauen, die das Leid ihrer unterprivilegierten Stellung in der Gesellschaft ertragen, setzen es unbewußt in Wut auf das eigene Geschlecht in der Tochter um. *Torok* (1974) etwa meint, die Idealisierung des Penis und der damit verbundene Neid seien eine (Männern willkommene) Abwehrkonstellation, die garantiere, daß ein Mädchen sich nicht mit seiner Sexualität als etwas kostbarem Eigenem beschäftige, sondern mit etwas Fremdem, das ihm zwar Abgrenzungen verspreche, aber alle Schritte aus der Symbiose hinaus in die Selbständigkeit mit dem unguten Gefühl eines bloß geborgten Selbstwertes belaste.

Die Eroberungslust des Jungen steht im Mittelpunkt des Ödipus-Komplexes. Freud hat ihn in Anlehnung an die mythische Gestalt des Königs Ödipus definiert, der unwissentlich seinen Vater erschlägt und danach ebenso unwissentlich seine Mutter heiratet: Der Junge wünscht die sexuelle Vereinigung mit der Mutter und fürchtet den Vater als Rivalen, dem er den Tod wünscht, weil er gegen dessen Übermacht real nicht ankommt. (Empirisch sind die Verhältnisse erheblich komplexer, da beide Eltern gleichermaßen geliebt und gehaßt werden.) In der ödipalen Art des Erlebens wiederholt sich somit die Spaltung, die in der präödipalen Phase an einem (Partial-)Objekt vollzogen worden ist, nunmehr an zweien. Wiederum gilt es, die Gegensätze zu versöhnen. So kämpft der Junge um die Integration von Mutter und Vater zu einem Paar. Dabei gibt es strukturell zwei Situationen, die er meistern muß, ohne daß er hinter die bislang erreichte Objektkonstanz zurückfällt (*Regression*) und weder apathisch noch unkontrolliert wütend wird: (a) Das Elternpaar schließt ihn aus; (b) er verbündet sich mit einem Elternteil und schließt dadurch den anderen aus.

Die Entwicklungsaufgaben, die der Ödipus-Komplex stellt, lassen sich auch gesellschaftstheoretisch formulieren. In dieser Hinsicht geht es um das Lernen von zwei Verboten: (a) das *Inzestverbot* und (b) das *Verbot, die Macht zu beseitigen, die den Inzest verbietet* (*Freud* GW IX). Diese beiden Verbote gelten in der Psychoanalyse – was von Anthropologen heftig pro und contra diskutiert worden ist (*Fox* 1967) – als Minimalbedingungen für Kultur und Zivilisation. Ihre Anerkennung ist der bedeutendste Bestandteil des Über-Ich; sie führt zu fünf sozialrelevanten Differenzierungen der sich bildenden Persönlichkeit. Wenn die Vereinigung mit der Mutter nicht erlaubt ist, dann (1) weil diese nicht nur im biologischen, sondern auch im Sinne einer sozialen Rolle ein *anderes Geschlecht* hat und (2) zu einer *anderen Generation* gehört, zu der auch der Vater gerechnet werden muß. Der Vater, der die Mutter als seine Frau beansprucht, gibt damit auch (3) ein anderes *Besitzverhältnis* vor als das der Gleichverteilung, das sich der Junge fantasiert, weil es (4) an Leistungen, an *andere*, bessere *Fähigkeiten* gebunden ist. (5) verlangt die Anerkennung der ersten vier Differenzen generell, zwischen Fantasie und Faktizität zu unterscheiden und damit in eine *andere Realität* einzutreten: Faktisch ist der Junge seiner Mutter eben kein vollwertiger Partner. Er wird hart damit konfrontiert, anders zu sein als die Eltern: ein Kind mit einem spezifischen Geschlecht.

Für die Über-Ich-Entwicklung entscheidend ist das Motiv, aus dem heraus die Verbote geachtet werden. Freud nennt als erstes die Kastrationsdrohung: Der Junge fürchtet, der Vater habe es darauf abgesehen, ihm seinen Penis und damit seine Selbständigkeit zu nehmen. In dieser Befürchtung ist noch die Größenfantasie gegenwärtig, beide seien gleichberechtigte Partner. Die Mutter kann diese Fantasie unbewußt schüren; im Hinblick auf das Ziel einer realitätsgerechten Entwicklung muß sie sie aber dämpfen, ohne ihrem Kind Bewunderung völlig vorzuenthalten. Dies hilft ihm, die väterliche Drohung zu überwinden. Denn solange er sich ausschließlich an ihr orientiert, anerkennt er Verbote/Gebote einzig aus *Strafangst*. Die Psychoanalyse lehrt, daß die Angst vor dem strafenden Vater im Vergleich zu der früheren Angst vor der allmächtigen Mutter zwar weniger diffus ist, aber einen sehr labilen psychischen Zustand kennzeichnet. In ihr bleiben der Wunsch, das Inzestverbot zu überschreiten, und die Fantasie, es auch zu können, erhalten und erzeugen einen „Sog", der väterlichen Herausforderung durch Wiederherstellen der Symbiose auszuweichen.

Um mit der Kastrationsdrohung konstruktiv umzugehen, muß der Junge seine Wünsche und Fantasien in dauerhafter Anerkennung der Gebote/Verbote bearbeiten. Diese Bearbeitung wird als *Sublimierung* bezeichnet und meint die Identifizierung mit dem herrschenden Realitätsprinzip. Ist die Fantasie, wie der Vater zu sein, überwertig, dann bietet sich als ihre realitätsgerechte Variante an, später einmal so (oder besser) zu werden, wie der Vater heute erlebt wird, um dann eine Frau zu erobern, wie die Mutter heute eine zu sein scheint (vielleicht aber auch eine bessere). Diese Fähigkeit, ein *Gefühl für qualitative zeitliche Veränderungen des eigenen Selbst zu entwickeln*, hat ihre Vorläufer in der selbstbewußten Loslösung von der Mutter. In der Auseinandersetzung mit dem ödipalen Vater gewinnt dieses Selbstbewußtsein die Dimension der *Entwicklung*. Die Hoffnung auf das eigene Werden mildert dann das Gefühl, anders zu sein. Um diesen Schritt gehen zu können, muß es dem Vater gelingen, die Rivalität seines Sohnes anzunehmen, ohne ihn wegen seiner faktischen Unterlegenheit zu beschämen und ohne ihm wegen seiner Aggressivität Schuldgefühle zu machen. Im günstigsten Fall vereinigen sich dann die Repräsentanzen der bewundernden und bewunderten Eltern zu einem anspruchsvollen, aber realistischen Ich-Ideal; und die versagenden und deshalb wütend angegriffenen Eltern werden als nachgiebiges, weil versöhnungsbereites Über-Ich verinnerlicht. Beide Instanzen können in vielfältiger Beziehung stehen. Freud geht davon aus, daß das Über-Ich darüber wacht, daß die Ich-Funktionen nach Erreichen des Ich-Ideals streben. Von daher gesehen ist es der ungünstigste Fall, wenn eine Person sich unnachgiebig beständig an einem völlig unrealistischen Entwurf von sich selbst mißt. Ihr Scheitern wäre vorbestimmt und würde zu abrupten Gefühlsschwankungen zwischen apathischer Verzweiflung und unkontrollierbarer Wut führen (*Kohut* 1973).

Die hier versuchte psychoanalytische Prozeßbeschreibung der Entwicklung von Grundstrukturen der moralischen Handlungsregulierung ist im Einzelfall weit komplexer als dargestellt werden konnte. Sie ist mit Eintritt in die ödipale Situation längst nicht abgeschlossen. Es braucht noch die nächsten Jahre, bis die angeführten Fähigkeiten ausreichend differenziert und stabilisiert sind. In der *Latenzphase* wird dabei das Gefühl des Werden-Könnens durch den Ausbau des kognitiven Fähigkeitsrepertoires realistisch abgestützt. In der *Adoleszenz* – Pubertät ist nur als Begriff für die triebhafte Seite der Entwicklung geeignet – kommt es dann erneut zur Krise. Die ödipalen Gefühle des Ausschließens und Ausgeschlossenseins werden wieder vordinglich. Es kommt darauf an, die Errungenschaften der prä-ödipalen und ödipalen Phase in der Begegnung mit den außerfamiliären Gleichaltrigen beiderlei Geschlechts unterzubringen, ohne die Objektkonstanz zu verlieren. Die psychoanalytische Adoleszenzforschung (*A. Freud* 1964, *Blos* 1983) betont dabei nachdrücklich, daß die gebildeten psychischen Strukturen noch einmal erschüttert werden müssen, damit die Chance einer Reorganisation von früheren Konfliktlösungen besteht und Über-Ich samt Ich-Ideal anonym werden können, d. h. sich von ihrer Herkunft aus der Identifizierung mit den entsprechenden elterlichen Instanzen entbinden.

Psychoanalytische Überlegungen zur Moralentwicklung bieten eine notwendige Ergänzung für die Theorie des moralischen Bewußtseins (s. o. Kap. 3.2). Im folgenden sollen drei Ansatzpunkte herausgestellt werden:

1. Kohlberg erfaßt moralische Urteile: Das sind sprachfähige Kognitionen. Damit konzipiert er aus psychoanalytischer Sicht Moral als Ich-Funktion, die er losgelöst von deren dynamischem Unterbau beschreibt. Wird dieser berücksichtigt, dann erweisen sich Urteile als *Rationalisierungen*, d. h. als kognitive Formen, deren Aufgabe es ist, die z. T. unbewußt erzeugten affektiven Spannungen der gesamten Person (Ich, Es und Über-Ich) soweit wie möglich zu versachlichen, ohne ihnen jedoch alle Wirkung nehmen zu können. Aufgrund dieser Dynamik wird es nicht überraschen, wenn das moralische Urteilsniveau nur unsichere Vorhersagen moralischen Handelns zuläßt – abgesehen davon, daß eine konkrete Interaktionssituation mit mehreren Handelnden stets die Intentionen der einzelnen Beteiligten übersteigt. Moralische Dilemmata – seien sie gelebt, miterlebt oder auch nur vorgestellt – sprechen jeweils die gesamte Person an und rühren an deren psychische Schwächen. Deshalb geht es nie nur um die abstrakte Entscheidung, was zu tun „richtig" ist, sondern immer auch um das weniger offensichtliche Problem, von welchen Entscheidungen man sich zutraut, sie mit allen ihren möglichen intra- und interpsychischen Folgen auszuhalten oder sogar zu vertreten. Seine Lösung hängt von der eigenen Selbständigkeit und dem an sie gebundenen Selbstwert ab, weshalb auf deren Entwicklung in den vorangegangenen Ausführungen besonderen Wert gelegt wurde. Die Versachlichung eines moralischen Dilemmas gelingt somit hauptsächlich unter zwei Bedingungen: zum einen, wenn es gemessen an der individuellen Konfliktbereitschaft der urteilenden oder handelnden Person weitgehend neutral ist, und zum anderen, wenn die Person gelernt hat, beliebige affektive Spannungen zu *neutralisieren*. Im Kohlbergschen Konzept der Postkonventionalität scheint dann auch ein Höchstmaß an affektiver Selbstkontrolle mitgedacht zu sein, was empirisch aber nicht geprüft werden kann, da die vorgegebenen moralischen Dilemmata nur wenig Raum für per-

sönliche Betroffenheit geben. Mit der unterstellten Fähigkeit der affektiven Neutralisierung gerät die Theorie des moralischen Bewußtseins aber in Differenz zu ihrem eigenen Anspruch, da sie unter der Vorgabe, die Bedingungen der Steigerung von *kommunikativer Vernunft* erfassen zu wollen, unversehens von *technischer Vernunft* (beide Begriffe vgl. S. 195) handelt: *C. Gilligan* (1984) kritisiert in diesem Sinne deshalb zu Recht, daß aus einem Moralbegriff, der um die Dimension der (affektiven) Anteilnahme verkürzt ist, keinerlei Hinweise auf die Übernahme von *persönlicher Verantwortung* zu gewinnen sind.

2. Kohlberg schwankt zwar in seiner Einschätzung, würde aber gerne zwischen *Struktur* und *Inhalt* des moralischen Bewußtseins unterscheiden und beide Aspekte für voneinander unabhängig halten. Dann ließe sich das moralische Urteilsniveau einer Person anhand inhaltlich *beliebiger* Dilemmata bestimmen. Struktur und Inhalt sind aber auf der Entwicklungsdimension miteinander verschränkt, da ein Kind erst im Laufe der Zeit aus zahlreichen gelebten, miterlebten und vorgestellten Handlungskonflikten die moralrelevanten Konfliktstrukturen abstrahieren kann. Damit steht zu erwarten, daß die Unterscheidung selbst ein Indikator für ein fortgeschrittenes moralisches Bewußtsein ist. Auf diesem Hintergrund erhält das Phänomen der *Urteilssegmentierung* (*Döbert & Nunner-Winkler* 1975, 1978) sein besonderes Gewicht. Es umfaßt die Beobachtungen, daß dieselbe Person bei der Beurteilung inhaltlich verschiedener Dilemmata unterschiedliche moralische Urteilsniveaus erreicht. Kohlberg neigt dazu, dieses Phänomen als Meßproblem zu behandeln und ihm dadurch seine konzeptuelle Bedeutung zu nehmen. Dies spricht für seine Vorstellung einer mit sich selbst identitischen Person, die zufällig von ihrem Niveau abweicht. Diese Vorstellung ist zum einen selbst (entsprechend der Überlegungen in Punkt 1) postkonventionell und darf somit nicht der gesamten Entwicklung unterstellt werden. Zum anderen erscheint sie in psychoanalytischer Perspektive selbst als Rationalisierung: Die moderne (strukturalistische) Psychoanalyse bestimmt die psychische Ganzheit der Person als Fantasma (J. Lacan), als eine nützliche Abwehrleistung, die den lebensgeschichtlichen Konflikten und ihren mehr oder minder befriedigenden Lösungen eine weitgehend unbewußte integrative Form verleiht, in der die Brüche wenigstens solange vergessen

sind, bis sie eine spezifische Auslösersituation wieder aufreißt. Dementsprechend bleibt konsistentes Urteilsverhalten ebenso erklärungsbedürftig wie Segmentierungen. Bedenkt man die entwicklungsmäßige Verschränkung von Struktur und Inhalt, dann dürften segmentierte Urteile auf den unterschiedlichen Urteilsniveaus nicht einmal dasselbe bedeuten. Man kann vermuten, daß sie mit steigendem Niveau seltener werden, und dann annehmen, daß sie im oberen Bereich – insofern es sich um gut begründete Reaktionen und nicht um Formelwissen handelt – auf unterschiedliche affektive Betroffenheit schließen lassen; im unteren Bereich wären Segmentierungen dagegen informationsarm und zeigten lediglich an, daß Entwicklung in Gang ist, während Urteilskonsistenz für die Stabilisierung von Strukturen unter der Bedingung ausgeglichener Affekte spräche. Die Prüfung solcher differentiellen Hypothesen setzt Längsschnittuntersuchungen voraus, die bislang wenig üblich sind.

3. Die Psychoanalyse versteht die Kohlbergsche Entwicklungssequenz als Modell der Transformationen moralischer Autorität. Dabei sind in ihrer Perspektive präkonventionelle und konventionelle Moral von Mutter, Vater und dem Elternpaar bestimmt. Genaugenommen kann auf der ersten Stufe noch gar nicht von Moral gesprochen werden, da die Eltern und insbesondere die Mutter ihrem Kind nicht als personale Autorität, sondern eher als Naturgewalten erscheinen. Erst wenn die Mutter und vor allem der Vater in der kindlichen Psyche als eigenständige Personen repräsentiert sind, ist die Übernahme konventioneller Moral möglich. Ihr Gelingen hängt von der Bewältigung des Ödipus-Komplexes ab. Diesen Schritt beeinflussen peer-groups, in denen der Heranwachsende in der Interaktion mit Gleichaltrigen erste Erfahrungen mit den Problemen der Vergemeinschaftung nach „frei“ gewählten Normen machen kann. Deren Moral läßt sich in Anlehnung an *Parin* et al. (1963, S. 479) als „Clangewissen“ bezeichnen. In dieser psychischen Struktur ist die Personalisierung der Moral am Vorbild der Eltern aufgegeben, an ihre Stelle tritt die Anerkennung durch die Gruppe. Die postkonventionelle Stufe schließlich setzt voraus, daß sowohl eine Ablösung von den Eltern und Elternfiguren (Lehrer, Führer u. a. m.) als auch vom Gruppenzwang der Gleichaltrigen stattgefunden hat; dies verlangt die Einsetzung

einer abstrakten moralischen Autorität in Form von Prinzipien, die es erlauben, die moralischen Urteile von Personen und Gruppen zu relativieren.

Generell gesehen bestehen die Hindernisse für ein Kind, die Sequenz Personalisierung – Clangewissen – Prinzipienorientierung zu durchlaufen, darin, die entsprechenden Identifizierungen (a) nicht aufbauen oder (b) nicht aufgeben zu können. Die vielleicht wichtigste Frage, die die Psychoanalyse mit der Theorie des moralischen Bewußtseins verbindet, ist die nach den systematischen Gründen, die die Entwicklung eines postkonventionellen moralischen Bewußtseins behindern. In der psychoanalytischen Diskussion glaubt man an eine gesellschaftlich unterstützte Vermeidung des Ödipus-Komplexes („vaterlose Gesellschaft", vgl. *Eberenz* 1978). Dabei wird angenommen, daß es vor allem seit dem Zweiten Weltkrieg in den hochindustrialisierten bürgerlich-kapitalistischen Gesellschaften (a) immer weniger Eltern gibt, die sich klare Wertvorstellungen bewahrt haben und sie mit Nachdruck zu tradieren suchen, und (b) immer mehr Möglichkeiten für die Kinder bestehen, der moralischen Autorität ihrer Eltern schon frühzeitig aus dem Weg zu gehen (Relativierung der elterlichen Moral durch Massenmedien; zunehmende Bedeutung von Jugendgruppen aufgrund einer zunehmend verlängerten Jugend, die eine „Flucht" aus dem Elternhaus begünstigen). Wenn diese Zeitdiagnose stimmt, dann wird eine prinzipienorientierte Moral gesamtgesellschaftlich immer unwahrscheinlicher, während ein lebenslanges Clangewissen an Bedeutung gewinnt (*Lincke* 1970).

Kulturpessimistisch kann diese historische Veränderung als Verfall der abendländischen Werte beklagt werden, indessen hat sie einen unbestreitbar emanzipatorischen Aspekt. Dieser betrifft das Lernprinzip der Verinnerlichung (ohne das Postkonventionalität überhaupt nicht möglich scheint). *Freud* hat das Dilemma des „innengeleiteten Menschen" (D. Riesman) deutlich gesehen. So schreibt er über die Über-Ich-Bildung: „Der erste Triebverzicht ist ein durch äußere Mächte erzwungener und er schafft erst die Sittlichkeit, die sich im Gewissen ausdrückt und weiteren Triebverzicht fordert" (GW XIII, S. 383). Damit ist ein Zwang benannt, der zunehmende moralische „Reife" mit Entsinnlichung (zunehmender Verzicht auf sexuelle, aggressive und narzißtische *Befriedigung* – nicht unbedingt Betätigung!) bezahlt und damit die Ausbreitung technischer Vernunft begünstigt. Demgegenüber steht das Clangewissen für eine eher „außengeleitete" (D. Riesman) Moral, die mit weniger Verinnerlichung auskommt. Sie ist insofern problematisch, als ihre Motivationsgrundlagen abrupt wechseln und somit einen Druck zur Motivationsbeschaffung erzeugen (Spontaneismus); allerdings erleichtert sie auch die Externalisierung von psychischen Konflikten, die in der Sozialisation entstehen: Dadurch fällt es leichter, sich direkt politisch zu artikulieren (Protestmentalität). Solche Vermutungen sollten für die Theorie des moralischen Bewußtseins höchst bedeutsam sein, obwohl Kohlberg sich nicht um sie kümmert. Sie betrifft den Zusammenhang von moralischer und politischer Freiheit: Was kann Postkonventionalität nutzen und wie läßt sich mit ihr leben, wenn ihre Entwicklung womöglich eine generalisierte Handlungshemmung voraussetzt und/oder zur Folge hat?

ZUR VERTIEFUNG

Fragen und Probleme

1. Markus ist Einzelkind, die Mutter kümmert sich um jeden Schritt, den er tut. Freunde hat er nicht. Die Mutter meint, er beschäftige sich lieber allein. Er sei ein sehr ruhiges und braves Kind. Schon im Kindergarten habe er den Radau der anderen Kinder nicht vertragen können und leicht geweint; sie habe ihn dann herausgenommen. Seit kurzem stiehlt er. Die Mutter ist entsetzt; sie sagt:

   „Ich konnte es nicht glauben, als ich den Brief aus der Schule bekam, aber dann habe ich den Kassettenrecorder ja selbst in seinem Zimmer entdeckt. Im Schrank hatte er ihn versteckt; er sagte, er hätte Angst gehabt, ihn wieder zurückzugeben, er sei nur mal neugierig gewesen, wie so etwas funktioniert. Wir haben zu Hause keinen Kassettenrecorder, ich möchte auch nicht, daß der Junge so etwas bekommt, er soll mit richtigen Spielsachen spielen. Und dann hat er mir erzählt, daß er schon immer mal Sachen weggenommen hat, angeblich weil er sie nicht hat! Dabei bekommt der Junge alles, was er braucht; er braucht nur zu fragen — das ist doch besser, als wenn ich ihm Taschengeld gebe! Nur diese fürchterlichen Comics, die bekommt er natürlich nicht — da werden die Kinder nur schlecht beeinflußt."

Übrigens behauptet Markus, daß er die Sachen verschenkt, die er anderen wegnimmt. Auf die Frage, ob Stehlen „gut' und „richtig" sei, antwortet er:

„Nein, weil dann meine Mutti weint; aber die anderen Kinder in der Schule haben mir auch schon mal was weggenommen."

(a) Beschreiben Sie den Konflikt, in dem sich Markus befindet, in psychoanalytischen Begriffen.
(b) Beschreiben Sie ihn lerntheoretisch nach dem Konzept der Selbstkontrolle.
(c) Klassifizieren Sie die Antworten, die Markus auf die Frage nach der moralischen Bewertung seines Handelns gibt, nach dem Stufenschema von Kohlberg.

2. Formulieren Sie zu der folgenden Konfliktgeschichte über den Bauer Lüddersen je ein Argument zu den von Kohlberg unterschiedenen 6 Entwicklungsstufen des moralischen Bewußtseins, um das Verhalten von Lüddersen zu rechtfertigen bzw. abzulehnen!

Der Bauer Lüddersen, der seine Felder in der Nähe des geplanten Atomkraftwerkes bei X. hat, ist Mitglied einer Bürgerinitiative gegen den Bau von Kernkraftwerken. Während einer Demonstration, zu der die Bürgerinitiative aufgerufen hat, kommt es zu einer Besetzung des Baugeländes. Obwohl es dabei zu Sachschäden auf dem Baugelände und zu handfesten Schlägereien mit den Sicherheitskräften kommt, nimmt auch Lüddersen daran teil.

Literatur

T. Lickona (Hrsg.) 1976. Moral development and behavior: Theory, research, and social issues. New York: Holt, Rinehart & Winston.

In diesem Band werden verschiedene theoretische Ansätze zur moralischen Entwicklung dargestellt. Besondere Aufmerksamkeit verdienen darin der lerntheoretische Ansatz von:

W. Mischel & H. N. Mischel. A cognitive social-learning approach to morality and self-regulation, 84–107,

und der kognitivistische Ansatz von:

L. Kohlberg. Moral stages and moralization: The cognitive-developmental approach, 31–53.

Lind, G. 1983. Entwicklung des moralischen Urteilens – Leistungen und Problemzonen der Theorien von Piaget und Kohlberg. In: *Lind, G., Hartmann, H. A. & Wakenhut, R.* (Hrsg.) Moralisches Urteilen und soziale Umwelt. Weinheim: Beltz, 25–42.

Der Autor arbeitet die zentralen theoretischen Annahmen des Ansatzes von Kohlberg heraus und verdeutlicht die Möglichkeiten einer interaktionistischen, stärker die soziale Umwelt berücksichtigenden Reformulierung.

R. M. Henry 1983. The psychodynamic foundations of morality. Basel u.a.O.: S. Karger.

Der Autor hat den Anspruch, die verschiedenen theoretischen Ansätze zur Moralentwicklung zu integrieren, da er alle für unzureichend hält. Dabei wird psychoanalytischen Überlegungen ein besonderer Stellenwert eingeräumt und versucht, sie in eigenen empirischen Untersuchungen zu prüfen.

4. Sozialisation und Geschichte der Kindheit

ÜBERLICK

Die Historische Sozialisationsforschung ist eine verhältnismäßig junge Disziplin. Sie kombiniert Fragestellungen, Methoden und Erkenntnisse aus Sozialgeschichte, Volkskunde, Soziologie, Erziehungswissenschaft und Psychologie. Ihr derzeitiger thematischer Schwerpunkt liegt auf Forschungen zur Geschichte von Kindheit und Jugend, Familie (unter besonderer Berücksichtigung der Frauenrolle) und Schule. Für uns handelt es sich dabei um gesellschaftliche Institutionen, die uns selbstverständlich sind. Die Historische Sozialisationsforschung kann aber deutlich machen, daß sich die uns vertrauten Vorstellungen keineswegs von selbst verstehen. Denn die Jahrhunderte unserer Vergangenheit zeigen erhebliche Veränderungen im institutionellen Aufbau des menschlichen Zusammenlebens; es bedarf einer Erklärung, wie sie im Zusammenwirken von ökologischen, sozioökonomischen, politischen und psychosozialen Bedingungen zustande gekommen sind und letztlich unseren gegenwärtigen historisch-gesellschaftlichen Entwicklungsstand bestimmt haben.

Im folgenden soll die Einführung in die Historische Sozialisationsforschung mit einigen Überlegungen zu Motivation und Methodik der Disziplin eröffnet werden. Der daran anschließende Abschnitt nimmt sich eine bestimmte Theorie vor; gewählt worden ist die Geschichte der (abendländischen) Kindheit, die der Psychohistoriker De Mause vorgelegt hat. Dies geschah aus zwei Gründen: Zum einen handelt es sich vom Anspruch her um eine genuin psychologische Theorie, zum anderen bietet ihr spekulativer Zug ausreichend Ansatzpunkte für eine Kritik, die die Notwendigkeit interdisziplinärer Forschung erweist. Es folgen zwei Abschnitte, in denen die Erfindung und Durchsetzung von „Kindheit" Mitte des 18. Jh. bis Anfang des 20. Jh. in der Konfrontation von Bürgertum und Proletariat anhand historischer Quellen diskutiert wird. Im Vordergrund steht die Erziehung zu Gehorsam und Disziplin, die – wie im letzten Abschnitt ausgeführt wird – als wichtiger Faktor in der Entstehungsgeschichte des Ersten Weltkriegs gelten kann.

4.1 Motivation und Methodik der historischen Sozialisationsforschung

Vor allen methodischen Überlegungen steht die Frage nach den Beweggründen, Sozialisationsforschung in historischer Perspektive betreiben zu wollen. Man kann sie global mit dem Biologen *Portmann* (1973, S. 333) beantworten und davon ausgehen, daß Geschichtlichkeit „zu einem bedeutsamen Teil unserer Natur, zu einem natürlichen Faktor unserer Entwicklung" werden muß, weil der Mensch – anders als das Tier – nicht instinktiv festgelegt ist. Aufgrund dieser Offenheit haben wir uns die Bedingungen unseres Handelns jeweils neu zu erarbeiten und machen Geschichte, indem wir handelnd an vorgefundene Verhältnisse anschließen, die über die Zeit hinweg in immer größerem Ausmaß unsere eigenen – erwünschten und nicht vermiedenen – Handlungsfolgen sind. Das Argument, Geschichtlichkeit sei ein Faktum und dürfe deshalb um der Objektivität sozialwissenschaftlicher Erkenntnisbildung willen nicht ignoriert werden, läßt sich zudem ethisch stützen. In besonders eindrucksvoller Weise haben dies *A.* und *M. Mitscherlich* (1967) versucht. Sie teilen in ihrem Buch „Die Unfähigkeit zu trauern" Beobachtungen über die Vergangenheitsbewältigung der bundesrepublikanischen Nachkriegsgesellschaft mit und stellen fest, wie sich allmählich die faktische Täter-Rolle (Faschismus, Zweiter Weltkrieg) in die „Ohne-mich"-Rolle der gesellschaftspolitisch sterilen Adenauer-Ära wandelte oder in die Opfer-Rolle (Wiedergutmachung, Deutschlandspaltung) verkehrte. Die Mitscherlich-Studie interpretiert diese Entwicklung als unbewußte nationale Verleugnung: Da die eigene Vergangenheit emotional nicht angenommen werden kann, trübt sie das „kollektive Gedächtnis" (*Halbwachs* 1966). Die allgemeine These behauptet einen Zusammenhang zwischen der Art, wie eine Gesellschaft ihre Herkunftsgeschichte bewußt hält, und den Leitwerten, die sie aktuell und für die Zukunft durchzusetzen sucht. Pointierter: Nur eine unverstellte Erinnerung erlaubt es, (mehr) Demokratie zu wagen. In diesem Sinne muß es der Historischen Sozialisationsforschung darum gehen, unsere Vergangenheit als Vorgeschichte unserer Gegenwart zu rekonstruieren. „Aus der Geschichte lernen" ist eine medienwirksame Redewendung; das damit angesprochene Projekt bereitet aber größere Schwierigkeiten, als es die eingängige Formel erkennen läßt. Vor allem setzt es den beharrlichen Glauben voraus, Wissen um historisch auf- und untertauchende Probleme und Problemlösungsstrategien der gesellschaftlichen Lebensbewältigung könne helfen, rational das gegenwärtig Mögliche abzuschätzen: mit welchen fördernden Kräften und mit welchen Widerständen bei alternativen Zukunftsentwürfen zu rechnen ist. Gerade heute, wo plötzlich nicht mehr so sicher scheint, welche Entwicklungen als progressiv und welche als reaktionär zu verstehen sind, gewinnt Geschichte an öffentlichem Interesse. Kein Wunder also, wenn auch die Historische Sozialforschung derzeit expandiert.

Als Beispiel für geschichtliches Wissen als korrigierende Erfahrung sei die gesellschaftskritische Infragestellung der bürgerlichen Kleinfamilie gewählt: In unserer Gesellschaft ist die Familie aus Gatten und Kind(ern) nach wie vor die staatlich geschützte Norm, obwohl die Skepsis dieser Institution gegenüber zunimmt, immer mehr Haushalte aus „unvollständigen" Familien oder Singles bestehen und Menschen unterschiedlichen Alters neue Formen des Zusammenlebens – z. B. in großen Wohngemeinschaften – ausprobieren. Nicht selten sind solche Vergemeinschaftungswünsche an die Vorstellung von „Großfamilien" gebunden, die drei Generationen umfassen, deren Mitglieder konfliktarm miteinander auskommen und selbstverständlich füreinander sorgen. Als Beleg für den positiven Wert dieses Familientyps wird dabei angenommen, daß er in vorindustrieller Zeit der am weitesten verbreitete gewesen sei. Indessen zeichnen historische Forschungsergebnisse ein anderes Bild. Es gab diese Form des Zusammenlebens zwischen Jungen und Alten zwar, aber sie hat nie vorgeherrscht. Sie war charakteristisch für den bäuerlichen Lebenszusammenhang, nachdem aufgrund der gestiegenen Lebenserwartung der Menschen in Europa seit Mitte des 19. Jhs. eine spezielle Alterssicherung nötig wurde (das „Altenteil": *Mitterauer* 1977 a, S. 38 ff.). Auch läßt sich nicht belegen, daß es in solchen Familien besonders konfliktarm zuging; im Gegenteil sorgte der oftmals notorisch knappe Nahrungsspielraum für anhaltende Spannungen. Am häufigsten findet man in der abendländischen Geschichte von der Haushaltsgröße her gesehen die „Kleinfamilie", allerdings war sie bis in das 20. Jh. hinein nicht die Norm. Vielmehr bestanden ganz unterschiedliche Formen des Zusammenlebens nebeneinander. Wenn Großgruppen zusammenlebten, dann waren sie als Einheit von Produktion und Konsumtion organisiert (das „ganze Haus": *Brunner* 1956, *Mitterauer* 1975): Die Beziehungen der Gruppenmitglieder untereinander richteten sich fast ausschließlich nach der Stellung des einzelnen im Produktionsprozeß. Es handelte sich um einen Befehlshaushalt, der vom pater familias (Hausherr) beherrscht wurde. An seiner Machtfülle gemessen waren alle anderen ohnmächtig. Demgegenüber zielt der moderne Wunsch nach großfamiliärem Zusammenleben auf die Einrichtung eines Verhandlungshaushaltes, den Gleiche unter Gleichen führen. Insgesamt gesehen erweist sich die populäre Vorstellung von der Großfamilie der Vergangenheit als „Mythos" (*Mitterauer* 1977 a, S. 38 ff.), in dem sich ein romantisches Bewußtsein artikuliert. Seine Funktion besteht darin, die Angst vor dem Risiko einer unbestimmten Zukunft zu mildern, indem das eigene Vorhaben als Wiederaufnahme einer Praxis verstanden wird, die früher schon einmal gelungen war. Eine solche Interpretation hat zweifelsfrei einen motivierenden Effekt. Sie verleitet aber auch dazu, auftretenden Problemen voreingenommen zu begegnen: So lassen sich viele der hartnäckigen Konflikte im Zusammenleben moderner „Großfamilien" nicht so leicht dem mangelnden Willen oder dem falschen Bewußtsein ihrer Mitglieder zuschreiben, wenn man weiß, daß es sich um historisch neue Situationen handelt, für deren Bewältigung es kaum Vorbilder gibt. Forschungen über die Geschichte der Familie können hier Aufklärung bieten und damit zu mehr Realismus beitragen.

Um Geschichtsverläufe rekonstruieren zu können, muß sich die Historische Sozialforschung methodisch mit den Zeugnissen vergangener Lebensführung beschäftigen (*Niesen* und *Seiler* 1980). Als „Quellen" kommen qualitative – (auto-)biografische Lebensbeschreibungen, das niedergeschriebene Wissen der epochalen Denker, Abbildungen aller Art, Gegenstände wie Werkzeuge, Kleidung oder Spielzeug – und quantitative – Statistiken nach kirchlichen Geburts-, Ehe- und Sterberegistern, Gerichtsakten, Haushaltslisten – in Betracht. Sie müssen zunächst erschlossen werden, was eine mehr oder minder gezielte Suche – in Bibliotheken, Archiven, Kunstsammlungen – und das Aufbereiten der gefundenen Exemplare – Instandsetzung, Übersetzung – verlangt. Der weitere Arbeitsverlauf läßt sich in drei Abschnitte gliedern: Beschreiben – Deuten – Bewerten. Zuerst wird z.B. beschrieben, welche Aussagen ein historischer Autor über eine uns interessierende Frage wie etwa die Selbständigkeitserziehung von Kleinkindern macht; danach gilt es herauszufinden, in welchem Zusammenhang seine Aussagen mit seiner gesellschaftlichen Stellung bzgl. Schichtzugehörigkeit oder Konfession und mit den relevanten gesellschaftlichen Problemen seiner Zeit bzgl. innenpolitischer Ordnung oder Produktivkraftentwicklung stehen. Dazu muß die eine Quelle mit anderen zeitgenössischen Quellen verglichen und schließlich in eine Quellenreihe eingefügt werden, die zeitlich weit ausgreift. Im großen Überblick hofft man dann zu zeigen, ob und welche Entwicklung, Rückschritt oder Fortschritt, stattgefunden hat. Die in einem solchen Urteil liegende Bewertung macht von allen drei Arbeitsschritten die meisten Voraussetzungen und kann, wie es der konkrete Forschungsprozeß belegt, letztlich nicht von den zwei anderen getrennt werden: Wie wir eine Quelle beschreiben und deuten, hängt immer auch von den optimistischen oder pessimistischen Wertungen ab, die wir gemäß unserer aktuellen Interessen und unseres Vorverständnisses dem Geschichtsverlauf unterstellen. Deshalb gelingt es nicht, einfach Fakten festzustellen, die für sich selbst sprechen; vielmehr bedarf es Theorien, die Hypothesen über die zeitliche Veränderung eines gesellschaftlichen Phänomens zu bilden und zu prüfen erlauben.

Historische Rekonstruktionsversuche sind für verschiedene Interpretationsverzerrungen anfällig:

– Je größer der Abstand zur Gegenwart beim Zurückgehen in der Zeit wird, desto größere Schwierigkeiten treten auf, eine historische Epoche so zu verstehen, wie sie einer der Zeitgenossen verstanden haben mag. Es bedarf deshalb einer selbstkritischen Einstellung, die es zuläßt, vergangene Lebensführung in einer uns fremden und vielleicht irritierenden Bedeutung zu sehen, die wir erst mühsam von unserem Vorverständnis abheben müssen. Gleichermaßen haben wir aber auch darauf zu achten, unsere Vorfahren nicht als Wesen abzuschieben, mit denen uns nichts mehr verbindet (vgl. *Devereux* 1967).
– Mit zunehmender Vergangenheit häufen sich die Quellen aus den gesellschaftlichen (männlichen) Oberschichten, da es schon immer deren Anliegen war, ihre Wertvorstellungen zu

überliefern, und sie alleine auch die produktionstechnischen Mittel – Schrift, Buchdruck – dafür hatten. An ihnen gemessen erscheinen die Unterschichten leicht als geschichtslos. Indessen ist ihre Geschichtslosigkeit selbst ein erklärungsbedürftiges Phänomen und schichtunspezifischen (wie auch geschlechtsunspezifischen) Aussagen über den Geschichtsverlauf muß skeptisch begegnet werden.

– Je mehr Quellen man in eine historische Rekonstruktion einbezieht, desto mehr Widersprüche treten zwischen ihnen auf. Es fällt meist schwer, selbst wenn sie schichtspezifisch angelegt wird, eine einheitliche Interpretation zu finden. Da sich eine einseitige Quellenauswahl verbietet, muß man auftretende Widersprüche erklären. Dabei stellt sich vielfach heraus, daß es nahezu unmöglich ist, Geschichtsverläufe als lineare Prozesse abzubilden. Ständig trifft man auf regionale Besonderheiten, die den allgemeinen Trend kreuzen; dessen Allgemeinheit erweist sich schließlich „nur" als forschungstechnisches Darstellungsmittel. In Wirklichkeit gibt es ein Netz verschiedener ineinander- und auseinanderlaufender Veränderungen, aber kaum eine eindeutige Richtung. Damit wird die Vorstellung von Zeit, die man Geschichte unterstellt, selbst zum Problem. Es gilt, daß sich Zeitvorstellungen historisch ebenso verändern wie die Phänomene, die man nach ihnen ordnen möchte: „Das Zeitverständnis ändert sich also, wenn sich das Verhältnis Gesellschaft/Natur inhaltlich ändert" – so die These von *Rammstedt* (1975, S. 50). Manchmal kann es dennoch sinnvoll sein, zu vereinfachen, um Modelle zu gewinnen. Ein beliebtes Modell ist die Gegenüberstellung von vorbürgerlicher und bürgerlicher, vorindustrieller (traditionaler, vorkapitalistischer) und industrieller (moderner, kapitalistischer) Gesellschaft. Bei seiner Verwendung muß man sich bewußt bleiben, daß es die Aufmerksamkeit auf *Unterschiede* lenkt. Indessen sind Veränderungen ebensowenig selbstverständlich wie ihr Fehlen und erst wenn man die Wechselwirkungen von stabilisierenden und destabilisierenden gesellschaftlichen Prozessen beachtet, entsteht ein realistisches Bild.

4.2 Die Psychohistorie der Kindheit und ihre Kritik

Unter Psychohistorie versteht man den Versuch, Geschichtsverläufe mit Hilfe von psychologischen und psychoanalytischen Konzepten zu beschreiben, zu deuten und zu bewerten (Diskussion: *Wehler* 1978, *Blasius* 1977, *Weinstein* & *Platt* 1975, *Pomper* 1973). Zur Geschichte der Kindheit haben *De Mause* und seine Mitarbeiter (1977) unter dem programmatischen Titel „Hört ihr die Kinder weinen" eine psychohistorische Studiensammlung vorgelegt, die anhand von Quellen über die elterliche Behandlung von Kleinkindern die Veränderungen in der Einstellung von Erwachsenen zu ihren Nachkommen zu rekonstruieren versucht. Dieses Unternehmen ist besonders von der vertretenen spekulativen Geschichtsauffassung her interessant. Es wird behauptet, „daß die zentrale Antriebskraft historischen Wandels weder in der Technologie noch in der Ökonomie zu finden ist, sondern in den ‚psychogenen' Veränderungen der Persönlichkeits- und Charakterstruktur, die sich aufgrund der Generationsfolge der Interaktionen zwischen Eltern und Kindern ergeben" (*De Mause* 1979, S. 10). Obwohl diese Annahme einer psychohistorischen Monokausalität aus geschichtswissenschaftlicher Sicht sehr verwegen ist, kann sie doch helfen, den Rahmen abzustecken, in dem Überlegungen, die verstärkt nicht-psychische Faktoren als Ursachen für historische Veränderungen anführen, ihre Kritik anmelden müssen (vgl. *Hardach-Pinke* 1981).

Die psychohistorische Theorie der Kindheit verbindet psychoanalytische Thesen mit dem Gedanken der Evolution: (a) Es wird psychoanalytisch angenommen, daß Eltern im Umgang mit ihren Kindern drei grundlegende Handlungsmuster zur Verfügung stehen: projektive Fürsorge, Partner-Substitution (Umkehr-Reaktion) und empathische Fürsorge. Projektiv sind elterliche Handlungen dann, wenn sie bei einem Kind Eigenschaften und Fähigkeiten unterstellen, die aufgrund von ängstigenden Gefühlen der Erwachsenen in es „hineininterpretiert" werden, um sie an ihm besser kontrollieren zu können. Partner-Substitution liegt vor, wenn die Eltern erwarten, daß es Aufgabe ihrer Nachkommen sei, ihre Bedürfnisse nach Schutz und Zuwendung zu befriedigen. Empathische Fürsorge schließlich meint, daß es gelingt, ein Kind als Person mit eigenständigen Bedürfnissen wahrzunehmen und sie unaufdringlich zu befriedigen. Diese Handlungsmuster unterscheiden sich demnach durch das

Ausmaß, in dem Eltern ihre Nachkommen als Mittel ihrer eigenen psychischen Stabilisierung in Dienst nehmen; da sie als unbewußt wirksam angenommen werden, stimmen elterliche Praxis und Theorie nicht notwendig überein. (b) An diese Handlungsdifferenzierung schließt der Evolutionsgedanke an. Er besagt im vorliegenden Fall, man werde um so wahrscheinlicher auf Kinder stoßen, die hilflos den unkontrollierten Gefühlen ihrer Eltern ausgesetzt sind, je weiter man in die Vergangenheit zurückgeht. Positiv formuliert: der Geschichtsverlauf zeige eine beständige Zunahme an empathischer Fürsorge. Diese optimistische Sicht begründet De Mause mit einer spezifischen Struktur des Generationswechsels, der er (ohne weitere Begründung) die Zwangsläufigkeit eines Naturgesetzes zuschreibt:

- Jede Elterngeneration hat das Bedürfnis, sich in das psychische Alter ihrer Kinder zurückzuversetzen (Regression), und ihre Kinder haben das Bedürfnis nach Identifikation mit den Eltern (Progression).
- Indem sich die Erwachsenen in das psychische Alter ihrer Nachkommen zurückversetzen, lernen sie im Umgang mit ihnen, ihre eigenen Gefühle aus der Kindheit und damit sich selbst besser zu verstehen und zu akzeptieren.
- Als Folge davon werden sie verständnisvoller als es ihre eigenen Eltern waren. Sie haben es deshalb auch vergleichsweise leichter, sich auf die spezifisch kindlichen Bedürfnisse einzustellen.
- Mit jedem Generationswechsel verringert sich derart die psychische Distanz zwischen den Generationen. Dabei bringt jeder Distanzgrad eigene Probleme hervor, die mit Hilfe von Praktiken, die auf sie abgestimmt sind, zu lösen versucht werden.
  Methodisch gesehen läßt sich deshalb, wenigstens im Prinzip, von beobachteten Praktiken auf die wahrscheinlich erlebte psychische Distanz schließen.
- Alle Kinder, die mit vergleichbaren Praktiken aufgezogen worden sind, weisen als Erwachsene eine vergleichbare psychische Strukturierung auf und gehören deshalb zu demselben Persönlichkeitstyp; er legt fest, welche Handlungsmuster sie selbst als Eltern bevorzugen werden.

De Mause (1976) glaubt, die von ihm erschlossenen Quellen als eine Abfolge von sechs historischen Perioden interpretieren zu können, die sich aufgrund der jeweils vorherrschenden elterlichen Praktiken und der über sie vermittelten Persönlichkeitsstrukturen unterscheiden.

Obgleich die sechs Praktiken die drei postulierten Handlungsmuster der Eltern operationalisieren sollen, versäumt es De Mause, eine explizite Zuordnung zu treffen. Dadurch weiß man nur, daß ihre Abfolge eine Zunahme an Empathie voraussetzt.

- In der Antike lösen Kleinkinder etwa durch anhaltendes Weinen bei ihren Eltern Angst und Wut aus, was dazu führt, daß sie als „böse" wahrgenommen und mit lebensbedrohenden Pflegepraktiken verfolgt werden, die bis zur *Kindestötung* reichen. Der Persönlichkeitstyp, der unter dieser ständigen Bedrohung entsteht, ist *schizoid*, d. h. fortwährend zwischen völliger Hilflosigkeit und maßloser Selbstüberschätzung um ein Gefühl der *eigenen strukturellen psychischen Konstanz* bemüht.
- Das Mittelalter löst das Gefühlsproblem der Eltern anders: Kinder werden frühzeitig von den leiblichen Vätern und Müttern getrennt und *weggegeben*. Dadurch entwickeln sie eine *autistische* Persönlichkeit, d.h. sie leben mit der Unfähigkeit, Zuneigung von Abneigung zu unterscheiden, was ihnen eine *gefühlssichere Kontaktaufnahme* zu Mitmenschen erschwert und sie mitleidlos macht.
- In der Renaissance beginnt sich das Bild vom „bösen" Kind zu wandeln; es werden erste „gute" Züge entdeckt, aber es gelingt den Eltern noch nicht, beide Seiten zu integrieren. Die elterliche Einstellung ist ambivalent, das ihr entsprechende Verhalten wird *verführend*. Für die Kinder entsteht eine undurchschaubare Situation, die sie in ständiger Angst vor Verlust der Eltern hält. Dies führt zu einer *depressiven* Strukturierung ihrer Persönlichkeit: überhöhte Ansprüche an die eigene Anpassungsfähigkeit und Schuldgefühle, die vermeintlichem Versagen folgen, verhindern *Selbständigkeit*.
- Das 18. Jh. ist das erste, das empathische Eltern aufweist. Allerdings bleibt die Empathie noch an sehr restriktive Bedingungen gebunden. Sie kann nur aufgebracht werden, wenn es gelingt, ein Kind unter *eindringliche Kontrolle* (Intrusion) zu bringen. Dann entsteht eine *zwanghafte* Persönlichkeitsstruktur, die unnachgiebig auf die Herstellung von zwischenmenschlicher Distanz sowie auf Sicherheit und Ordnung durch

Versachlichung bedacht ist und sie mit allen Kräften gegen einen befürchteten Einbruch eines *unkontrollierbaren Gefühls der Nähe und ausufernder Leidenschaften* verteidigt.

- Im 19. Jh. kommt es schließlich zu einer Eltern-Kind-Beziehung, die bis in die Gegenwart bestimmend geblieben ist: *Sozialisation*. Eindringliche Kontrolle wird durch zunehmend subtilere Formen der Beeinflussung ersetzt. Der entwickelte Persönlichkeitstyp ist *ängstlich* darauf bedacht, seine *Individuierung* voranzutreiben.
- Nach dem Zweiten Weltkrieg kommt ein elterliches Handlungsmuster auf, das durch *hilfreiche Unterstützung* besticht. Die Beziehung zu den Kindern ist von einem Höchstmaß an Empathie getragen, die kindliche Eigenständigkeit als unveräußerliches Recht anerkennt und vor Übergriffen schützt. Welcher Persönlichkeitstyp entsteht, läßt De Mause offen, da seiner Meinung nach zu Beginn der 70 er Jahre noch zu wenig derart aufgewachsene Kinder das Erwachsenenalter erreicht hatten. Inzwischen werden aber Vermutungen geäußert. So diskutieren die Sozialwissenschaften einen „Neuen Sozialisationstyp", dessen psychische Strukturierung *narzißtisch* ist (*Häsing* 1979). Als vorherrschendes Merkmal fällt die beständige Suche nach Aufwertungserlebnissen zur Kompensation von Enttäuschungen auf: Diese entstehen aus einem Widerspruch zwischen erhöhten individuellen Versorgungserwartungen und hohen gesellschaftlichen Leistungsforderungen, der die Bildung eines *realistischen Selbstwertgefühls* behindert.

Tab. 2 faßt diese historische Reihe noch einmal zusammen und stellt sie in einen Zusammenhang mit weiteren Veränderungen des gesellschaftlichen und individuellen Umbaus, wie er aus anderen Untersuchungen bekannt ist.

De Mause versteht die von ihm rekonstruierte evolutionäre Periodenfolge als Sequenz der jeweils zukunftsweisenden Praktiken und Persönlichkeitstypen. Somit sind seine Zeitangaben als frühestes Auftreten der Praktiken gemeint, wobei allerdings keine Aussagen darüber gemacht werden, wie sie sich zeitlich und räumlich ausgebreitet haben. Indessen weiß man aus der sozialgeschichtlichen Forschung, daß es in Europa etwa zwischen Italien, England, Frankreich und Deutschland erhebliche Entwick-

Tabelle 2 Historische Veränderungen der familiären Sozialisationsstrukturen des Abendlandes

Zeit	Gesellschaftstyp	Weltbild[1]	Identitätsform[2]	Ehekonzept[3]	elterliche Gewalt[4]	Erziehungspraktik[5]	elterliches Handlungsmuster	psychische Strukturierung	psychische „Schwächen“
750 v. Chr. – 400 n. Chr.		religiös: polytheistisch → monotheistisch →				Leben – Bedrohen	projektive Fürsorge	schizoid	strukturelle psychische Konstanz
400 – 1300	vorindustriell		„natürliche“ Identität (geringes Identitäts-*bewußtsein*)	ökonomische Zweckgemeinschaft	(haus-)väterliche Gewalt	Weggeben		autistisch	gefühlssichere Kontaktaufnahme
1300 – 1700		→ konfessionell		Vernunftehe		Verführen	Umkehr-Reaktion	depressiv	Selbständigkeit
1700 – 1800	industrie-kapitalistisch (Wirtschafts-liberalismus)	nationalstaatlich	Rollenidentität (Ankerpunkt: *Berufs*rolle)	romantische Liebe	elterliche Verantwortung; mütterliche Verantwortung	Eindringen	empathische Fürsorge	zwanghaft	Kontrolle intensiver Gefühle
1800 – 1850	monopol-kapitalistisch	pluralistisch	Ich-Identität (Ankerpunkt: einzigartige *Psyche*)	traditionelle Ehe	mütterliche Schuld	Sozialisieren		ängstlich	Individuierung
Später				Partnerschaft	väterliche Verantwortung(?)	Unterstützen		narzißtisch	realistisches Selbstwertgefühl

1 *Eder* (1973, 1976). 2 *Habermas* (1973b). 3 *Luhmann* (1982), *Leupold* (1983), vgl. Kap. 5.1. 4 vgl. Kap. 3.3 und 5.5 5 vgl. Kap. 3.3

lungsunterschiede gab, die auf unterschiedliche sozioökonomische und politische Entwicklungsbedingungen zurückzuführen sind; in der Regel hat man aber für alle diese Länder die (männlichen) Oberschichten als maßgebliche Neuerer identifiziert.

Im Falle der Kindestötung läßt sich das Beispiel einer differenzierten Hypothese geben. Untersuchungen (*Langer* 1979) belegen, daß die Tötungen zu allen Zeiten in den unteren Bevölkerungsschichten häufiger auftreten und über alle Schichten hinweg mit steigender materieller Sicherheit der Lebensführung seltener werden. Weiterhin ist das Töten von – nach bestimmten Kriterien bezeichneten – Kindern im Abendland anfangs eine Praxis, an der in weitgehender gesellschaftlicher Übereinstimmung sogar gegen das christliche Verbot festgehalten wird; später, vor allem nach der bürgerlichen „Erfindung der Kindheit" (s. u. S. 121 ff.), verändert sie sich zunehmend mehr zu einer schichtspezifischen Angelegenheit, wobei die unteren Schichten aus Not ihre unerwünschten Kinder töten und die Oberschichten diese Tötung aus Gründen ihrer eigenen Herrschaftssicherung moralisch diskriminieren und polizeilich verfolgen. In der Gegenwart schließlich erscheint das diskriminierte und verfolgte Verhalten als individuelle Verfehlung, die zunehmend weniger auf materielle Not, sondern vielmehr auf psychisches Elend verweist. Erst mit dieser Individualisierung wird es möglich, Kindestötung als pathologisches kriminelles Delikt zu bestimmen.

Bei jedem Querschnitt im Geschichtsverlauf einer Gesellschaft erfaßt man aufgrund zeitintensiver Ausbreitungsprozesse unterschiedliche Praktiken und Persönlichkeitstypen: Entwicklung ist innerhalb einer Bevölkerung ungleichzeitig. DeMause führt deshalb sein Konzept der „Psychoklasse" ein. Gemeint ist eine Gruppe von Gesellschaftsmitgliedern, die hinsichtlich ihrer Kindheit (elterliche Praktiken, Persönlichkeitsstrukturierung) Homogenität aufweist. Diese Bestimmung ist von der Problemstellung her sehr bedeutsam. Sie bindet die Konzepte der Generation und der polit-ökonomischen Klasse zusammen und bezieht sie auf die verallgemeinerbaren Erfahrungen ihrer Mitglieder. Denn es ist *psychologisch* weder sinnvoll, all diejenigen als Generation zu bestimmen, die zu einem Geburtsjahrgang gehören (Diskussion: *Jaeger* 1977, *Spitzer* 1973), noch all diejenigen als Klasse aufzufassen, die eine ähnliche Position in den herrschenden sozioökonomischen Verhältnissen einnehmen. Objektive Faktoren können nie derart prägend sein, daß sie alleine gleichsinnige Erfahrungen bedingen. Dieses Argument muß aber auch De Mause selbst treffen, denn er behandelt die elterlichen Praktiken nicht weniger als objektive Faktoren, die bestimmte persönlichkeitsstrukturierende Erfahrungen zwingend festlegen. Erst die Kombination der verschiedensten Einflußfaktoren vermag diesen Objektivismus zu überwinden.

Eng mit dem Konzept der „Psychoklasse" verbunden ist das Konzept der Gruppenfantasie (*De Mause* 1979b). Ihm zufolge haben Menschen desselben Persönlichkeitstyps ähnliche Ängste und Wünsche; diese erzeugen Fantasien, wie die Gesellschaft zu gestalten sei, damit die Ängste abgewehrt und die Wünsche erfüllt werden können. Aufgrund dieses Zusammenhanges, so die zentrale These, engagiert sich derselbe Typ für die gesellschaftlichen Gruppen und Führer, die seinen Fantasien positiv entsprechen. Gruppenfantasien wären demnach die Faktoren, die die unorganisierten „Psychoklassen" zur Organisierung veranlassen. Ein (nur) auf Fantasien gründendes Engagement steht aber in der Gefahr – und hierin liegt die besondere Provokation der These – irrational zu werden und sich unbewußt einer selbstkritischen Meinungsbildung zu entziehen.

De Mause (1977) hat einige dieser Überlegungen am Beispiel von Jimmy Carters Popularität in den USA zu erhärten versucht und auch Reagans Amerika unter die Lupe genommen (*De Mause* 1984).

Die Studie von *Loewenberg* (1971) fügt sich zwanglos in den psychohistorischen Rahmen von De Mause ein. Sie arbeitet mit der These, daß der Nationalsozialismus nicht zuletzt als Jugendbewegung an die Macht kam, so wie sie sich in der Hitlerjugend und den ihr angeschlossenen Organisationen zeigte. Loewenbergs Auffassung nach gab es eine Bereitschaft, nationalsozialistische Ideologie zu übernehmen, die als Auswirkung von Sozialisationserfahrungen derer erklärt werden kann, die zwischen 1914 und 1920 Kinder waren. Unter die prägenden Erfahrungen der Wirren des Ersten Weltkrieges werden gefaßt: Einsatz der Mütter in der Kriegsproduktion und eine dadurch erfolgte Einbuße an Empathie für ihre Töchter und Söhne; Abwesenheit der Väter durch Fronteinsatz; extremer Hunger, besonders in den großstädtischen Ballungsräumen (in Deutschland wohl stärker als in Frankreich und England); Verleugnung der Niederlage nach Kriegsende und Scham gegenüber der euphorischen Kriegsbegeisterung zu Beginn; fortschreitender Verfall der politischen Autorität der heimgekehrten Väter; zunehmende Arbeitslosigkeit und große Zukunftsangst. Mit der Weltwirtschaftskrise ab 1929 wurden dann, so Loewenberg, die traumatischen Kindheitserfahrungen wiederbelebt und erzeugten eine verstärkte Bereitschaft der Jugendlichen, die bei ihnen aufkommende Panik abzuwehren. Der Eintritt in die Hitlerjugend läßt sich dann – nach dem Konzept der Gruppenfantasien – als Angstabwehr interpretieren, da der paramilitärische Drill in dieser Organisation die Angst vergessen machen konnte und darüber hinaus in ein Gefühl der Überlegenheit und Stärke verwandelte, die geeignet war, andere einzuschüchtern. (Zur psychohistorischen Situation der Generation nach dem Zweiten Weltkrieg vgl. *Haubl* 1984).

Zweifellos bietet der psychohistorische Ansatz von DeMause Gelegenheit zu fruchtbaren Spekulationen. Indessen bleibt sein theoretischer Aufbau im einzelnen unbefriedigend, da es an dem notwendigen Versuch fehlt, die unterstellte Angemessenheit des eingebrachten psychoanalytischen Verständnisses für den gesamten Geschichtsverlauf zu begründen. Eine entsprechende Kritik muß hier unterbleiben. Stattdessen soll der Optimismus genauer betrachtet werden, mit dem DeMause die Geschichte der Eltern-Kind-Beziehung als Fortschritt interpretiert.

Die Überzeugung, daß sich das Ausmaß der elterlichen Gewaltanwendung im Laufe der gattungsgeschichtlichen Evolution verringert hat, teilt DeMause mit *Elias* (1978). Dessen zivilisationstheoretisches Denken konstruiert aber andere Begründungen. Elias begreift Familie – Rahmen elterlicher Gewaltanwendung – als gesellschaftliche Institution, die im Verlauf der Gattungsgeschichte ihren Funktionsbereich ändert; diese Änderungen sind von den Abhängigkeiten bestimmt, die jeweils gegenüber anderen Institutionen wie Staat, Markt oder Militär bestehen. Die gesamte institutionelle Differenzierung legt fest, welche kollektiven Persönlichkeitstypen und individuellen Persönlichkeitsstrukturen entwickelt werden können und sollen. Psychohistorische Veränderungen sind somit nicht losgelöst von der Sozialgeschichte zu sehen, deren Verlauf einen langfristigen Übergang von Krieger- zu Tauschgesellschaften, von Eigenversorgung zu Arbeitsteilung, von Naturalwirtschaft zu Geldwirtschaft, von direkten Abhängigkeiten zwischen den Menschen zu immer mehr vermittelten und von personaler Gewalt zu staatlich monopolisierter zeigt. Vor allem dem letzten Aspekt mißt Elias große Bedeutung bei: Er behauptet, daß sich mit der staatlichen „Monopolisierung der körperlichen Gewalttat als einer Art von Knotenpunkt für eine Fülle von gesellschaftlichen Verflechtungen die ganze Prägeapparatur des Individuums, die Wirkungsweise der gesellschaftlichen Forderungen und Verbote, die den sozialen Habitus des einzelnen herausmodellieren, und vor allem auch die Art der Ängste, die im Leben des Individuums eine Rolle spielen, entscheidend ändern" (S. XVI). In dieser Perspektive wird in der Zivilisationstheorie die Verbindung von institutioneller Ausdifferenzierung und Persönlichkeitsstrukturierung durch die Veränderung der sozialen Kontrolle hergestellt. Sie betrifft in erster Linie Gruppen, die im privilegierten Besitz bestimmter gesellschaftlicher Einflußchancen standen und diese an ein Monopol (etwa das entwickelte Rechtssystem) abtreten mußten.

Beispielgebend ist das Schicksal des pater familias. Nach Römischem Recht besaß er alleine Straf- und Verfügungsgewalt über die Mitglieder der vorindustriellen Hausgemeinschaft (s. u. S. 139). So hatte er etwa das Recht zu entscheiden, ob ein Neugeborenes angenommen oder getötet wurde. Seine Kinder waren ihm nach dem Willen der Römischen Kirche seit dem Mittelalter zur pietas (Pietät) verpflichtet, was einem Gehorsam ohne eigene Rechte entsprach. So bedeutet der für uns heute so wichtige Begriff der Emanzipation ursprünglich die Entlassung aus der väterlichen Gewalt, die nur für die Söhne möglich war, die selbst eine Hausgemeinschaft gründen konnten (*Herwig* 1980). Die Industrialisierung brachte eine einschneidende Veränderung. Ein Großteil der sozioökonomischen Hausgemeinschaften löste sich mit Durchsetzung der Marktwirtschaft auf und die Väter wurden lohnabhängig. Damit war ihrer traditionellen Machtfülle die Legitimationsgrundlage entzogen und historisch hinfällig geworden. Der Staat, der sich als eigenständige gesellschaftliche Institution bildete, nahm sich nunmehr das Recht, zu entscheiden, was mit „Problemkindern" zu geschehen hatte. Ein Aspekt dieser Veränderung war die Einrichtung eines Rechtsweges, sie gegen väterliche Willkür zu schützen. Er erwies sich aber von Beginn an als Teil einer umfassenden staatlichen Strategie, vor allem im Proletariat bürgerliche Lebensformen durchzusetzen. Die entstehende Vormundschaftspraxis erlaubte, Kinder unter den Verdacht einer „moralischen Verwahrlosung" zu stellen und drohte, sie aus ihren Familien zu entfernen, weil ihnen das „Milieu" dort schaden könnte. Wollte eine Familie nicht auseinandergerissen werden, war sie gezwungen, eine „regelmäßige" Lebensform zu entwickeln, die vor den Augen des Staates bestehen konnte. (Zur Verrechtlichung der Kindheit: *Riedmüller* 1981)

Die Richtung, in der sich die soziale Kontrolle individuellen Handelns ändert, beschreibt Elias als Verinnerlichung: Fremdzwang wird zu Selbstzwang, d.h., daß Sanktionen, die aus aktuellem Anlaß das Handeln von außen über die eingreifenden Handlungen anderer bestimmen, sich allmählich nach innen verlagern, indem sie der Handelnde selbst denkend und fühlend vorwegnimmt.

Die familiäre Eltern-Kind-Beziehung steht in dieser Perspektive im Dienst der Einübung des jeweiligen historischen Verhältnisses von Fremdzwang und Selbstzwang. Empathie scheint dabei um so wichtiger zu werden, je mehr Verinnerlichung gefordert ist. Psychohistorische Theorie und Zivilisationstheorie haben beide das Empathie-Konzept verwendet, kommen aber auf den ersten Blick zu widersprüchlichen Ergebnissen. Während Elias die Entwicklung empathischer Fähigkeiten an eine Vergrößerung psychischer Distanz bindet, setzt DeMause deren Verringerung voraus. Bedenkt man aber, daß sich die psychohistorische These auf eine isolierte Betrachtung familiärer Interaktion bezieht, während die zivilisationstheoretische den gesamten Gesellschaftszusammenhang bedenkt, dann lassen sich beide doch vereinbaren: Wahrscheinlich hat die historische Zunahme anonymer gesellschaftlicher Beziehungen auf der Ebene der Institution Familie zu engeren und emotionaleren Beziehungen geführt: Es werden Schutzzonen aufgebaut, um ein Gegengewicht zu den undurchschaubaren, schwer vorhersehbaren und deshalb ängstigenden Abhängigkeiten zu schaffen; sie begünstigen die Entwicklung von Empathie als der Fähigkeit, *intimes* Zusammenleben relativ gewaltfrei zu organisieren (vgl. *van Ussel* 1979; zur Kritik der Intimität als bürgerlicher Wert: *Sennett* 1983).

Im Gegensatz zu dem groben historischen Optimismus von DeMause und einer vorsichtigen, aber gleichsinnigen Hoffnung bei Elias, was die Beherrschung unkontrollierter aggressiver Gefühle im allgemeinen und speziell gegenüber Kindern anbelangt, steht der Versuch zur „Geschichte der Kindheit", den *Ariès* (1975) vorgelegt hat. Er verwendet für seine historische Rekonstruktion insbesondere kunsthistorische Quellen. Seiner zentralen These zufolge zeigt sich an ihnen zwischen dem 16. und 18. Jh. eine tiefgreifende Veränderung des Kinderbildes, die im Vergleich zum Mittelalter ein Interesse an der Differenzierung von Kind und Erwachsenem und der Erfindung eines eigenständigen, sozial definierten Lebensabschnittes der Kindheit erkennen läßt. Diese Beobachtung stimmt mit DeMause' Untersuchung überein und entspricht dem Aufkommen elterlicher Empathie. Aber Ariès setzt andere Akzepte. Er beschreibt das Mittelalter als eine Zeit, in der Kinder und Erwachsene dieselbe Lebenswelt geteilt haben, Kinder gewissermaßen „kleine Erwachsene" waren, die in teilnehmendem Lernen an Sexualität, Arbeit und Fest aufwuchsen. Dementsprechend gab es auch keine besondere Kinder-Kleidung oder nur für Kinder angefertigtes Spielzeug. Diese Merkmale von Kindheit, die uns heute selbstverständlich sind, kommen erst um das 18. Jh. im Bürgertum auf. Für Ariès sind sie Anzeichen dafür, daß nunmehr die Kinder aus der Lebenswelt der Erwachsenen ausgegrenzt werden, was er als Verlust interpretiert. Ihm erscheint der neue Lebensabschnitt von Überwachungs- und Disziplinierungsmaßnahmen beherrscht, die immer unmerklicher (psychologischer!) werden, um die Entwicklung von klassenspezifisch erwünschten Persönlichkeitsstrukturen effektiver zu gestalten. In diesem Bemühen wird die familiäre Erziehung alsbald von der aufkommenden öffentlichen Schulbildung unterstützt und später zunehmend abgelöst.

Die unterschiedliche Beurteilung desselben historischen Phänomens macht den Unterschied der Wertprämissen deutlich. Ariès geht von einer Gegenüberstellung von Geselligkeit/Gemeinschaft und Gesellschaft aus, wobei ihm die zunehmende Vergesellschaftung (Tausch, Arbeitsteilung, Geldverkehr, anonyme Abhängigkeiten, staatliches Gewaltmonopol) als Entfremdung erscheint und man leicht den Eindruck gewinnt, er halte das moderne Leben für weniger lebenswert. Während De Mause vergangenes elterliches Handeln als unglaublich brutal und kinderfeindlich vorstellt, wird die vorbürgerliche „Kindheit" bei Ariès zu einem Paradies. Insoweit neigen beide zu einer einseitigen Moralisierung. Ein differenzierterer Vergleich der unterschiedlichen Wertprämissen kann wiederum am Empathie-Konzept ansetzen. Wenn Ariès bei der Erfindung von Kindheit Überwachung und Disziplinierung beklagt, dann muß auffallen, daß De Mause diesen Sachverhalt gerade als Bedingung zur Entstehung von Empathie ansieht und meint, alle Weiterentwicklungen seien als Entflechtung von Empathie und Zwang zu sehen. Beider Schwierigkeit, sich an diesem Punkt zu einigen, hängt z.T. von der bei ihnen fehlenden Unterscheidung von Kompetenz und Performanz (vgl. S. 67) ab. Während De Mause Empathie als neue Sozialisations*kompetenz* betont, gibt Ariès sich skeptisch, ob diese je anders denn als Zwangsmittel genutzt werden wird, was einer dauernden Kompetenzbeschränkung aufgrund von Performanzfaktoren gleichkäme. Da aber das Performanzniveau einer Fähigkeit in Abhängigkeit von „(un)günstigen" Situationen variieren kann, wird es an dem aktuellen familiären oder gesellschaftlichen Zustand liegen, ob Eltern ihre Empathie mehr für oder gegen die Erfüllung kindlicher Bedürfnisse einsetzen. Man geht probehalber wohl am besten von der Annahme aus, die *prosoziale* Ausschöpfung der empathischen Kompetenz werde gegenwärtig gesellschaftlich (noch) verfehlt oder verhindert, obgleich sie in Gesellschaftsnischen schon besser gelingen mag. Derart präzisiert ist DeMause durchaus zuzustimmen, ohne Ariès völlig widersprechen zu müssen.

Über die Ursachen vermehrter elterlicher Empathie und ihre Folgen für die psychische Strukturierung der Kinder läßt sich damit aber noch nichts sagen. Der Versuch einer angemessenen Bewertung wird sie indessen vorrangig berücksichtigen müssen. So nennt etwa *Hengst* (1981, S. 28) als Ursache die Entmündigung der Erwachsenen in einer von Experten dominierten Gesellschaft: „Indem sie bevormundet und verwaltet werden, machen die Erwachsenen Kindheitserfahrungen und können deshalb – sofern sie sie als Zumutung und nicht als Entlastung registrieren – leichter als in vergangenen Zeiten jene Empathie entwickeln, die eine der Voraussetzungen für die Herstellung authentischer, d.h. nichtpädagogischer Beziehungen zwischen den Generationen darstellt". Die historisch neuartige Familiensituation, die unter diesen Bedingungen auftreten mag, hat *Popitz* (1980) beschrieben. Er nimmt an, daß das elterliche Bemühen, die Individualität von Kindern empathisch als Eigenwert anzuerkennen, zu einer Beziehung zwischen Gleichberechtigten führt, in der es immer weniger auf Gehorsam und immer mehr auf Verhandlung ankommt. Dadurch entstehe ein ausgeglichenes wechselseitiges Verhältnis emotionaler Abhängigkeiten. Indem aber derart die Grenzen zwischen den Altersrollen psychisch verwischen, könne es erneut zu einem familiären Ungleichgewicht kommen, bei dem die Eltern emotional in die Macht ihrer Kinder geraten. (Im übrigen wird dies als eine der familiären Bedingungen angesehen, die den Neuen Sozialisationstyp charakterisieren, s. o. S. 112.) Vorausgesetzt solche Überlegungen ließen sich erhärten, ergäbe sich eine paradoxe Situation: Die historisch frühe übergroße Distanz zwischen den Familienmitgliedern wäre Jahrhunderte später in übergroße Distanzierungsschwierigkeiten umgeschlagen; und der vormals schwer erreichbare, aber äußerst attraktive Erwachsenenstatus würde nunmehr zwar leicht(er) zu erreichen sein, aber erheblich an Attraktivität verloren haben!

4.3 Die Einheit von Freiheit und Dressur in der Privaterziehung des bürgerlichen Kindes

In der Historischen Sozialisationsforschung wird übereinstimmend Kindheit – im Sinne einer durch besondere Erwartungen an intellektuelle Fähigkeiten, Gefühlsbindungen und Verhaltensweisen ausgezeichneten lebensgeschichtlich frühen Entwicklungsphase – im Zusammenhang mit dem sozioökonomischen und politischen Siegeszug des Bürgertums gesehen. Ihre Erfindung hängt zentral mit dem wesentlichen Merkmal des Kapitalismus zusammen, in die Zukunft zu investieren (vgl. S. 197 f.). Im Feudalismus waren die adeligen Familien darauf ausgerichtet, ihren Besitzstand und ihre traditionellen *Privilegien* zu *wahren*. Von Kindern erwartete man nicht mehr, als daß sie den Machtanspruch ihres Geschlechts verteidigten. Die Bürgerkinder, vor allem die Söhne, waren demgegenüber Kalkulationsgrößen in einer Strategie der *Steigerung* von *Kapitalmacht*; sie wurden Kompagnons und leiteten die Niederlassungen des familieneigenen Bank- oder Handelshauses in anderen Städten und Ländern, so daß ein Beziehungsnetz entstehen konnte, das den Informationsfluß und Kapitaltransaktionen erleichterte und somit die Erfolgsaussichten von unternehmerischen Initiativen und Spekulationen erhöhte (Fugger, Rothschild, Krupp). Obgleich speziell dem kapitalstarken Bürgertum angepaßt, verbreitete sich diese Machtstrategie, und zwar in Form einer bestimmten Ideologie (vgl. S. 201 f.). Ihre wichtigsten Anhänger fand sie in Deutschland zu Beginn des 19. Jhs. in Intellektuellenkreisen und im Beamtentum, das mit der Bürokratisierung des absolutistischen Staates entstanden war. Diese Ideologie setzte auf eine allgemeine Leistungs- und Verdienstorientierung, die spätestens seit der Französischen Revolution von 1789 durch die Prinzipien der natürlichen Freiheit und Gleichheit jedes Menschen legitimiert wurde. Denn sie erklärten die feudale Herrschaft, die sich auf Abstammung (Blut und Boden) berief, für ungerecht. Die gesellschaftliche Stellung jedes einzelnen Menschen sollte von nun an allein durch Arbeit und Leistung, ausgedrückt im *Erwerb* von Besitz und Bildung, bestimmt sein. Die dadurch eröffnete individuelle Konkurrenz versprach jedem eine Aufstiegschance und absorbierte dadurch den verbliebenen revolutionären Elan. Bildung erschien als „geistiges Kapital", mit dessen Erwerb nicht früh genug begonnen werden konnte. Erziehung war derart als „Bank auf die Zukunft" gedacht. In seinen Überlegungen zur Pädagogik von 1803 formulierte *Kant* (1724–1804) dann auch die Generationenfolge als Evolution durch Lernen:

„Vielleicht, daß die Erziehung immer besser werde, und daß jede folgende Generation einen Schritt näher tun wird zur Vervollkommnung der menschlichen Natur. Von jetzt an kann dies geschehen. Denn nun erst fängt man an, richtig zu urteilen, und deutlich einzusehen, was eigentlich zu einer guten Erziehung gehöre. Es ist entzückend, sich vorzustellen, daß die menschliche Natur immer besser durch Erziehung werde entwickelt werden, und daß man diese in eine Form bringen kann, die der Menschheit angemessen ist. Dies eröffnet das Prospekt zu einem künftigen glücklicheren Menschengeschlechte." (Ausgabe 1963, S. 11 f.)

Parallel zu der naturwissenschaftlich-technischen Beherrschung der *äußeren* Natur, für die sich das Bürgertum im Dienste der Aufklärung gegen ein von Gott und allen möglichen Geistern beherrschtes Weltbild stark machte, sollte nun auch die *innere* Natur des Menschen beherrscht und in die Form eines Charakters gebracht werden. Die Erziehung an die man dachte, war – gegen ein öffentliches Schulsystem – als häusliche Bildung entworfen, die von Privatlehrern vermittelt wurde, zu denen gegebenenfalls auch die Eltern gehörten.

Vor allem die Philanthropen nahmen sich theoretisch und praktisch der neuen Erziehungsaufgabe an. Sie waren eine Gruppe von Reformpädagogen, die seit Ende des 18. Jhs. versuchten, die Lehren von Rousseau (1712–1778), die dieser in seinem Erziehungsroman „Emile" 1762 dargelegt hatte (*Spaeman* 1978), umzusetzen. Theorie und Praxis sind bei ihnen äußerst widersprüchlich. Einerseits treten die Philanthropen als erste in Deutschland systematisch für die Anerkennung des Kindes als Person ein, liefern andererseits aber auch die Begründung für sehr subtile sozialisatorische Zwangsmaßnahmen. Ihr pädagogisches Konzept geht von dem Grundsatz aus, daß die Erziehung eines Kindes bis zum zwölften Lebensjahr mit den Gesetzen der Natur übereinstimmen, mithin natürlich sein müsse; erst danach solle eine gezielte Vorbereitung auf die Gesellschaft beginnen. In diesem Sinne würden Privatlehrer und Schüler gemeinsam im kleinen Kreis lernen müssen, wobei das unverkrampfte Gespräch und die individuelle Betreuung im Vordergrund zu stehen habe, was in einem Schulbetrieb gar nicht möglich sei. Wo dies gelungen ist, rückte die Utopie eines spielerischen Lernens sicherlich in spürbare Nähe. Indessen führte der postulierte Gegensatz von Natur und Gesellschaft gerade dazu, ihre Verwirklichung zu blockieren.

Woher weiß der Erzieher, was für ein Kind natürlich ist? In der Geschichte zeigt sich, daß die Vorstellungen über Natur gesellschaftsbedingt sind. So war auch das Naturverständnis der Philanthropen in spezifisch bürgerlichem Interesse formuliert. Mit seiner Hilfe versuchten sie, sich sowohl gegen den Adel als auch gegen das Proletariat abzusetzen. Der Adel wurde wegen seiner dekadenten Überzivilisierung als unnatürlich kritisiert, das Proletariat dagegen wegen seiner unzivilisierten Rohheit, da sie zwar natürlich, aber aufgrund fehlender Bildung nicht human sei.

Um der Natur im Kinde zu ihrem Recht zu verhelfen, sollte die erste Phase der Erziehung „negativ" sein, was als Abwesenheit von schädigenden Einflüssen bestimmt war. Denn man stellte sich das natürliche Kind als tabula rasa vor, auf der sich sowohl absichtsvoll gesetzte als auch zufällige Reize abdrücken und seine Psyche vielleicht unkorrigierbar beeindrucken könnten. Dieses sensualistische Konzept (das als historischer Vorläufer moderner Konditionierungstheorien, s. o. S. 23, 55, gelten darf) sieht deshalb vor, eine Schutznorm zu schaffen, die vor zufälliger oder vorsätzlicher schädigender Reizung bewahren soll. Wo dieser Schutz versage und eine zu frühe Konfrontation mit Gesellschaft in Form des Erwachsenenlebens stattfinde, würden die Kinder „frühreif" und damit „verdorben". Frühreife galt als psychische Störung, deren Ursache zumeist bei unmoralischen Erwachsenen gesucht wurde, die es versäumt hätten, den Grenzverkehr mit der Welt des Kinderzimmers streng genug zu kontrollieren. Denn in einer allseits unnatürlichen Gesellschaft obliege es den Eltern, Natur zu schaffen. Sie müssen dafür sorgen, daß ihr Nachwuchs unbeeindruckt bleibt, was in moralischen Kategorien der damaligen Zeit interpretiert *unschuldig* heißt. Im Bewußtsein, den Zustand der Unschuld zu erhalten, war die bürgerliche Familie darauf konzentriert, ihn durchzusetzen. Er konkretisierte sich, obgleich umfassender gemeint, als A-Sexualität (*Schérer* 1975). Die familiäre Konzentration auf die natürliche Unschuld der Kinder hatte eine doppelte Funktion: (a) Sie disziplinierte die Eltern. Denn im Ausmaß der Frühreife ihrer Kinder gab es nunmehr ein für die bürgerliche Öffentlichkeit leicht prüfbares und kaum widerlegbares Indiz für den Verdacht eines unmoralischen Familienlebens. Um einer ungünstigen öffentlichen Meinung zu entgehen, mußte die Eltern-Kind-Beziehung deshalb einer Organisation unterworfen werden, die bereits kleinste Abweichungen vom Ideal aufzuspüren erlaubte. (b) Daß die Eltern selbst Disziplinargewalt ausübten, blieb ihnen ideologisch verborgen. Denn indem sich ihre Aufmerksamkeit auf das Fernhalten schädlicher Reize richtete, mußte ihnen ihr eigenes Handeln als passiv und, da es im Dienste der Natur zu stehen beanspruchte, zweifelsfrei positiv erscheinen. Tatsächlich aber stellten sie an ihren Nachkommen die positiven Ideen ihrer Klasse – natürliche Freiheit und Gleichheit – dar: Denn von seinem Ursprung her war jeder – ob Adeliger, Bürger oder Proletarier – einmal unbeeindruckt und unschuldig wie ein Kind. Wenn sich im Laufe des Lebens dennoch Unterschiede zeigen sollten, dann mußten diese sozialisatorisch selbstverdient und selbstverschuldet sein, gleich ob es sich dabei um Charakter oder Eigentum handelte.

Wie das philanthropische Engagement für eine natürliche Erziehung mit an der Verleugnung des klassenspezifischen bürgerlichen Herrschaftsanspruchs arbeitete, läßt sich etwa in den Publikationen von Campe (1746–1818) zeigen. So identifiziert er beispielsweise das natürlich aufwachsende Kind mit dem „Bauernbuben", an dem er folgende Eigenschaften rühmt:

„Er will nichts, was er nicht kennt; nichts, dessen Erreichung seinen Kräften unmöglich ist. Er hat keine schimärischen Wünsche; keine Einfälle oder Launen. Er mißt seine Begierden nach seinen Kräften und nach dem wirklichen Nutzen des Gegenstandes ab. Seht da das Werk der Natur!" (1785 – zitiert nach *Hartmann* 1975, S. 476)

Einerseits wird mit Vorstellungen der Selbstregulation geworben, wenn auch als Kosten-Nutzen-Ökonomie ausgedrückt; andererseits aber Selbstgenügsamkeit gefordert, die sich bei genauerem Hinsehen als politische Anspruchslosigkeit und Obrigkeitshörigkeit herausstellt:

„Wohl uns, meine lieben Kinder, daß wir unter Gesetzen und Obrigkeiten stehen. Durch Gesetze kömt Ordnung, durch Ordnung Glückseligkeit in die Welt. Seht nur in der ganzen Natur, wie der allweise Schöpfer selbst alles nach unverbrüchlichen Gesetzen geordnet hat! ... wohl uns, daß wir Gesetze haben, und daß Obrigkeiten gesetzt sind, welche über die Beobachtung derselben wachen müssen!"

„Uns kömt es daher nicht zu, zu fragen: warum unsere Obrigkeit uns dieses oder jenes befehlen lasse; denn das können wir nicht immer einsehen: unsere Pflicht ist, zu gehorchen. Last euch also, wenn ihr einmal groß geworden seid, nicht von denen verführen, die immer über den König und über die Gesetze klagen. Ihr wisset nur so viel, daß es euch glücklich macht, wenn die Gesellschaft, worin ihr lebet, glücklich ist. Wodurch aber die Gesellschaft glücklich werde, daß wisset ihr nicht; das müsset ihr also denen überlassen, die es wissen, und die dazu bestellt sind, es euch anzugeben." (1777 – zitiert nach *Hartmann* 1975, S. 477)

Die Obrigkeit wird als Hüter der (göttlichen) Naturgesetze eingeführt und auf diesem Wege selbst naturgesetzlich. Ihr Folge zu leisten, heißt natürlich zu leben. Dies galt es den Kindern beizubringen. Indem derart das Bürgertum seine Moral als Natur unterstellt, kann es mit gutem Gewissen deren allseitige Verbreitung durchsetzen. Besondere Bedeutung erhielt in diesem Zusammenhang neben Gehorsam die „Tugend" der Aufrichtigkeit, die als Geständniszwang sozialisiert wurde, um Kindern die Möglichkeit der Geheimhaltung unbürgerlicher Gedanken und Taten zu nehmen und sie umgehend der elterlichen Kontrolle zu unterstellen.

Überblickt man die bürgerlichen Erziehungspraktiken, vor allem zwischen der Mitte des 19. Jhs. und dem Ersten Weltkrieg, dann gewinnt man den Eindruck eines Laboratoriums, in dem jede menschliche Regung eines Kindes peinlich genau registriert, kleinlich auf Unbotmäßigkeiten hin beurteilt und gegebenenfalls mit unversöhnlicher Härte bestraft wurde (vgl. *Rutschky* 1977). Besonders hinterlistig war die Taktik der Eltern, ihre gewaltsamen Übergriffe auch noch als Beweise dafür auszugeben, wie gut sie es meinten. Exemplarisch für diese „Schwarze Pädagogik" ist die Erziehungslehre von D. G. M. Schreber, der um 1850 ein anerkannter Arzt und Pädagoge war. Seine Absichten lassen sich etwa an den Vorschlägen zur richtigen Reaktion auf kindliches Weinen ablesen:

„Hat man sich überzeugt, daß kein richtiges Bedürfnis, kein lästiger oder schmerzhafter Zustand, kein Kranksein vorhanden ist, so kann man sicher sein, daß das Schreien eben nur Ausdruck einer Laune, einer Grille, das erste Auftauchen von Eigensinn ist."

Ihn muß der Erzieher brechen:
„durch schnelle Ablenkung der Aufmerksamkeit, ernste Worte, drohende Gebärden, Klopfen ans Bett ..., oder wenn dies alles nicht hilft – durch natürlich entsprechend milde, aber in kleinen Pausen bis zur Beruhigung oder zum Einschlafen des Kindes beharrlich wiederholte körperlich fühlbare Ermahnungen ... Eine solche Prozedur ist nur ein – oder höchstens zweimal nötig, und – man ist Herr des Kindes für immer."

Gut erzogen ist ein Kind, das „durchgehend nur mit einem elterlichen Blick regiert wird". Es muß seine Wünsche, damit es nicht in Verdacht gerät, eigensinnig zu sein, aufgeben oder selbstbeherrscht vorbringen. Deshalb will D. G. M. Schreber,

„daß auch erlaubtes Begehren des Kindes stets nur dann erfüllt werde, wenn das Kind in freundlich harmloser oder wenigstens ruhiger Verfassung ist, niemals aber mitten im Schreien oder unbändigem Gebaren ..., selbst wenn zum Beispiel das wohlbegründete und rechtzeitige Bedürfnis nach der regelmäßigen Nahrung die Veranlassung wäre ... Denn es muß vom Kinde selbst der leiseste Schein ferngehalten werden, als könne es durch Schreien oder unbändiges Benehmen seiner Umgebung irgendetwas abzwingen." (1858 – zitiert nach *Schatzmann* 1978, S. 32 ff.)

Um das Drama identifizieren zu können, das sich in den Kinderzimmern abgespielt haben mag, muß man sich die politische Metaphorik vergegenwärtigen, die den Text durchzieht. Der Vorstellungshorizont, der Vater Schreber bewegte, entstammt dem Klassenkampf. Von Herrschaftssicherung und Revolte ist die Rede, latent spürbar bleibt die Angst des bürgerlichen Patriarchen, die eigenen Söhne (und Töchter) könnten Machtansprüche erheben, wie sie das Proletariat 1848 dem Bürgertum gegenüber angemeldet hatte. Dann wäre die Hoffnung auf eine bürgerliche Vervollkommnung des Menschengeschlechts getrübt und ihre Wertgrundlage in Gefahr, als Doppelmoral erkannt zu werden. Denn bereits in der klasseninternen Erziehungspraxis wurden Werte ad absurdum geführt: So propagierte das Bürgertum den Schutz der Privatsphäre, durchbrach ihn innerhalb der Familie dem eigenen Nachwuchs gegenüber aber ständig, und verteidigte Individualität, ohne aber den Söhnen und Töchtern die freie Entscheidung über die gewünschte Lebensführung zu lassen. Um die Widersprüche zwischen Ideologie und Praxis bewußtseinsfern zu halten, begnügte sich D. G. M. Schreber auch nicht damit, unerwünschte Handlungen seiner

Kinder zu unterdrücken, sondern legte seine „Pädagogik" darauf an, unerwünschte Gedanken und Gefühle erst gar nicht aufkommen zu lassen.

Schatzman (1978) hat herausgearbeitet, wie sich die Erziehungspraktiken von Vater Schreber auf die psychische Strukturierung von dessen Sohn Daniel Paul ausgewirkt haben. Dieser erlangte dadurch eine gewisse Berühmtheit, daß er in der physische und psychische Dressur wahnhafte Angst erzeugt. Die Verallgemeinerung der Ergebnisse des Einzelfalls führt ihn zu der These, daß Gesellschaften ein Potential an Verfolgungsangst aufbauen und über Sozialisation „vererben", indem „jede Generation die folgende lehrt, gewisse psychische Möglichkeiten zu fürchten" (*Schatzman* 1978, S. 123). Es ist die Funktion dieses Vermittlungszusammenhangs, von der Kindergeneration her rückwirkend die Wertentscheidungen der Elterngeneration unter Umgehung einer kritischen Konfrontation zu legitimieren und zu stabilisieren. Da diese Stabilisierung aber aus Angst erfolgt, treibt sie letztlich auf ihren Zusammenbruch zu; er wird wahrscheinlich, wenn gerade die psychischen Möglichkeiten gefürchtet werden, die eine gelassene und besonnene Einstellung auf politische und sozioökonomische Krisensituationen voraussetzt.

4.4. Die öffentliche Erziehung des Proletarierkindes in Fabrik und Schule

Von einer dem Bürgertum vergleichbaren familiären Sozialisation konnte im Proletariat nicht die Rede sein, denn der Typus der proletarischen Familie stand zum bürgerlichen im Gegensatz. Seine sozioökonomische Grundlage war schlecht gesichert, da die Löhne in den Fabriken (und vor allem in der Heimindustrie) von Beginn der Industrialisierung (Ende des 18. Jh.) bis in die Zeit der Hochindustrialisierung (ca. 1875–1914) hinein äußerst niedrig lagen und obendrein regional und konjunkturell schwankten. Es wurde Individuallohn gezahlt, bei dem sich die Lohnhöhe allein an der Reproduktion der einzelnen Arbeitskraft bemaß; an eine Beihilfe zur Familiengründung war nicht gedacht. Nach erfolgter Familiengründung mußte deshalb auch jedes Familienmitglied seinen Beitrag zur Existenzsicherung leisten. Da dafür alle zur Verfügung stehende Zeit verbraucht wurde, blieb keine übrig, in der sich so etwas wie Privatleben entwickeln konnte. Und dementsprechend konnte es auch *keine* besondere erzieherische Aufmerksamkeit für die Kinder geben. Auch war schon von den erbärmlichen Wohnverhältnissen her eine dem Bürgerkind entsprechende Schutzzone nicht denkbar: Raumknappheit, die keine funktionale Differenzierung zuließ, das Kommen und Gehen von „Schlafburschen" oder „Logiermädchen", Überbelegung und völlig unzureichende Hygiene haben vermutlich überhaupt das Gefühl gelähmt, in Geborgenheit zu leben. Als besondere psychische Erschwernis kam hinzu, daß die Eltern aus Not gezwungen waren, ihre eigenen Kinder sozioökonomisch auszubeuten, ein Zustand, der noch dadurch verschärft wurde, daß die Jungen und Mädchen (wie die Frauen) in den Fabriken einen weitaus geringeren Lohn bekamen, als Lohndrücker eingesetzt werden konnten und somit den Lohnkampf in die Familien trugen. Die sprichwörtliche proletarische Solidarität sollte man sich deshalb in den meisten Proletarierfamilien nicht als Wert*entscheidung* vorstellen.

Lohnarbeit war in der Zeit der Industrialisierung eine dominante Sozialisationserfahrung der proletarischen Kinder, der sie – auch hier muß man sich vor einer romantischen Verklärung hüten – aber sicher kein Produzentenbewußtsein haben abgewinnen können. *Marx* (1818–1883) hat dies im „Kapital" 1867 anhand der englischen Verhältnisse, aber problemlos übertragbar, drastisch beschrieben. Er spricht von einer „intellektuellen Verödung", „künstlich produziert durch die Verwandlung unreifer Menschen in bloße Maschinen zur Fabrikation von Mehrwert und sehr zu unterscheiden von jener naturwüchsigen Unwissenheit, welche den Geist in Brache legt ohne Verderb seiner Entwicklungsfähigkeit" (1973, S. 422). Zwar wurden Kinder zwischen vier und sieben Jahren schon seit Jahrhunderten zu Arbeiten in der Landwirtschaft und im Handwerk herangezogen (*Kuczynski* 1968), ihr fabrik- und heimindustrieller Einsatz unterwirft sie aber einem bis dahin ungeahnt effektiven Verschleiß ihrer körperlichen, geistigen und moralischen Kräfte. Erst die zunehmende Maschinisierung der Produktion drängte die Kinderarbeit zurück: Sie war unrentabel geworden und zudem zeigte sich, daß es in Zukunft qualifizierter Arbeitskräfte bedürfen würde, um die erwarteten technologischen Innovationen zu bewältigen. Dadurch stieg nunmehr auch die

Bereitschaft der Unternehmer, eine öffentliche Erziehung und Ausbildung im Proletariat zu unterstützen, die sie bislang erheblich behindert hatten.

Von ihrem ideologischen Ursprung her ist diese Idee eng mit dem Vorstellungshorizont der Armen- und Arbeitshäuser des 17. Jh. verbunden (*Köhler* 1977). In dieser Tradition steht auch der Vorschlag von Locke (1632–1704) gegen Ende des Jahrhunderts, Arbeitsschulen einzurichten; er empfiehlt, man solle dafür sorgen,

„daß in jeder Gemeinde Arbeitsschulen errichtet werden, zu denen alle Kinder über drei und vierzehn Jahren gehen müssen ... Eine Zusammenrechnung des Erwerbs der Kinder ... ergibt, daß Verpflichtung und Unterhaltung eines Kindes während dieser Zeit die Gemeinde nichts kostet.

Ein weiterer Vorteil liegt darin, daß die Kinder auf diese Weise zum regelmäßigen Kirchenbesuch in die Bedeutung der Religion eingeführt werden, während sie jetzt gewöhnlich bei ihrer faulen und liederlichen Erziehung weder von Moral noch vom Fleiß (industry, R. H.) etwas wissen ... Diese Schulen sollen gewöhnlich Spinn- und Strickschulen sein oder sich auf einen anderen Zweig der Wollmanufaktur beziehen. ... Die Lehrer dieser Schulen sollen aus den Einnahmen der Kinder bezahlt werden ... Der Profit wird der Gemeinde schnell die Unkosten für die Einrichtung der Schule ersetzen." (zitiert nach *Günther* 1975, S. 105).

Der erwartete Profit ist ein doppelter: zum einen kurzfristiger Geldgewinn, zum anderen aber die Herausbildung industrieller „Tugenden" – Regelmäßigkeit, Pünktlichkeit, Fleiß, Ausdauer, Ordnung, Gehorsam –, die eine Generationsfolge von disziplinierten Arbeitern auf den Weg bringen soll. Die von Locke für England vorgeschlagene Verbindung von Kinderarbeit und moralischer Erziehung hat auch in Deutschland Schule gemacht. So wurde zwar in Preußen schon 1763 die allgemeine Schulpflicht für Sechs- bis Vierzehnjährige eingeführt, aber erst zu dem Zeitpunkt von einem größeren Teil der proletarischen Kinder wahrgenommen, als von Unternehmerseite Fabrikschulen eingerichtet wurden (*Treiber* & *Steinert* 1980). Der Unterricht fand auf dem Werksgelände statt, damit die Beschulung keine allzu große Produktionseinbußen brachte und Schulstunden gegebenenfalls für Arbeitszeit zurückgestellt werden konnten. Nach der Gründung des Deutschen Reichs 1871 übernahm man die preußischen Schulgesetze und übte einen stärkeren staatlichen Druck auf die Unternehmer aus, Fabrik und Schule, Arbeit und Lernen, zu trennen. Nachdem dies – unterstützt durch die technologische Entwicklung – zunehmend gelang, geriet die Elementarbildung (Lesen, Schreiben, Rechnen und vor allem Religion) verstärkt unter den Einfluß staatspolitischer Interessen. Bis zum Ersten Weltkrieg diente sie unmißverständlich zwei Zielen: der Ausprägung einer deutsch-nationalen Gesinnung und der Abwehr der Arbeiterbewegung. Dieses Programm geht auf eine Diagnose zurück, die Friedrich Wilhelm III. von Preußen 1840, also lange vor Reichsgründung, in einer Rede über Volksbildung und Schule verkündet hatte:

„Die irdische Bestimmung des Menschen gestaltet sich nach der Lage, in welcher er geboren ist, nach den Verhältnissen, in welchen er sich befindet, nach den Anlagen und Fähigkeiten, die ihm verliehen sind, und nach den Neigungen, in welchen er einen bestimmten Beruf wählt. Für diesen Beruf soll und muß er geweckt, belehrt und gebildet werden, so daß er alle Kenntnisse und technischen Fertigkeiten besitze, und (ich habe hier vorzüglich die mittleren und unteren Volksklassen im Auge) sei es als Kaufmann, als Fabrikant, als Handwerker, als Oekonom, als Bauer, als Tagelöhner, als Knecht, (ein jeder auf seiner Stufe) das wisse, was er wissen muß, um seines Berufes froh und Anderen nützlich werden zu können.

Man erzeigt ihm und der menschlichen Gesellschaft keine Wohltat, wenn man über die Grenzen seines Standes und Berufes hinaus ihn belehrt, und ihm Kenntnisse beibringt, die er nicht braucht, und Ansprüche und Bedürfnisse anregt und weckt, welche zu befriedigen seine Lage nicht gestattet. Alles kann der Mensch doch nicht lernen, dazu ist das Wissenswürdige zu viel, und das Leben zu kurz. Jeder lerne nur gründlich und ganz, was er für seinen Beruf wissen muß. Das Mehr ist für den Lebenszweck nicht förderlich, sondern störend und hinderlich. Es nimmt und verdrängt die Ruhe, Gelassenheit und Beschränktheit, die alle menschlichen Berufsarbeiten, wenn sie gelingen sollen, verlangen und voraussetzen."

In diesen Ausführungen erscheint Wissen, das die Reproduktion von klassenerhaltenden Fähigkeiten überschreitet, staatsgefährdend. Friedrich Wilhelm III. prägte dafür in derselben Rede die eingängige Formel:

„Die größte Gefahr unserer Zeit ist der mit der Intelligenz wachsende Pauperismus" (zitiert nach *Michael* & *Schepp* 1973, S. 261 f.).

Fast fünzig Jahre später gab Kaiser Friedrich Wilhelm II. 1889 der alten preußischen Diagnose eine neue deutschnationale

Stoßrichtung; die Schule wurde, da sie in der Lage sei, klassenüberschreitende Ansprüche zu vermitteln, in dauernden Revolutionsverdacht gebracht, der durch die Verordnung eines eindeutig staatserhaltenden Auftrags entkräftet werden mußte. So rief der Kaiser dazu auf, allen schulischen Einfluß

„nutzbar zu machen, um der Ausbreitung sozialistischer und kommunistischer Ideen entgegenzuwirken". Die Schule „muß bestrebt sein, schon der Jugend die Überzeugung zu verschaffen, daß die Lehren der Sozialdemokratie nicht nur den göttlichen Geboten und der christlichen Sittenlehre widersprechen, sondern in Wirklichkeit unausführbar und in ihren Konsequenzen dem Einzelnen und dem Ganzen gleich verderblich sind" (zitiert nach *Giese* 1961, S. 194).

4.5 Erziehung zum Unfrieden?

Vergleicht man die wilhelminischen Reden über Volkserziehung und die Wirklichkeit der bürgerlichen Kinderstube, dann müssen ähnliche Grundzüge auffallen. In der Tat gibt es eine unheilvolle Konvergenz zwischen der Erziehung der Bürgerkinder und der Erziehung der Proletarierkinder, wie sie staatlich vorgesehen war: Die industriellen „Tugenden" sind Abbilder der bürgerlichen Moral; beide zielen darauf ab, *Eigensinn* – als individuelles wie als kollektives psychisches Merkmal – zu brechen. Verlangt ist Gehorsam gegenüber der Autorität des Staates und seinen Stellvertretern, die als Lehrer und Eltern in die kindliche Entwicklung eingreifen. Unheil stiftete dieses Erziehungsprogramm vor allem nach der Reichsgründung. Deutschland wurde in rasender Geschwindigkeit hochindustrialisiert und erreichte in wenigen Jahrzehnten ein sozioökonomisches Niveau, für dessen Herausbildung seine Vorbilder (England, Frankreich) Jahrhunderte benötigt hatten. Begleitet war dieser Industrialisierungs-„schub" von einer ebenso beschleunigten Verstädterung und Land-Stadt-Flucht, was die mitgerissenen Menschen als „Anonymitätsschock" erlebt haben dürften. Hinzu kam eine zunehmende Verschärfung der Klassengegensätze, die in der Stadt, in der sich die verschiedenen Bevölkerungsschichten auf engstem Raum begegnen, deutlich vor Augen trat. Außerdem zeigte sich auch der Kampf der Arbeiterbewegung hautnah, da sich ein großer Teil ihrer politischen Interessenartikulation auf der Straße abspielte und ihre Zusammenstöße mit der Polizeigewalt Tagesgespräch waren.

Große Teile der jungen Generation – nach dem beschriebenen Programm sozialisiert – wurden von solchen Bildern nachhaltig beeindruckt. Sie entwickelte quer durch alle Schichten hindurch einen *anti-kapitalistischen* Affekt, der sich in der Ablehnung des bürgerlichen „Krämergeistes" entlud. Hitler (1889–1945) schildert seine Einstellung zu dieser Zeit im 5. Kapitel von „Mein Kampf" (1925/27):

„Als junger Wildfang hatte mich in meinen ausgelassenen Jahren nichts so sehr getrübt, als gerade in einer Zeit geboren zu sein, die ersichtlich ihre Ruhmestempel nurmehr Krämern oder Staatsbeamten errichten würde ... Die einzelnen Staaten begannen immer mehr Unternehmen zu gleichen, die sich gegenseitig den Boden abgraben, die Kunden und Aufträge wegfangen und einander auf jede Weise zu übervorteilen versuchen, und dies alles unter einem ebenso großen wie harmlosen Geschrei in Szene setzen. Diese Entwicklung aber schien nicht nur anzuhalten, sondern sollte dereinst (nach allgemeiner Empfehlung) die ganze Welt zu einem einzigen großen Warenhaus ummodeln, in dessen Vorhallen dann die Büsten der geriebensten Schieber und harmlosesten Verwaltungsbeamten der Unsterblichkeit aufgespeichert würden."

Hitler war kein Einzelfall. Warenbeziehungen wurden von der Jugend nahezu einstimmig als Ursache für ein Strebertum angesehen, das zur Verlogenheit führe und den rücksichtslosen Ausverkauf aller Werte betreibe (vgl. S. 200). Im Kontrast zu ihnen wurde eine Wunschwelt entworfen, in der man Kameradschaft und Opferbereitschaft als Ideale einer nicht materialistischen Lebensführung hochhielt. Der anti-kapitalistische Affekt ist im Deutschen Reich *kriegerisch* abgeführt worden; „dazu verhalf das Doppelgesicht des Staates: halb bürgerlicher Staat, halb Monarchie (...), indem er die Jugend an die Monarchie band, die als militärisches System glänzend überlebte: als Bereich, in dem der Bürger eine lächerliche Figur machte" (*Theweleit* 1978, S. 404). Es entstand eine Kriegssehnsucht und nach der Kriegserklärung von 1914 eine Euphorie, die den Klassenkampf vergessen machte. Hitler schreibt: Es begann

„nun auch für mich die unvergeßlichste und größte Zeit meines irdischen Lebens. Gegenüber den Ereignissen dieses gewaltigen Ringens fiel alles Vergangene in ein schales Nichts zurück ... Eine einzige Sorge quälte mich in dieser Zeit, mich wie so viele andere auch, ob wir nicht zu spät zur Front kommen würden.".

Der Krieg versprach „Entbürgerlichung" im Namen des Volkes. In diesem Sinne waren auch die Worte des Kaisers zu verstehen, er kenne keine Parteien mehr, sondern nur noch Deutsche. Das ideologische Angebot gab mit dem Volksbegriff eine Idee vor, unter der sich alle – Adelige, Bürger und Proletarier – als Gleiche zusammenfinden sollten. Er nimmt damit den Stellenwert ein, den der Naturbegriff in der bürgerlichen Legitimationsstrategie immer schon spielte: das Volk wurde als die „natürlich" Einheit verkauft, hinter der alle Interessengegensätze als kleinkariert zurückzutreten hatten. In der Koppelung von Volk und Natur kommt zum Ausdruck, wie bürgerlich der anti-kapitalistische Affekt war. Den Glauben an das ideologische Versprechen der Versöhnung der Gegensätze und den Zwang, ihm Folge zu leisten, haben 1,8 Mio. Deutsche mit ihrem Leben bezahlt. Zwei Jahrzehnte nach dem Zusammenbruch sollte sich zeigen, daß kaum jemand etwas aus dieser historischen Katastrophe gelernt hatte.

ZUR VERTIEFUNG

Fragen und Probleme

1. Daniel Defoe schrieb 1719 das Buch „Leben und überraschende Abenteuer von Robinson Crusoe". Rousseau hat in seinem „Emile" dieses Buch als pädagogisch wertvolle Lektüre empfohlen und Campe schreibt selbst „Robinson der Jüngere" (1779–80). Im 18. und 19. Jh. gibt es eine lange Reihe von Robinsonaden. Der Stoff ist weltweit einer der erfolgreichsten überhaupt.

   Versuchen Sie aus ihrer eigenen Kenntnis der Erzählung Überlegungen zu der Frage anzustellen, warum das Bürgertum sich gerade Robinson zum Leitbild wählte und an seinen Nachwuchs weitergeben wollte.

2. Bei Schopenhauer kann man 1851 folgende Meinung lesen, die für die Zeit typisch gewesen ist:

„Je edler und vollkommener eine Sache ist, desto später und langsamer gelangt sie zur Reife. Der Mann erlangt die Reife seiner Vernunft und Geisteskräfte kaum vor dem achtundzwanzigsten Jahre; das Weib mit dem achtzehnten. Aber es ist auch eine Vernunft danach: eine gar knapp bemessene. Daher bleiben die Weiber ein Leben lang Kinder, sehn immer nur das Nächste, kleben an der Gegenwart, nehmen den Schein der Dinge für die Sache und ziehn Kleinigkeiten den wichtigen Angelegenheiten vor." (Parerga und Paralipomena)

a. Diskutieren Sie das implizierte Kinderbild.
b. Überlegen Sie, welche Funktionen Wendungen wie „noch ein Kind, kindlich, kindisch, infantil sein" haben und in welchen Fällen sie angewendet werden.

3. Die Vereinigten Nationen haben am 20. November 1959 die Menschenrechtserklärung von 1948 zu grundlegenden Rechten des Kindes spezifiziert. In der Präambel wird formuliert, daß die Menschheit dem Kind das Beste schuldet, das sie zu geben hat, und daß eine glückliche Kindheit zu genießen das Recht jedes Kindes sei. Im folgenden sind einige Grundsätze der Erklärung aufgeführt:

Grundsatz 4
DAS KIND erfreut sich der Wohltaten der sozialen Sicherheit. Es ist berechtigt, in Gesundheit heranzuwachsen und zu reifen; deshalb werden ihm und seiner Mutter besondere Fürsorge und Schutz gewährt, einschließlich angemessener Pflege vor und nach der Geburt. Das Kind hat das Recht auf ausreichende Ernährung, Wohnung, Erholung und ärztliche Betreuung.

Grundsatz 7
DAS KIND hat Anspruch auf unentgeltlichen Pflichtunterricht, wenigstens in der Volksschule. Ihm wird eine Erziehung zuteil, die seine allgemeine Bildung fördert und es auf der Grundlage gleicher Möglichkeiten in den Stand setzt, seine Anlagen, seine Urteilskraft, sein Verständnis für moralische und soziale Verantwortung zu entwickeln und zu einem nützlichen Glied der menschlichen Gemeinschaft zu werden.
Das Beste des Kindes ist der Leitgedanke für alle, die für seine Erziehung und Führung Verantwortung tragen; diese liegt zu allererst bei den Eltern.

Das Kind hat volle Gelegenheit zu Spiel und Erholung, die den gleichen Erziehungszielen dienen sollen; Gesellschaft und Behörden fördern die Durchsetzung dieses Rechtes.

Grundsatz 9
DAS KIND wird vor Vernachlässigung, Grausamkeit und Ausnutzung jeder Art geschützt. Es ist in keinem Fall Gegenstand eines Handels. Das Kind wird erst nach Erreichung eines geeigneten Mindestalters zur Arbeit zugelassen; nie wird es gezwungen oder wird ihm erlaubt, einen Beruf oder eine Tätigkeit auszuüben, die seiner Gesundheit oder Erziehung schaden oder seine körperliche, geistige oder moralische Entwicklung hemmen.

a. Tragen Sie Anwendungsfälle für diese Grundsätze zusammen.
b. Diskutieren Sie Faktoren, die die Einlösung der Rechte verhindern und begünstigen können.
c. Diese Erklärung setzt die Bereitschaft voraus, überhaupt Kinder zu haben. Nun steht besonders die Bevölkerungspolitik der Bundesrepublik als der geburtenschwächsten Industrienation seit Jahren unter dem Schlagwort „Wir Deutschen sterben aus!". Überlegen Sie, welche Gefühle mit ihm angesprochen werden. Erläutern Sie die gesellschaftliche Bedeutung von Kindern. Nennen Sie Gründe für die offensichtlich verringerte Selbstverständlichkeit, Eltern zu werden. (Material etwa: *Olechowski* 1980)

4. Einige Sozialwissenschaftler diskutieren z. Zt. die These einer Liquidierung von Kindheit und Jugend (z.B. *von Trotha* 1982).

Damit ist folgendes gemeint: Kindheit und Jugend sind Lebensphasen, die in einer Weise eingerichtet sind, daß die Gesetze der Erwachsenengesellschaft in ihnen außer Kraft gesetzt sind. Draußen geht es nach Leistung und Gegenleistung, im intimen Erziehungsbereich nach Bedürfnis. Kindheit und Jugend sind Vorbereitungsphasen, in denen langsam an das Reich der Notwendigkeit herangeführt wird. Mag dies auch nie so gestimmt haben, wie es der Anspruch wollte, so scheinen heute – so die These – die Grenzen völlig zu verwischen.

a. Versuchen Sie, Indikatoren zu finden, die diese These pro *und* contra zu diskutieren erlauben (Material etwa: *Fuchs* 1983).

b. Angenommen, die These stimme: Welche langfristigen Auswirkungen erwarten Sie von einer solchen Veränderung?

5. *Adorno* hat in einer Rundfunksendung 1966 sein Verständnis von Erziehung folgendermaßen dargelegt (1972, S. 107):

„Eben nicht sogenannte Menschenformung, weil man kein Recht hat, von außen her Menschen zu formen; nicht aber auch bloße Wissensübermittlung, deren Totes, Dinghaftes oft genug dargetan ward, sondern die Herstellung eines richtigen Bewußtseins. Es wäre zugleich von eminenter politischer Bedeutung; seine Idee ist, wenn man so sagen darf, politisch gefordert. Das heißt: eine Demokratie, die nicht nur funktionieren, sondern ihrem Begriff gemäß arbeiten soll, verlangt mündige Menschen. Man kann sich verwirklichte Demokratie nur als Gesellschaft von Mündigen vorstellen."

a. Versuchen Sie, von diesem Erziehungsideal her ihre eigene schulische Sozialisation zu bewerten.
b. Glauben Sie, daß die Schule überhaupt einen politischen Auftrag hat und/oder haben sollte?
c. Wie wird sich Ihrer Meinung nach das Verhältnis von Schule und Gesellschaft in der Zukunft entwickeln?

6. Die Argumentation der letzten drei Abschnitte des Kapitels legt einen Zusammenhang zwischen Erziehung zum Gehorsam – antikapitalistischem Affekt und Kriegsbegeisterung nahe. Er betrifft direkt das zunehmend wichtiger werdende Thema der Friedenserziehung (vgl. die Buchreihe *Friedensanalysen* 1–22). Betrachtet man die gegenwärtige Situation, dann wird man mit gutem Grund sagen dürfen, daß sich antikapitalistische Strömungen zeigen (Friedensbewegung, Frauenbewegung, Grüne etc.).
a. Können Sie Faktoren nennen, die zeigen, daß der frühere Zusammenhang unterbrochen ist?
b. Wie muß nach Ihrer Vorstellung eine Erziehung zum Frieden aussehen?

Literatur

U. Herrmann 1980: Probleme und Aspekte historischer Ansätze in der Sozialisationsforschung. In: Handbuch der Sozialisationsforschung, hrsg. v. *K. Hurrelmann*. Weinheim: Beltz, 227–253.

K. Lüscher 1975: Perspektiven einer Soziologie der Sozialisation – Die Entwicklung der Rolle des Kindes. Zeitschrift für Soziologie 4 (4), S. 359–379.

Beide Aufsätze haben programmatischen Charakter; sie versuchen, das Forschungsfeld abzustecken und methodische Probleme zu identifizieren. Sie sind dicht, aber verständlich geschrieben.

J. Schlumbohm (Hrsg.) 1983: Kinderstuben: Wie Kinder zu Bauern, Bürgern, Aristokraten wurden 1700–1850. München: dtv 2933.

Eine ausgezeichnete Textsammlung, die sehr gut kommentiert ist.

J. R. Gillis 1980: Geschichte der Jugend. Tradition und Wandel im Verhältnis der Altersgruppen und Generationen in Europa von der zweiten Hälfte des 18. Jahrhunderts bis zur Gegenwart. Weinheim/Basel: Beltz.

Gut lesbar und eine interessante Perspektive: Die Geschichte der Jugend wird entlang ihrer spezifischen Organisationsformen erzählt.

E. Badinter 1984: Die Mutterliebe. Geschichte eines Gefühls vom 17. Jahrhundert bis heute. München: dtv 10240.

Mit viel Ironie erzählte Geschichte, wie die Frauen über die Erfindung eines spezifischen Gefühls für das bürgerliche Erziehungsprogramm in Dienst genommen worden sind.

K. Theweleit 1977/78: Männerphantasien. Frankfurt/Main: Roter Stern. (Zwei Bände).

Psychohistorischer Versuch, die Geschichte der bürgerlichen Geschlechtsrollenstereotype zu schreiben und zu zeigen, welche Bedeutung sie in den Klassenkämpfen und bei der Entstehung des deutschen Faschismus hatten.

5. Sozialisationsbedingungen in Ehe und Familie

ÜBERBLICK

In den wichtigsten sozialwissenschaftlichen Ansätzen, die sich mit Ehe und Familie beschäftigen, lassen sich gegenwärtig zwei Positionen unterscheiden, die auf den ersten Blick in Gegensatz zueinander stehen. Zum einen werden Ehe und Familie als Bereiche begriffen, die gegenüber der Gesamtgesellschaft und anderen gesellschaftlichen Teilbereichen relativ isoliert und autonom funktionieren und völlig eigene Strukturen aufweisen. Aus dieser Perspektive stellen sich Ehe und Familie vorrangig als *gesellschaftliche Gegenstrukturen* dar, die dem Individuum einen von strukturellen und ökonomischen Zwängen befreiten Raum zur Gestaltung personaler Identität (s. u. S. 151) und zur Befriedigung expressiver und emotionaler Bedürfnisse bieten können. Ihre Abhängigkeit von anderen Teilbereichen, ihre Stellung als schwaches Glied in der Kette des gesellschaftlichen Leistungstauschs wird darin zugestanden, doch scheint sie sich deren Imperativen und Zwängen weitgehend zu entziehen.

Im Gegensatz dazu stehen Ansätze, die die historische und aktuelle *Abhängigkeit* der Familie von staatlich administrativen und sozioökonomischen Faktoren betonen. Danach sind Familienstrukturen von Klassen- und Schichtzugehörigkeiten, ihren spezifischen Arbeits- und Freizeitrhythmen, ihren Konsummöglichkeiten, ihren materiellen und zeitlichen Ressourcen abhängig; in dieser Logik sind individuelle Erfahrungsmöglichkeiten und typische familiale Konfliktlagen durch die Produktionsverhältnisse ohne individuellen Gestaltungsspielraum determiniert.

Von diesen differierenden Blickrichtigungen ausgehend, werden im folgenden verschiedene familiale Konstitutions- und Sozialisationsprozesse untersucht. Da die uns bekannten modernen Ehe- und Familienformen noch eine relativ junge Geschichte haben, soll ihre historische Einordnung in Abhängigkeit von ihren veränderten sozioökonomischen Grundlagen kurz skizziert werden. Es folgen einige Überlegungen zur Partnerwahl, die sich vor allem von der Frage leiten lassen, ob sich moderne Paare tatsächlich so frei von materiellen und statusorientierten Interessen finden, wie uns die Medien und oftmals unsere eigenen Wünsche suggerieren. Nach dem komplizierten Prozeß der Paarbildung ist ein gesellschaftlich vorgebildeter Familienzyklus zu durchlaufen, der dem Individuum, soll es nicht scheitern, die Bewältigung bestimmter, psychosozialer Krisen abverlangt. Da typische familiale Problemlösemuster nicht unabhängig von geschlechts- und schichtspezifischen Einflüssen betrachtet werden können, finden diese besondere Berücksichtigung. Schließlich steht die Sozialisationsfunktion der Familie zur Diskussion, vorrangig die Frage, inwieweit das traditionelle Familienideal in kritischer Sicht tatsächlich die optimalen Entwicklungsbedingungen für ein Kind bereitstellt.

5.1 Die moderne Ehe und Familie: ihre historische Einordnung

Die Entstehung der modernen, uns bekannten Form der Familie ist eng mit der Auflösung des „ganzen Hauses“ verbunden, die im Verlaufe des 18. Jahrhunderts einsetzt. Das „ganze Haus“ bezeichnet eine agrarisch strukturierte Rechts- und Versorgungseinheit (s. o. S. 117), in der Haushalt und Betrieb noch ungetrennt sind und unter der Herrschaft des „pater familias“ die Familie im engeren Sinne, Verwandte, bäuerliche bzw. handwerkliche Gehilfen, Lehrlinge u.ä. zusammen leben (*Brunner* 1978). Der entscheidende Schritt für seinen Zerfall besteht im Aufkommen von Manufakturen, später Fabriken, und damit der Trennung von Betrieben (Produktion und Distribution) und privaten Haushalten (Konsumtion). Die durch diese Trennung erzwungenen Folgen werden verklärt: Es entsteht das bürgerliche Familienideal, das dem Mann die Rolle des außerhäuslich arbeitenden Ernährers, der Frau die Sorge für Haushalt und Kinder zuschreibt. Die Ehe erscheint nicht mehr als ökonomische

Arbeits- und Interessengemeinschaft, sondern ausschließlich durch Liebe und Zuneigung der Ehepartner bestimmt. Faktisch bilden sich jedoch je nach Klassen- und Schichtzugehörigkeit höchst unterschiedliche Familienstrukturen heraus (*Rosenbaum* 1982), von denen die bürgerlichen und proletarischen die heutigen wesentlich geprägt haben.

Das deutsche (Groß-)*Bürgertum* bestand in der 2. Hälfte des 18. Jahrhunderts grob kategorisiert aus wenigen Großkaufleuten und Unternehmern, in der Mehrzahl aus Beamten und Vertretern akademischer und freier Berufe, die nicht wirklich reich, deren Existenzbedingungen aber gesichert waren. Seine Position zeichnete sich vor allem dadurch aus, daß es weder in einem der traditionellen Stände (Adel/Handwerker/Bauern) verankert war, noch mit dem Adel – wirtschaftlich, politisch und sozial – konkurrieren konnte. Daher mußte sein Selbstbewußtsein auf neuen Pfeilern gründen. Da seine Stellung, sein Reichtum erstmals ganz auf persönlicher Anstrengung und Leistung, nicht auf Abstammung oder Erbe, beruhte, entwickelte sich ein bisher weder verbreiteter noch erstrebter *Individualismus als neuer Wert*. Die Familie und in ihr vor allem die Frau erhielt eine neue Funktion: Sie sollte den Raum bereitstellen, in dem die neuen Tugenden gepflegt werden können. Man gestand ihr erstmals eine gewisse Bildung zu, damit sie ihrem Mann eine geistvolle Partnerin und ihren Kindern eine gute Erzieherin sein konnte. Zwar wurden weitergehende emanzipatorische Bestrebungen energisch unterbunden, denn das Autoritätsgefälle in der Familie, Modell und Trainingsfeld der Autoritätsstrukturen außerhalb der Familie (vgl. *Horkheimer* 1968, S. 277 ff.), galt es zu erhalten – aber unvermeidlich weckt Bildung auch neue Ansprüche. Vorläufig wurden sie durch die *Polarisierung der Geschlechtscharaktere* (*Hausen* 1978) niedergehalten, wonach bis heute Passivität, Empfindsamkeit, Innerlichkeit als natürliche Eigenschaften der Frau, Aktivität, Rationalität und Leistungswille als solche des Mannes gelten – was auch die frühe bürgerliche Frauenbewegung übernahm. Die Trennung von Privatatmosphäre und Arbeitswelt, der Abschluß der Familie nach außen, der Ausschluß der Frauen von Berufsausbildung und -ausübung werden fortan als *natürlicher* Zustand betrachtet, der notfalls sogar zum Schein aufrechterhalten werden muß (*Meyer* 1982). Zwar bleiben die Frauen über einen Rest produktiver Arbeit, ihre Reproduktionsfunktion, die Erhaltung der Arbeitskraft des Mannes, die „Aufzucht" der Kinder zu künftigen Arbeitskräften, unbeachtet und unbezahlt in den kapitalistischen Wirtschaftskreislauf eingebettet, doch verliert ihr Beitrag den Charakter von Arbeit. Er wird allenfalls noch ideell anerkannt.

Als verklärtes Gegenmodell zur „harten" Welt der Arbeit soll die Ehe nun ganz auf der Liebe der Partner gründen; doch die zunächst propagierte „romantische Liebe" wurde schnell auf ein „vernünftiges Maß" zurückgenommen. Und im bürgerlichen Sinne „vernünftig" ist es für eine Frau, ihre Versorgung sicherzustellen, für einen Mann, über Familie und Mitgift der Frau seinen Einfluß zu vergrößern (*Rosenbaum* 1982, *Métral* 1981). Trotz dieser Einschränkung erscheint die Familie jetzt als eigenständiger Wert, der sich nicht durch Besitz, sondern die emotionalen Beziehungen der Familienmitglieder untereinander erhält.

Die *proletarische* Familie breitete sich erst gegen Ende des 19. Jahrhunderts mit zunehmender Industrialisierung aus. Ihre Situation ist durch Besitzlosigkeit, fremdbestimmte Arbeit, Lohnabhängigkeit und extreme Abhängigkeit von der konjunkturellen Lage gekennzeichnet. Die Bourgeoisie hat deshalb allen Grund, „den Arbeitern ihr eigenes Familienmodell aufzuzwingen, um die revolutionäre Ideologie, die die Masse umsetzen könnte, zu kanalisieren" (*Métral* 1981, S. 217). Die Arbeiterklasse ist anfällig für diese Strategie, weil sie „keine anderen Reichtümer als die familiale Zuneigung" (S. 217) hat. Die permanent unsicheren Verhältnisse führten zwar gelegentlich zu revolutionärem Aufbegehren, besonders auch der Frauen, die aufgrund der überkommenen patriarchalischen Strukturen, viel schlechterer Entlohnung und Doppelbelastung durch Lohn- und Hausarbeit nun eine *mehrfache* Unterdrückung erfahren (*Grubitzsch & Lagpacan* 1980). Häufiger jedoch erzeugten sie nur Apathie. Unter diesen Lebensbedingungen bedeutete der Zusammenschluß für ein junges Paar einerseits die Chance, der Not der eigenen Familie oder drückenden Untermietverhältnissen zu entkommen, in der Hoffnung, das eigene Leben besser gestalten zu können, andererseits aber auch neue Abhängigkeit und Belastung, vor allem wenn frühzeitig Kinder kamen. Obwohl eine Vielzahl von Arbeiterfrauen (30 bis 45 % im Jahre 1882 nach *Rosenbaum* 1982, S. 404) zu Zeiten besonderer ökonomischer Not gezwungen war, durch eigene Fabrikarbeit zur Existenzsicherung der Familie beizutragen, bleibt die

Arbeiterschaft am bürgerlichen Familienideal orientiert. Aus ihrer Perspektive erscheint die Familie nunmehr ebenfalls als der einzige Bereich, in dem eine Gestaltung des Lebens noch möglich ist, wenn auch durch wirtschaftliche Not, beengende Wohnverhältnisse und lange Arbeitszeiten äußerst reduziert. Liebe und Zuneigung, nur unter sehr glücklichen Bedingungen ein gewisses gemeinsames Interesse für die Kinder, bilden die neue, äußerst störanfällige Basis für die Beziehung der Ehepartner. Trotz verbesserter äußerer Lebensbedingungen gilt dies für die proletarische Familie tendenziell bis heute.

In der Folgezeit, gegen Ende des 19., Anfang des 20. Jhs. setzt sich das bürgerliche Familienmodell allgemein als Ideal durch, obschon es im Kleinbürgertum und Proletariat vielfach nur in Annäherung und selbst in der bürgerlichen Mittelschicht kaum je in reiner Form verwirklicht werden konnte. Seit den 20er Jahren, verstärkt seit dem Ende des 2. Weltkrieges, wird in bestimmten gesellschaftlichen Gruppen nun allerdings die Forderung nach Gleichberechtigung beider Geschlechter laut: Erscheint die Arbeit der Frau in der Unterschicht vorrangig durch einen rein wirtschaftlichen Mangel motiviert, kehrt sich diese Perspektive in den bürgerlichen Mittelschichten seitdem langsam um; im Zuge der *Emanzipationsbewegung* wird die ausschließliche Verpflichtung der Frauen auf Haushalt und Kinder zunehmend als Ausschluß erfahren und auf unterschiedliche Weise bekämpft; einerseits durch Rebellion gegen die Abwertung weiblicher Leistungen zum Zwecke gesellschaftlicher Bestandssicherung (so in der Diskussion um Lohn für Hausarbeit), andererseits durch die Forderung nach Zugang zu männlich dominierten Bildungsinstitutionen und Arbeitsbereichen. Beide Strategien zielen auf einen *anerkannten* Spielraum zur Selbstverwirklichung der Frauen und haben für Ehe und Familie erhebliche Konsequenzen. Am Horizont erscheint ein Symmetrieideal, das mit einer partnerschaftlichen Beziehungsorganisation verbunden wird und potentiell Mann und Frau die gleichen familialen und außerfamilialen Rechte und Pflichten einräumt (vgl. *Leupold* 1983). Die *„partnerschaftliche Ehe“* geht historisch mit der „Sozialpartnerschaft“ zwischen Kapital und Arbeitern bzw. Gewerkschaften, einher. Beide stellen, so kann man vermuten, wichtige integrative Mechanismen dar.

Die Widersprüche des bürgerlichen Familienideals, die Forderung nach gleichberechtigter individueller Verwirklichung beider Geschlechter bestimmen die Strukturbedingungen von Familienkonflikten heute, die *Siegert* (1977, S. 9) als zwei zentrale Systemanforderungen formuliert: Zum einen geht es um die „Bestandssicherung des familialen Gesamtsystems", zum anderen um die Funktionalität der Familie „für die biographische Entwicklung der Systemmitglieder" der Ehepartner und Kinder. Beide Problemlagen sind Resultat einer Entwicklung der Familie zur Gegenwelt einer hoch organisierten zweckgerichteten Arbeitswelt, die von ihren Mitgliedern strenge Disziplin und Affektkontrolle verlangt. Die Befriedigung expressiver und emotionaler Bedürfnisse ist ihr gegenüber an einen wenig strukturierten Raum gebunden, denn „eine diffuse Rollenbeziehung ist die grundlegende Bedingung der wechselseitigen Signalisierung und Bestätigung personaler Identität; andererseits ist die Erfüllung dieses Anspruchs gerade wegen der zugrunde liegenden diffusen Rollenbeziehung stets gefährdet" (S. 12). Der Identitätsbegriff bezeichnet die Möglichkeit eines Menschen, seine persönlichen Verhaltensweisen und die Gestaltung seines Lebens als sinnvoll zusammenhängend zu erfahren, ohne psychische Widersprüche und Konflikte verleugnen zu müssen (= Ich-Identität). In dem Paradox von Notwendigkeit und Gefährdung diffuser Rollenbeziehungen liegt, jenseits aller individueller Eigenheiten, die strukturelle Konflikthaftigkeit der modernen Ehe und Familie begründet, die in Zeiten der Umstrukturierung, der Veränderung oder der Krisen des familialen Lebenszyklus besonders hervortritt. Einen ersten Einschnitt stellt die Begegnung und die komplizierte Entwicklung zweier einzelner Individuen zu einem Paar dar.

5.2 Partnerwahl und Paarbildung

„Das prekäre Gleichgewicht von Intimbeziehungen", so *Siegert* (1977, S. 9), „beruht auf dem allgemeinen Handlungsproblem, dem Entwurf personaler Identität gegenüber konkurrierenden Entwürfen des Partners zu Geltung zu verhelfen, ohne die Beziehung selbst zu gefährden." Die Art des herzustellenden Gleichgewichts wird in der Literatur häufig in Kosten-Nutzen-Termini dargestellt (*Mikula & Stroebe* 1977) und die Situation des Paares als eine des „sozialen Austauschs" definiert, in der ökonomische Faktoren zwar nicht unmittelbar, doch in Zusammenhang mit anderen Gratifikationen, – Attraktivität und Gesundheit, Intelligenz und Bildung, Zuverlässigkeit, sozialem Status und anderen Qualitäten eines potentiellen Partners – durchaus eine Rolle spielen. Als beispielhaft für diese Ansätze kann die sog. Equity (= Ausgewogenheit)-Theorie gelten, deren Grundannahmen (orientiert an *Walster et al.* 1977, S. 194 ff.) kurz zusammengefaßt werden können: Jedes Individuum versucht, in einer sozialen Interaktion sein „Ergebnis" (Belohnung minus Kosten) zu maximieren. Soziale Subsysteme, d.h. auch Gruppen und Paare bleiben nur stabil, solange Kosten und Belohnungen zwischen den Gruppenmitgliedern akzeptiert und gerecht verteilt werden. Jede Unausgewogenheit führt dazu, daß sich einzelne Personen unbehaglich fühlen und zwar umso mehr, je unausgewogener die Beziehung ist, und versuchen werden, den Zustand von „Equity" wieder herzustellen. Es wird angenommen, daß „Equity-Normen", d.h. die Vergleichsstandards, unter welchen Bedingungen eine Beziehung als ausgewogen gelten soll, gesellschaftlich vermittelt, entscheidend aber durch die individuelle Sozialisation einer Person bestimmt sind. Grundsätzlicher wäre zu fragen, inwieweit die Ausgewogenheitsforderung in privaten Beziehungen nicht selbst schon Produkt der Sozialisation in Gesellschaften ist, die unter einem generalisierten Leistungsprinzip stehen. Es bliebe darunter verdeckt, daß der maximale Profit einzelner auf Ausbeutung der Arbeitskraft anderer gründet – was potentiell *alle* zwischenmenschlichen Beziehungen dahingehend gefährdet, strategisch vereinnahmt zu werden (vgl. Kap. 6.3).

Die subjektive Prägung der Vergleichsnormen kann äußerlich ungleichgewichtig erscheinende Beziehungen aus der Innenperspektive der Partner ausgeglichen aussehen lassen, weil diese ihr eigenes, anderen uneinsehbares „Verrechnungssystem" anlegen. Ebenso individuell sind die Strategien, mit denen Personen versuchen, wieder Ausgeglichenheit in einer Beziehung herzustellen, wobei das Ziel sowohl darin bestehen kann, ein „Zuwenig" als auch ein „Zuviel" zu korrigieren. Von Strategien, die tatsächliche Ausgewogenheit wiederherstellen, werden solche unterschieden, die „psychologische" Ausgewogenheit schaffen. Im ersten Falle versuchen der „Privilegierte" und sein „Opfer" durch Entschädigung bzw. Rache das Konto ihrer Beziehung faktisch wieder auszugleichen. Im zweiten Falle werden passende Situationsinterpretationen und Rationalisierungen konstruiert, um einen Gleichgewichtseindruck zu erreichen. So kommt es zu Leugnung von Verantwortung oder Bagatellisierung der Leiden anderer auf Seiten des „Ausbeuters", aber auch zu einer Rechtfertigung ausbeuterischer Handlungen, Entschuldigungen des Täters, Abwertung der eigenen Person auf Seiten des „Opfers". Welche Strategie eine Person aktuell wählt, hängt nach der allgemeinen Formulierung der Equity-Theorie ebenfalls davon ab, wie mit dem geringsten Aufwand maximaler Nutzen für das psychische Gleichgewicht erzielt werden kann.

Die Brauchbarkeit der Equity-Theorie zur Erklärung von Verhaltensweisen in intimen Beziehungen ist oft bezweifelt worden und natürlich ist es nie gelungen, alle Merkmale einer Beziehung zwischen sich liebenden Partnern, deren Leben vielfach miteinander verflochten ist, auf Ausgewogenheit zu überprüfen. In diesem Sinne gehen intime Beziehungen in solchen Erwägungen sicherlich nicht auf, doch spricht einiges dafür, daß Ausgewogenheitsüberlegungen bei der Wahl von Partnern und in späteren Aushandlungsprozessen keine geringe Rolle spielen. Walster et al. haben versucht, die Thesen der Equity-Theorie in empirischen Untersuchungen zu Schönheit und physischer Attraktivität, geistiger und körperlicher Gesundheit, Intelligenz und Schulbildung zu überprüfen. Sie können in allen Dimensionen Belege dafür erbringen, daß Individuen sich überwiegend Partner suchen, die nach ihrer eigenen Einschätzung den gleichen „sozialen Wert" wie sie selbst besitzen. Am Beispiel physischer Attraktivität soll das kurz ausgeführt werden:

Walster et al. (1966) führten ein Experiment durch, in dem sie Studenten zu einem Tanzfest einluden und ihnen dafür angeblich per Computer einen passenden Partner zuteilten. In diesem Experiment bevorzugten zunächst alle besonders attraktive Partner, ganz unabhängig davon, wie attraktiv sie sich selbst fanden. Daraufhin modifizierten *Berscheid et al.* (1971) die experimentelle Anordnung und ließen die Studenten ihre Partner selbst wählen. Sie fanden eine ausgeprägte Tendenz, den Partner nach Einschätzung der eigenen Attraktivität auszusuchen, wenngleich gut aussehende Studenten generell bevorzugt wurden. *Kiesler & Baral* (1970) konnten sogar zeigen, wie eine flüchtige, experimentell hergestellte Aufwertung des Selbstwertgefühls einer männlichen Versuchsperson sie dazu brachte, mit einer attraktiven Mitarbeiterin zu „flirten", während eine Abwertung sie eher dazu veranlaßte, sich einer weniger anziehenden zuzuwenden. Alle Ergebnisse weisen darauf hin, daß attraktive Personen im allgemeinen zwar begehrt und geschätzt werden, die aktive Wahl eines Partners sich aber an der Selbsteinschätzung und der Übereinstimmung beider in wesentlichen Status-Merkmalen orientiert.

Als Beleg für Ausgewogenheitsansprüche in intimen Beziehungen kann auch eine Untersuchung von *Beckmann* (1979) interpretiert werden, obwohl sie in einem anderen Kontext steht. Er vergleicht die Selbst- und Fremdwahrnehmung von Ehepartnern auf dem Hintergrund durchschnittlich zufriedenstellender oder problematischer Eheerfahrungen. Danach stimmen Ehepartner aus unproblematischen Ehen in zentralen Merkmalen ihrer Selbsteinschätzung weitgehend miteinander überein und nehmen den Partner in diesen Dimensionen auch als ähnlich wahr. Differente Selbsteinschätzungen werden in diesen Beziehungen dagegen häufig wechselseitig projektiv (zur Funktion von Abwehrmechanismen vgl. S. 83) verkannt, Unterschiede also nicht anerkannt. Das führt in normalen Ehen leicht zu einem Zustand der „Beziehungslosigkeit“ zwischen den Partnern – nach Beckmann eine grundlegende gesellschaftliche Tendenz in unserer Zeit. Im Vergleich dazu befinden sich Partner in schwierigen Ehen häufiger in komplementären Positionen und bestätigen sich darin gegenseitig. Spannungen sensibilisieren jedoch offensichtlich für psychische Merkmale des Partners und lassen deshalb weniger Beziehungslosigkeit aufkommen als vielmehr Kampf um begehrte Positionen. Die Wahrnehmung von Ausgewogenheit in einer Ehe begünstigt also nicht unbedingt die Intensität der Beziehung und die Sensibilität der Partner füreinander, die Wahrnehmung der spannungsvollen und problembeladenen Seiten einer Verbindung dagegen tut es.

Die referierten Untersuchungen lassen die Schlußfolgerung zu, daß Ehen heute, nicht mehr unter harten äußeren wirtschaftlichen Zwängen geschlossen, dennoch abhängig von einer gewissen „inneren Ökonomie“ geblieben sind, die sich hinter dem Rücken der Individuen durchsetzt. Die sozialisatorischen Erfahrungen in der bürgerlich kapitalistischen Gesellschaft führen offensichtlich dazu, daß die Ehe noch immer weitgehend auf dem Tauschprinzip gründet. Als grundlegende Dimensionen dieses Tauschs betrachten *Horkheimer & Adorno* (1968) unter den gegenwärtigen Bedingungen „sexuelle Verfügbarkeit“ (der Frau) gegen „materielle Sicherheit“ (die der Mann zu bieten hat). Das bürgerliche Familienideal selbst zwingt die Partner, insbesondere die Frau dazu, zur Sicherung ihrer existentiellen Interessen taktisch vorzugehen. Konsequenterweise fordert *Adorno* (1981, S. 29): „Eine anständige Ehe wäre erst eine, in der beide ihr eigenes unabhängiges Leben für sich haben, ohne die Fusion, die von der ökonomisch erzwungenen Interessengemeinschaft herrührt, dafür aber aus Freiheit die wechselseitige Verantwortung füreinander auf sich nähmen." Noch hat sich dieses Ideal gegen das alte aber kaum durchsetzen können.

Untersuchungen zu spontaner Attraktion oder Sympathie erfassen zumeist die Äußerungen von sich fremden oder nur flüchtig bekannten Versuchspersonen oder die Erinnerung von Ehepartnern zu einem späteren Zeitpunkt. Damit bleibt offen, wie der Prozeß von zunächst einseitiger Sympathie zur Verbindung eines Paares, dessen Beziehung sich von der zu anderen signifikant unterscheidet, vorzustellen ist. Modellhaft lassen sich verschiedene idealtypische Stadien isolieren, „kein Kontakt", dann „einseitige Kenntnisnahme" über „oberflächlichen beidseitigen Kontakt" zur „Gemeinsamkeit" (*Levinger & Snoek* 1977). Schon im vorangehenden Abschnitt wurde jedoch darauf hingewiesen, daß dieser Prozeß interkulturell und schichtspezifisch höchst unterschiedlich ausgestaltet werden kann. In der amerikanischen Mittelschicht unterscheidet man z.B. in der Gegenwart ab dem Stadium „wechselseitigen Kontakts" recht plastisch drei Stufen der Verbindlichkeit, das „dating", „going steady" und „beeing pinned" (*Kerkhoff* 1977, S. 227), wobei es für die Phase des dating weder in der amerikanischen Unterschicht noch in europäischen Gesellschaften ein genaues Äquivalent gibt. Die besonders komplizierte Organisation der Partnersuche wird verständlich auf dem Hintergrund mittelschichtspezifischer amerikanischer Lebensanforderungen und -ansprüche: Mit der notwendigen Mobilität für Ausbildung und Karriere ist potentiell der Verlust tragfähiger freundschaftlicher und verwandtschaftlicher Bindungen verknüpft; das bewirkt einen engen Zusammenschluß des Paares, das alle Ansprüche an Nähe und Intimität, intellektuelle und sexuelle Übereinstimmung und an wechselseitiges Verstehen intern erfüllen muß. In dieser Konstellation hängt das individuelle Glück in hohem Maße vom „richtigen" Partner ab und bedarf deshalb der Institutionalisierung vieler wechselnder Beziehungs*proben*. Im Vergleich dazu besteht in der Unterschicht – idealtypisch betrachtet – eine viel ungebrochenere peer-group-Orientierung mit relativ abruptem Übergang in die Ehe. Dieser wird jedoch durch sozial sanktionierte Beziehungen beider Ehepartner zu Verwandten und Freunden gemildert, die normalerweise neben der zum Ehepartner bestehen bleiben und übergroße Ansprüche aneinander relativieren. Eine beiderseits anerkannte strikte Rollen- und Arbeitsteilung, die in der Mittelschicht in neuerer Zeit weitgehend in Frage steht, schwächt darüber hinaus das Konfliktpotential ab. Ein solches Arrangement kann faktisch entlastend wirken, was sich unter anderem auch darin zeigt, daß Arbeiterfrauen ihre Ehemänner durchaus nicht, wie zunächst vermutet, dominanter und weniger zärtlich erleben als Mittelschichtfrauen die ihren; tatsächlich gibt es Hinweise auf das Gegenteil (*Kerkhoff* 1977, S. 238).

Den komplizierten Annäherungsprozeß eines (Mittelschicht)Paares in einer Zeit, in der die normativen Grundlagen von Ehe und Familie weithin in Zweifel gezogen sind, beschreibt *Haubl* (1977; Untersuchungszeitraum ist Mitte der 70er Jahre): Ist zwei Individuen eine erste Begegnung im Sinne wechselseitiger Kenntnisnahme gelungen, so gilt es, Art und Grad des wechselseitigen Interesses genauer abzuschätzen (geht es z.B. nur um ein Gelegenheitsgespräch oder um Partnersuche?). Das geschieht zunächst vor allem nonverbal (durch Blicke, Mimik, Gestik), im weiteren Verlauf der Begegnung durch sprachliche Verständigung, indem an einem oder mehreren Themen evtl. Gemeinsamkeiten signalisiert, der andere auf Wahrhaftigkeit und Ernsthaftigkeit seines Kontaktangebots hin überprüft wird. Davon hängt ab, ob im Verlaufe weiterer Begegnungen nicht nur kognitiv neutrale, sondern auch emotional relevante Themen zur Sprache gebracht werden, vor allem die Beteiligten sich selbst zum Thema machen können. Das bedarf aufgrund des notwendigen Vertrauens, das weder vorausgesetzt werden kann, noch einklagbar ist, sondern per definitionem eine „riskante Vorleistung“ (*Luhmann* 1973, S. 45) bleibt, besonders scharfer Prüfung. Ein Paar konstruiert sich damit aktiv eine „Geschichte“ aus verschiedenen Szenen, die für spätere Situations- und Konfliktinterpretationen höchst bedeutsam werden kann. Verläuft dieser Prozeß erfolgreich, werden die Entwicklungschancen der Beziehung also beiderseits positiv eingeschätzt, mehren sich die Begegnungen. Die Partner finden sich daraufhin gewöhnlich mit einer Situation konfrontiert, die neue, in ihrer Tragweite selten ganz begriffene Strukturprobleme aufwirft: Sie werden fortan, unabhängig von ihrer eigenen Sicht der Dinge, als „Paar" definiert und als solches von anderen begrüßt, skeptisch betrachtet, abgelehnt ... „Ihr Verkehrsnetz bietet ihnen dyadäre Systemgrenzen an, mit denen es sich auseinanderzusetzen gilt" (*Haubl* 1977, S. 339). Damit wird die Frage, ob man überhaupt zueinander paßt, besonders dringlich und die Anpassungs- und Vertrauensprüfungen intensiviert. Dieser Prozeß ist zeitintensiv und schließt Kontakte zu Dritten oft über weite Strecken aus. Hinzu kommen selbst auferlegte Beschränkungen vor allem im Kontakt zu Personen des jeweils anderen Geschlechts, die die ausschließlich gegenseitige (insbesondere sexuelle) Bedürfnisbefriedigung bedrohen könnten. Die Zugangsbeschränkungen nach außen und die Summe gemeinsamer Erfahrungen zeichnen schließlich den gewählten Partner vor allen anderen Menschen aus. „Attraktion erweist sich somit als ein „heimlicher" Konstruktionsprozeß, dessen wahrer Charakter durch die scheinbare Unmittelbarkeit der Liebesbeziehung verdeckt bleibt" (S. 341). Der noch nicht geteilte Alltag, d.h. die Beschränkung der Beziehung auf Ausnahmesituationen, stellt in diesem Stadium eine latente Bedrohung dar, denn der Ernstfall eines gemeinsamen Lebens ist noch nicht geprobt. Schließlich stehen die zukünftige Lebensform, evtl. der Kinderwunsch eines oder beider Partner, damit u.U. die Entscheidung für Ehe und Familie zur Diskussion und die getroffene Wahl muß – da sie sich nicht mehr von selbst legitimiert – begründet und vertreten werden. Die Ehe, falls sich die Partner dafür entscheiden, basiert nun auf einem, den beiden meist unbewußten Programm, das im Verlaufe der Zeit detaillierter ausgehandelt und eingelöst werden muß (*Leitner* 1976).

Man hat versucht, das Resultat dieses Aushandlungsprozesses in möglichst anschaulichen und treffenden Modellen darzustellen. Hier bestätigt sich die Nähe der Ehe zur wirtschaftlichen Vertragsbeziehung, denn eine Reihe von ihnen stammt aus der Sphäre der Ökonomie. *Heigl-Evers* (1972, S. 138) spricht von einem „impliziten Ehe*vertrag*", der darin besteht, daß beide Partner wechselseitig unausgesprochene Erwartungen aneinander stellen, diese „durch bestimmte eigene Bemühungen und Leistungen oder Leistungsbereitschaften zu legitimieren versuchen oder deren Erfüllung durch den Partner eine conditio sine qua non für die Aufrechterhaltung der Ehe als emotionaler

Bindung bedeutet". *Boszormenyi-Nagy* (1977) betrachten das eheliche/familiale System unter dem Aspekt einer *Buchführung*, in der Verdienst und Schuld, worin nach ihrer Auffassung unterschiedslos *alle* Mitglieder verstrickt sind, sorgfältig aufgeführt und gespeichert werden. Beide Ansätze gehen davon aus, daß Ungleichgewichte in der Leistungsbilanz bzw. den Verdienst-Schulden-Konten zu innerfamiliären Störungen führen, die kritisch werden, wenn einer der Partner seine Forderungen an den anderen vorwurfsvoll einklagt oder sie als Dauerkonflikte zwischen den Partnern in Szene gesetzt werden. Für letztere Variante wurde der Begriff der Kollusion geprägt (*Willi* 1972). Sie entwickelt sich zwischen zwei Partnern, wenn beide versuchen, ihre nicht eingestandenen Lebensängste und persönlichen Unzulänglichkeiten jeweils am anderen auszuagieren und so zu bewältigen, daß einerseits ihre Abwehr gegen eventuell schmerzhafte Einsichten und Lernprozesse aufrechterhalten werden kann und andererseits trotz der damit verbundenen Selbsteinschränkungen gewisse Befriedigungsmöglichkeiten gesichert bleiben. Eine Kollusion kann auf komplementärer, symmetrischer oder extradyadischer Interaktion beruhen – an ihrer entwickelten Form und dauerhaften Stabilisation sind in jedem Falle beide Partner beteiligt. Welche dieser Formen im Einzelfalle entsteht, hängt sowohl von den Persönlichkeiten und frühen Beziehungserfahrungen der Beteiligten ab, als auch davon, welche lebensgeschichtlich bedeutsamen Krisen ein Paar im Verlaufe seiner Geschichte zu bewältigen hat. Deshalb sollen im folgenden die potentiellen Auslösefaktoren für eheliche bzw. familiale Konflikte genauer betrachtet werden.

5.3 Sozialisationswirksame struktuelle Probleme in Ehe und Familie

„In der Ehe … besteht die Kunst ganz in der Grazie der Übergänge", schrieb *Balzac* (1983, S. 159) schon in der Mitte des 19. Jhs. Faktisch gibt es in Ehen heute eine Reihe von Übergangsproblemen, die insofern für die Moderne typisch sind, als sie direkt mit der Trennung von privaten Haushalten und öffentlicher Arbeits- und Berufssphäre zusammenhängen. Eine „normale" Familie hat mindestens folgenden Zyklus zu durchlaufen: Vom *Paar* oder der sog. Erwerbsfamilie ohne Kinder zur

Familie mit Kind(ern), was entweder traditionelle Rollenteilung oder Doppelbelastung, gewöhnlich der Frau, erzwingt; es folgt die sog. „*empty-nest-family*", wenn die Kinder das Haus schon verlassen haben, der Ernährer der Familie, seltener beide Partner, aber noch im Erwerbsleben stehen und schließlich die *Rentnerfamilie* (*Schumacher* 1983, *Aldous* 1978).

Auf psychischer Ebene sind mit diesen gesellschaftlich präformierten Übergängen als auslösende Faktoren bestimmte innere Probleme und notwendige Reifungsschritte verbunden. Der Psychoanalytiker *Erikson* (1976, 1973) hat aufgrund seiner Beobachtungen solcher Prozesse ein *Lebenslaufmodell* entworfen, in dem er die Wechselbeziehung von individuellen Lebenskonflikten und gesellschaftlichen Anforderungen als „komplementäres Verhältnis" (1973, S. 18) betrachtet. Die unverwechselbare Identität einer Person besteht nach ihm in der Stärke ihres Gefühls, „daß der Einheitlichkeit und Kontinuität, die man in den Augen anderer hat, eine Fähigkeit entspricht, eine innere Einheitlichkeit und Kontinuität (also das Ich im Sinne der Psychologie) aufrechtzuerhalten." (1973, S. 107) Sie entwickelt sich gerade aufgrund des *krisenhaften* Verhältnisses zwischen psychosexuellen Wünschen des Einzelnen von der Kindheit bis ins hohe Alter und gesellschaftlichen Erfordernissen, Zwängen aber auch unterstützenden Maßnahmen in jedem Lebensalter. Eine positive Bewältigung bestimmter, in den verschiedenen Lebensabschnitten dominanter, Grundkonflikte stärkt das Gefühl persönlicher Identität. Nach den krisenhaften Phasen der Kindheit (Urvertrauen vs. Urmißtrauen; Autonomie vs. Scham und Zweifel; Initiative vs. Schuld; Fleiß vs. Minderwertigkeit; Identität vs. Rollendiffusion) findet Erikson im Leben eines erwachsenen Menschen drei elementare psychosoziale Krisen, deren mögliche Ausgänge er als Polaritäten beschreibt: a) *Intimität* vs. *Isolation*; zunächst stellt sich dem jungen Erwachsenen nach dem Sturm kindlicher und adoleszenter Entwicklungsanforderungen das grundsätzliche Problem, eine enge Bindung zu einem ihm fremden Menschen einzugehen. Wie gut ihm das gelingt, hängt weitgehend von seiner Ambivalenzfreiheit, Kompromißbereitschaft und der Fähigkeit ab, Distanz und Nähe zu einem anderen Menschen zu ertragen. Schreckt er vor diesen Anforderungen zurück oder mißlingt ihre Bewältigung, gerät er in Gefahr, isoliert zu werden. – Das mittlere Erwachsenenalter entscheidet über b) *Generativität* vs. *Stagna-*

tion; Erikson beschreibt Generativität als den Wunsch eines Menschen, sowohl Leben zu zeugen als auch Wissen, Werte und Erfahrungen an die Nachgeborenen weiterzugeben. Dieser Wunsch kann sich in eigenen Kindern aber auch in produktiver und kreativer Arbeit für andere in einem allgemeineren Sinne erfüllen. Traditionell bezeichnet diese die männliche, jene die weibliche Lösung des Generativitätsproblemes, eine Trennung, die jedoch zunehmend fragwürdig wird. Gelingt eine solche Erweiterung der eigenen Person nicht, tritt Stagnation ein, die eine depressive oder narzißtische Färbung annehmen kann, je nachdem, ob man sich selbst als unfähig zu sinnvoller, weiterer Entwicklung erlebt oder seinen egoistischen, oft karrieristischen Strebungen von außen Grenzen auferlegt sieht. – Mit dem Alter findet sich ein Mensch schließlich zwischen den Polen c) *Ich-Integrität* vs. *Verzweiflung*; da Alt-Werden in unserer Gesellschaft weitgehend durch sozialen Funktionsverlust, physischen und psychischen Abbau und Vereinsamung gekennzeichnet scheint, ist der Rückblick auf das bisherige Leben entscheidend dafür, ob Alter und Tod mit Gelassenheit und Würde erwartet oder mit verzweifeltem Widerstand bekämpft oder verleugnet werden müssen. Eine Ich-integre Haltung kann nach Erikson nur eingenommen werden, wenn alle früheren Lebenskrisen heftig durchlebt und durchlitten wurden und dennoch Vertrauen in die Kontinuität des Lebens über die eigene Person hinaus, gesetzt werden kann.

Die verschiedenen Phasen des Familienzyklus (s. o. S. 150) und die damit verbundenen psychischen Belastungen und persönlichen Krisen sind vielfach beschrieben worden (*Braun & Leitner* 1976, *Aldous* 1978) und können hier nur kurz angedeutet werden.

Mit der Entscheidung für ein Kind ist einer Untersuchung von *Stengel et al.* (1983) zufolge die Entscheidung für eine Lebensweise verbunden, die sich an bestimmten Werthaltungen ausrichtet. Eine starke Orientierung an Wohlstand und Freizeitwerten, bei Frauen zudem am Beruf, läßt sich mit dem Wunsch nach Kindern offensichtlich nur schlecht vereinbaren. Für ein Paar, gewohnt über Zeit und Raum, seine materiellen Mittel und sozialen Kontakte weitgehend frei zu verfügen, stellt die Geburt eines Kindes einen tiefen Einschnitt dar, der die gesamte Organisation des Lebens betrifft (sehr anschaulich beschrieben von *Sichtermann* 1982). Die Zweipersonenbeziehung geht über in eine Dreipersonenkonstellation, was völlig neue Bündnisse ermöglicht und die inzwischen ausgeglichene, aber evtl. labile Balance wieder in Frage stellt. Das verändert die Beziehung zwischen Mann und Frau. Sie sind nun auch als Vater und Mutter angesprochen, was zwangsläufig eine Rollendifferenzierung innerhalb der Familie bewirkt. Durch die Dominanz der Beziehung der Mutter zum Kind, besonders in der ersten Zeit, verlieren die Interaktionen zwischen den Partnern häufig an Intensität, während in Gesprächen über das Kind die neuen Rollen kategorisiert werden. In traditionellen Paarbeziehungen, überwiegend auch noch nach dem partnerschaftlichen Modell, gibt die Frau nach der Geburt des ersten, spätestens des zweiten Kindes, wenn sie es sich materiell leisten kann, ihren Beruf auf, um ganz die Versorgung von Haushalt und Kindern zu übernehmen. Zunehmend mehr Frauen versuchen allerdings Beruf und häusliche Pflichten miteinander zu vereinbaren bzw. mit dem Partner zu teilen.

Die traditionelle Rollen- und Arbeitsteilung gilt zwar als entlastend für beide Partner und optimal für die Entwicklung der Kinder, ist aber besonders für die Frauen mit spezifischen Einschränkungen verbunden (*Pross* 1979). Diese ergeben sich vor allem aus der Forderung nach uneingeschränkter Selbstlosigkeit, der materiellen, häufig auch sozialen Abhängigkeit vom Ehemann und der gesellschaftlichen Abwertung der Hausfrauenrolle in einer Gesellschaft, in der Geben und Nehmen sonst streng auf Ausgleich nach quantifizierten Größen beruht. Die Konzentration auf die gesellschaftlich höher geachtete und individuell häufig als befriedigender erfahrene Mutterrolle hat mittlerweile zu einer übermäßigen Verantwortungsdelegation an die Mütter für die Entwicklung der Kinder und korrespondierender Schuldübernahme durch die Frauen geführt, während andere gesellschaftliche Teilbereiche weitgehend von Verantwortung freigesprochen bleiben. Die durch die kapitalistische Produktionsweise erzwungene „Abwesenheit" der Väter als bedeutsame, neutralisierende und entlastende Dritte in der Mutter-Kind-Dyade wird zwar registriert (*Mitscherlich* 1973), hat bisher aber keineswegs zu vergleichbaren Anklagen geführt. Rigide Arbeitsteilung entfremdet darüber hinaus die Partner untereinander, die in den Arbeitsplatz des anderen kaum noch Einblick haben und so über weite Strecken geradezu in verschiedenen Welten leben. Die Position der Mutter und Hausfrau scheint jedoch durch wenig entfremdete Arbeit, relativ selbstbestimmte Arbeitsgestaltung und lebendige emotionale Beziehung zu den Familienmitgliedern gekennzeichnet. Dies wird von Frauen, neuerdings immer mehr auch von Männern geschätzt, die versuchen, der geforderten Unterwerfung unter gewöhnliche Lohnarbeitsbedingungen, zu entgehen. Berufliche Arbeit von Frauen dagegen ist, weil gesellschaftliche Einrichtungen zur Entlastung von häuslichen Pflichten nicht vorgesehen sind, mit Doppelbelastung verbunden, was in sehr kooperativen Beziehungen auch die Männer trifft. Nehmen Frauen sie dennoch auf sich, sichert sie ihnen finanzielle Unabhängigkeit, unter privilegierten Bedingungen ein eigenes Feld der Selbstentfaltung, was für die Entwicklung der Ehebeziehung produktiv und für die Kinder, vor allem in den frühen und späten Individuations- und Ablösungsphasen (vgl. o. S. 86 ff.) durchaus entlastend sein kann. Den Frauen erleichtert Berufsarbeit die Umbruchsituation, in der die Kinder das Elternhaus verlassen haben, der Ehepartner aber noch in berufliche Zwänge eingebunden ist (*Schumacher* 1983), was in unserer Gesellschaft leicht einen Zeitraum von 10–15 Jahren umfassen kann. Während die Männer in diesem Abschnitt ihres Lebens oft auf dem Höhepunkt ihrer Karriere sind, stellt der Weggang der Kinder für die Frauen im Haus eine ernsthafte Bedrohung ihrer Identität dar, zwingt sie zu einer veränderten Selbstdefinition und der Suche nach neuen Betätigungsfeldern. In dieser Phase entwickelt sich das Ausmaß der Bedürfnisbefriedigung von Männern und Frauen oft scherenförmig auseinander und gleicht sich erst mit dem Rentenalter des Mannes wieder an. Dann ist vor allem er es, der sich mit sozialem Funktionsverlust und dem Problem der Lebensgestaltung unter veränderten Bedingungen auseinandersetzen muß.

Die angeführten familialen Systemprobleme lassen sich unter der Perspektive der jeweils neu zu regelnden Balance zwischen den Partnern und der Bestandssicherung der Beziehung betrachten, aber auch im Hinblick darauf, welche Entwicklungschancen und Veränderungen jedem einzelnen der Partner in solchen kritischen Phasen zugestanden werden. Als universelle Systemprobleme, die von jedem Paar, jeder Familie und partiell in allen familiären Umstrukturierungsprozessen jeweils neu gelöst werden müssen, werden in der Literatur fünf Bereiche hervorgehoben (nach *Hess & Handel* 1980, Original 1959, *Siegert* 1977):

a) *Nähe und Distanz*; in allen Familien gibt es einen bestimmten Grad von emotionaler Nähe und Verbundenheit, zugleich aber auch Vereinzelung und Distanz zwischen den Mitgliedern. Beide Erlebnis- und Handlungsdimensionen sind in sich mehrdimensional und schließen sich gegenseitig nicht aus. Ein intensiver emotionaler Austausch kann ebenso befriedigend wie einengend sein, eine gewisse Distanz zwischen den Familienmitgliedern sowohl Zeichen von Isolierung als auch produktive Chance zu autonomer Entwicklung der Einzelnen. Gestaltung und spezifische Qualität dieser Kategorien prägen den Lebensstil einer Familie und den Entfaltungsspielraum ihrer Mitglieder, vor allem die kindlichen Lernvorgänge. Die äußeren Lebensbedingungen einer Familie (Raum, materielle Ressourcen usw.) haben auf sie modifizierenden Einfluß.

b) *Deckungsgleichheit von Selbst- und Fremdbildern*; während des Zusammenlebens in einer Familie entwirft jeder von sich selbst und den anderen ein „Image", das einerseits von früheren emotionalen Erfahrungen geprägt ist, andererseits alle weiteren Interaktionen steuert. Diese Selbst- und Fremdbilder müssen zwar nicht völlig kongruent, aber in wesentlichen Aspekten kompatibel sein, damit die Beziehungen zwischen den Familienmitgliedern ohne übermäßige Spannungen aufrechterhalten werden können. Es kann unterschieden werden zwischen dem Real-Bild einer Person von sich selbst und den anderen und der entsprechenden Ideal- oder Wunschvorstellung – auf beiden Ebenen sind Diskrepanzen möglich. So können z.B. Eltern in der aktuellen Beurteilung eines ihrer Kinder übereinstimmen, aber unterschiedliche Idealvorstellungen von ihm und für seine Zukunft entwerfen. Es kompliziert die Verhältnisse, daß in die Ich-Idealbildung vor allem unbewußte, nicht realisierte Ich-Idealanteile der eigenen Eltern eingehen (vgl. o. S. 84), so daß die wechselseitigen Images, selbst bei realer Abwesenheit der Großeltern, immer über mindestens drei Generationen, deren Erfolge und Niederlagen, Wünsche und Phantasien, gebildet sind. Familienmitglieder reagieren auf die internalisierten Selbst- und Fremdbilder besonders heftig und emotional. Deshalb hängt der wechselseitige bestätigende Austausch und damit die Stabilität des Einzelnen in hohem Maße von ihrer Kompatibilität ab.

c) *Familienthemen*; unter einem Familienthema wird ein Bündel von Gefühlen, Einstellungen und Verhaltensgewohnheiten verstanden, das die gemeinsame inner- und außerfamiliale Realitätsdeutung regelt und die für eine Familie typischen Konfliktbewältigungsmechanismen legitimiert. Familienthemen dienen somit der Sicherung familialer und personaler Identität, einzelne Mitglieder können sich ihnen deshalb kaum entziehen. Inhaltlich befassen sich diese Themen insbesondere mit dem Verhältnis der Familie zur Außenwelt und prägen damit entscheidend die Perspektive der Kinder auf ihre Umgebung. Eine Familie mag sich als „völlig allein auf der Welt", „von der Gesellschaft aktiv isoliert", „von anderen bewundert oder beneidet" usw. betrachten: Auf diese Weise bestimmt sie, was die einzelnen Mitglieder von ihrem Schicksal erwarten, wie sie sich anderen Menschen zuwenden und kommenden Problemen stellen. Familienthemen konturieren sich gewöhnlich zwar schon in der frühesten Phase einer Ehe, werden aber im Verlaufe der Familiengeschichte durch besondere Ereignisse, berufliche oder soziale (Miß-) Erfolge, die zur Statussicherung notwendige Mobilität, Zeiten wirtschaftlicher oder sozialer Not u.ä. modifiziert. Erst diese Transformationen bestimmen die Themenvarianten der folgenden Generation.

d) *Familiengrenzen*; ist das grundsätzliche Verhältnis zur Außenwelt über das Familienthema geregelt, müssen die Grenzen der familialen Lebenswelt im Detail abgesteckt werden. Das betrifft sowohl den äußeren Lebensraum, die sozialen Kontakte, Integration oder Isolation der Familie, die Teilnahme am sozialen, politischen und gesellschaftlichen Leben, als auch die Frage, welche wirklich neuen Erfahrungen den einzelnen Familienmitgliedern gestattet werden. Die äußeren Grenzen sind in Familien meist fest umrissen, gut markiert und werden frühzeitig an die Kinder vermittelt. Neben höchst individuellen Vorlieben und Ängsten spielen kulturelle Gepflogenheiten, schichtspezifische Einflüsse, berufliche Position und ökonomische Verhältnisse eine große Rolle. Bedeutsamer noch sind die Kategorien des Denkens und Fühlens, ihre Intensität und Extensität, die in einem bestimmten Familiensystem zugelassen werden können. Entscheidend ist die Anteilnahme der Mitglieder untereinander, das Ausmaß an Kontrolle bzw. Spontaneität, Vielfalt und Größe der

Handlungs- und Erfahrungsbereiche (geographischer, technischer, sozialer und kultureller Art), die ihnen zugänglich sind. Besondere Bedeutung trägt in diesem Kontext die moralische Bewertung von Handlungen (vgl. Kap. 3.2); rigide moralische Normen bilden eine Art Zensur, die von der Exploration eigener Gedanken und Impulse und der fremder Terrains abhält, damit aber auch die Möglichkeit neuer Erfahrungen und unkonventioneller Wege beschneidet. Andererseits haben Grenzen aber auch Entlastungsfunktion, insofern innerfamiliale Rücksichten und Verpflichtungen Kinder wie Erwachsene vor Zumutungen von außen schützen können.

e) *Biosoziale Problembereiche*; ein wesentliches Charakteristikum der Kernfamilie besteht darin, daß sie von zwei Personen unterschiedlichen Geschlechts gegründet werden muß. Von daher sind Fragen der Geschlechtszugehörigkeit, der legitimen und erwünschten Unterschiede zwischen den Geschlechtern, ihrer Rechte und Pflichten in jeder Familie von zentralem Interesse. Sie werden zwar von kulturellen Standards geprägt, aber dennoch in allen Familien auf höchst spezifische Weise geregelt. Für die psychosexuelle Entwicklung von Kindern sind nach allen bisherigen Erfahrungen klare maskuline bzw. feminine Verhaltensmodelle zwar wichtig, müssen aber „durch ein quasi übergreifendes Beziehungsmuster" (*Siegert* 1977, S. 21) integriert werden, das die Eltern vorleben müssen, um fragmentierte, stereotype Geschlechtsrollenorientierungen zu vermeiden. In jedem Falle sind Familien gezwungen, sich zu Problemen der Kindheit, des Alters, zu Krankheit und Tod zu stellen. In diesem Kontext sind die für eine Familie typischen Vorstellungen von Wachstum, Entwicklung und ihre vorherrschenden Zeitperspektiven ausschlaggebend. Eltern können ihre Kinder, wie *Hess & Handel* (1980) betonen, durch ihre Kinderjahre hetzen, sie ermutigen oder hemmen. Der Prozeß des Erwachsen-Werdens kann mechanistisch oder als äußerst verwickelter Vorgang begriffen, die Differenz zwischen Kindern und Erwachsenen als gering oder sehr groß angesehen werden. Über die vorherrschende Haltung zu diesen Fragen werden innerhalb von Familien Beziehungsmuster etabliert und Bereiche abgesteckt, die z.B. jeweils den Kindern oder Erwachsenen gehören oder nur den männlichen oder weiblichen Mitgliedern vorbehalten sind. Für diese Vorgänge spielen Autoritätsstrukturen und häufig verdeckt, dennoch einflußreich, die realen ökonomischen Machtverhältnisse in einer Familie eine große Rolle. Trotz des Hinweises auf objektive Bedingungsfaktoren für die familiale Machtverteilung ist es wichtig zu sehen, daß menschliche Beziehungen immer Ergebnis einer komplexen Beziehungsdialektik sind. Die Herstellung eines Konsensus oder einer tragfähigen Balance in den verschiedenen Problembereichen ist kein einmaliger Vorgang, sondern ein permanenter Prozeß, an dem alle Beteiligten, wenngleich überwiegend unbewußt, höchst aktiv sind. Dies wird immer dann besonders deutlich, wenn sich ein übereinstimmend als „schwach" oder „problembeladen" etikettierter Partner aus eigener Kraft aus seiner Lage zu befreien sucht. Die hilflosen bis panischen Reaktionen des anderen zeigen dann gewöhnlich, wieviel dieser bis dahin zum status quo der Beziehung beigetragen hatte und wie sehr er häufig auf die Hilflosigkeit und Abhängigkeit des Partners zur Erhaltung seines eigenen Selbstgefühls angewiesen ist. Demonstrationen von Schwäche dagegen dienen nicht selten dazu, sich eigene Anstrengung zu ersparen oder den realen Einfluß auf die Gestaltung einer Beziehung zu verleugnen.

Im folgenden werden aus der Vielfalt möglicher und gleichermaßen plausibler Perspektiven auf familiale Konfliktlösungsmuster (*Reiter* 1983) geschlechtsspezifische Strategien in Abhängigkeit von sozialer Schichtzugehörigkeit detaillierter erörtert. Beide Dimensionen haben mit der Ausdifferenzierung moderner Familienformen erst ihre bekannte, eigentümliche Prägung erhalten und wirken gleichzeitig in spezifischer Weise auf sie zurück.

5.4 Geschlechtsspezifische Positionen in Ehe und Familie

Bott (1972) hat die Unterscheidung von zwei Arten ehelicher Beziehungstypen eingeführt, die man als Extreme eines Kontinuums betrachten kann; sie unterscheidet die „partnerschaftliche" oder „verbundene" (joint) von der „segregierten" ehelichen Rollenbeziehung, wobei erstere idealtypisch der Mittelschicht, letztere der Unterschicht zuzuordnen ist (zur Problematik von Schichtkonzepten s. u. S. 165). Beide sind durch ein für sie spezifisches soziostrukturelles Umfeld gekennzeichnet. Die partnerschaftliche Beziehung geht parallel mit einem locker verknüpften Sozialgefüge, in dem die Ehepartner zwar nicht isoliert sind, jedoch distanzierte Beziehungen zu unverbundenen anderen Gruppen und Individuen haben. Die Partner in einer segregierten Ehebeziehung dagegen sind eingebunden in einen engen, homogenen Sozialverband, in dem allerdings die Männer vorwiegend Beziehungen zu gleichaltrigen Freunden, die Frauen zum weiteren Familienkreis pflegen.

Die von *Bott* beschriebenen Familienkonstellationen werden vor allem mit den Arbeitsanforderungen in Zusammenhang gebracht, die von einem oder mehreren Familienmitgliedern erfüllt werden müssen. Angenommen wird „eine Isomorphie von Handlungsschemata, Konfliktlagen und Problemlösungen in beiden Rollenbereichen", dem familialen und dem beruflichen. „Dabei ist zu vermuten, daß Interaktionsmuster und Kommunikationsstile am Arbeitsplatz in Einstellungssyndrome transformiert werden, die dann das Handeln innerhalb des familialen Kontextes leiten" (*Siegert* 1977, S. 71). Arbeitserfahrungen, die sich durch eine inferiore Position, rigide Arbeitsteilung und -zuweisung, wenig individuelle Entscheidungsfreiheit und Autonomie, Konfliktlösungen vorwiegend durch Rückzug in das Kollegensystem auszeichnen, führen dann auch zu hoch standardisierten, kollektiv verbindlichen Verhaltensnormen in der Familie und wirken so den Unsicherheiten diffuser Rollenbeziehungen entgegen. Favorisiert werden Konfliktlösungsstrategien, die „keine Diskussion" notwendig machen, wie im Falle starrer Rollenzuweisungen und eher induktiver Strategien, wo aufgrund einer einseitigen Entscheidung der andere veranlaßt – gezwungen oder verlockt – wird, die komplementäre Rolle zu übernehmen. Arbeitszusammenhänge, die eher in der Mittelschicht zu erwarten sind, beinhalten dagegen oft größere Handlungsspielräume. Sie ermöglichen langfristig planende Interventionen, fordern mehr zur Generierung von eigenständigen Handlungsschemata und interpersonaler Kommunikation auf. Wird Verständigung im segregierten Familientypus durch Festlegung oder „Standardisierung" von Bedeutungen erreicht, so im partnerschaftlichen durch Metakommunikation: Bisher unausgesprochene, aber unsicher gewordene Elemente einer Beziehung – Motive, Gefühle und Interessen, die das Handeln implizit bestimmen – werden selbst zum Gegenstand von Verhandlungen über das gestörte Beziehungsgefüge gemacht. Dabei geht es, wie Siegert betont, weniger um Wahrheitsfindung als um die Wiederherstellung affektiver Solidarität, weil Ehesysteme weder langfristig eindeutige und verbindliche Zielsysteme haben (sondern sich auf jeweils situativ zu erzielenden Konsens stützen müssen), noch umgekehrt, Konsens über ein Problem ein ausreichender Grund für den Fortbestand einer Beziehung ist. Die einmal etablierten Muster wirken auf Strukturflexibilität, Umweltoffenheit und Systemtransparenz, unter einem systemfunktionalistischen Gesichtspunkt (*Neidhardt* 1975) die zentralen Parameter für die Problemlösefähigkeit einer sozialen Gruppe, zurück. Ist das gesellschaftliche Prestige einer Person und ihr effektiver Einfluß gering, erweisen sich ihre Partizipationschancen an außerfamilialen Einrichtungen als begrenzt, verwundert es nicht, wenn sie ihr Engagement von öffentlichen Bereichen abwendet. Diese Erfahrung machen Unterschichtangehörige gehäuft, ihre Konzentration auf die Familie wird dadurch stärker. „Ihr ‚Familismus' ", so Neidhardt, „erweist sich derart als eine Art Abwehrreaktion" (S. 176). Die Isolation nach außen begrenzt zugleich die Themen nach innen und erhöht den Konsensusdruck auf alle Mitglieder, die keine Abweichungen, keine Konflikte, damit auch keine Transparenz der Verhältnisse untereinander mehr dulden können. Die Durchsetzung von Normen wird weitgehend zu einer Frage der innerfamilialen Machtverteilung. Führt diese schließlich zu rigider Rollenaufteilung, verringern sich die Chancen, auf familiale Umstrukturierungsprozesse flexibel reagieren zu können. Dies betrifft in traditional organisierten Familien vorwiegend die Frauen, die, auf ihre Rolle als Hausfrau und Mutter fixiert, genaugenommen ihre Kinder auf den Kindstatus fixieren müssen, um sich selbst „eine sinnvolle Rollenauslastung zu sichern" (S. 182). Zu einem gesellschaftlichen Problem kann diese Situation werden, wenn dadurch ein auf Dauer infantilisierter „neuer" Sozialisationstypus gehäuft auftritt, der den erhöhten Anforderungen an persönliche Stabilität unter allgemein entwicklungshemmenden gesellschaftlichen Zuständen immer weniger gewachsen ist (vgl. *Bohleber & Leuzinger* 1981). Neidhardt hält diesen Mangel an Strukturflexibilität zugleich „für das gegenwärtig allgemeinste Problem familialer Sozialisation". Es ist offensichtlich auch das im wenigsten schichtspezifisch begrenzte.

Hinweise auf geschlechtsspezifische Unterschiede in den familialen Problemlösemustern, die mit sozialisatorischen und ehelichen Erfahrungen von Frauen und Männern in Zusammenhang gesehen werden müssen, gibt die Untersuchung von *Beckmann* (1979). Er differenziert nach psychoanalytischen Kriterien zwischen dem „realen" Selbstbild und dem „idealen" Selbstbild einer Person. Beide Bilder werden in der ödipalen Konfliktsituation (vgl. S. 91 f.) entwickelt und spielen auch in späteren, intimen Beziehungen wieder verstärkt eine Rolle: So unterscheiden sich Menschen im Hinblick auf die Diskrepanz, die sie zwischen ihrem alltäglichen Bild von sich und ihrem idealen Selbstbild erleben und ertragen können. An den Extremen lassen sich zwei Positionen erkennen: „Der *Narzißt* unterscheidet nicht zwischen seinen persönlichen Idealen und seiner seelischen Wirklichkeit, da er sich selbst für ideal hält. Der *Depressive* macht einen deutlichen Unterschied zwischen dem Ideal und dem Selbst und leidet an dieser Differenz" (S. 170). Empirisch zeigt sich, daß eine große Zahl der Frauen mehr die depressive, Männer dagegen eher die narzißtische Position einnehmen. Treten zwei Personen mit komplementären Positionen in Interaktion, verstärken sie ihre Grundpositionen häufig wechselseitig, indem sie dem anderen zuschreiben, was sie selbst abwehren oder verleugnen müssen, um ihre Identität zu retten: Der Narzißt kann keine negativen Persönlichkeitsaspekte an sich ertragen und projiziert sie deshalb auf den anderen; der Depressive, der unter seinem unerreichbaren Ideal leidet, findet dieses in der Identifikation mit dem Narzißten. Dadurch entsteht jedoch manifest eine einseitige Abhängigkeit des Depressiven von seinem narzißtischen Partner, trifft also häufiger die Frauen, denn identifikatorische Prozesse sind im Gegensatz zu projektiven an konkrete Personen gebunden. Die Mutter gibt dieses Problem nicht selten an die Tochter weiter, denn da sie „in der depressiven Position ist, gibt sie dem Mädchen durch Identifikation den Konflikt zwischen Ideal- und Selbstbild mit, daß es nicht dem idealen Menschen entspricht, während sie selbst den Jungen idealisiert." (S. 173) Der männliche Narzißmus kann sich also ungebrochen entfalten. Beckmann bringt diese Ergebnisse in Zusammenhang mit den traditionellen gesellschaftlichen Aufgaben und den durch das bürgerliche Familienideal diktierten Verhaltensnormen für Mann und Frau. Entscheidend ist jedoch sein Befund, daß das Ideal beider Geschlechter „männlich" ist, also auch das der Frauen ausgeprägt männliche Züge aufweist. Der „ideale" Mensch in unserer Gesellschaft ist demnach aktiv planend, expansiv und aggressiv gegen andere – während reaktivpassives

Handeln, insbesondere intelligente einfühlsame Reaktionen und passives Genießen entwertet werden. Das tyrannische, einseitig männlich dominierte Persönlichkeitsideal gerät allerdings beiden Geschlechtern langfristig zur Bürde. Frauen, die ihm nicht entsprechen können, verharren in ihrem melancholischen, empfindungsarmen und passiven Zustand oder reagieren auf eine ihrem Erleben nach unausweichlich aggressive Situation durch resignativen Rückzug. Männer müssen unter den aktuellen gesellschaftlichen Bedingungen zunehmend erfahren, daß nicht alle Lebenslagen durch offensives Verhalten zu meistern, nicht alle Ziele durch aktive Planung erreichbar sind. Ihrer vertrauten Erfolgsstrategien beraubt, stellt sich bei ihnen in einer solchen Situation zwangsläufig ein Gefühl von Ausgeliefertsein und massive Lebensangst ein. Es scheint zwar, daß sich das Selbstkonzept von Männern, mehr als das von Frauen, in den letzten Jahren in Richtung größerer Akzeptanz „weiblicher" Merkmale verschoben hat (*Beckmann* 1979, S. 176). Trotzdem bleibt eine Diskrepanz zwischen individuellen Idealen und gesellschaftlichen Möglichkeiten, die den Individuen hohe Kosten, im Sinne höherer Anfälligkeit für psychische und psychosomatische Krankheiten, verursacht. Das einseitige Ideal belastet auch die Beziehung zwischen den Geschlechtern, weil ein befriedigender Austausch von einem ausgewogenen Verhältnis von Passivität *und* Aktivität auf beiden Seiten abhängt. Darüber hinaus erscheint durchaus fragwürdig, inwieweit das angestrebte Ideal für produktive und kreative Leistungen im Arbeitsbereich tatsächlich tauglich ist.

5.5 Schichtspezifische familiäre Sozialisationsbedingungen

Trotz des zunehmenden Einflusses moderner Massenmedien, gesellschaftlicher Bildungs- und (Re)Sozialisierungsinstitutionen, beginnt die Entwicklung einer Persönlichkeit unbestritten mit den frühen familiären Beziehungen und Erfahrungen. Die Untersuchungen von *Spitz* (1973, 1974) und *Bowlby* (1973) in den 40er Jahren lenkten die Aufmerksamkeit insbesondere auf die Folgen einer allzu frühen Trennung der Kinder von ihren Müttern. Unter dem Begriff des Hospitalismus faßten sie eine Folge dramatischer Reaktionen zusammen und zogen den Schluß, daß ein Mangel an mütterlicher Zuwendung zu massiven Störungen im affektiven Erleben und darüber hinaus zu umfassenden Entwicklungshemmungen führt. Das traditionelle Familienideal, d.h. die permanente Verfügbarkeit der Mütter, schien damit nicht nur gerechtfertigt, sondern für das Wohl der Kinder geradezu lebensnotwendig.

In besonders krassen Gegensatz zu dieser Position haben sich die antiautoritäre und Kommunebewegung in den 60er und 70er Jahren gestellt. Sie haben die Selbstverständlichkeit der Familie in ihrer gegenwärtigen Form gerade im Hinblick auf ihre Sozialisationsfunktion radikal und nachhaltig in Zweifel gezogen. Ihre Kritik setzt an der sozialen Mittlerfunktion der Familie für die Gesellschaft an. Die Familie wird beschuldigt, durch ihre Enge und Isoliertheit, die Festlegung ihrer Mitglieder auf Rollen statt freier Entfaltungsmöglichkeiten, ihre soziale Kontroll- und Disziplinierungsfunktion und die Errichtung (vorwiegend sexueller) Tabus (*Cooper* 1972) die Sozialstrukturen anderer gesellschaftlicher Institutionen (Schulen, Fabriken, „totale" Institutionen) der Form nach zu antizipieren. Ihre Funktion besteht aus dieser Perspektive darin, frühzeitig an etablierte, autoritäre, Individualität und Kreativität unterdrückende Gesellschaftsstrukturen anzupassen, und damit deren Veränderung zu verhindern. Deshalb werden ihr kollektive Lebens- und Arbeitsformen (Wohngemeinschaften, Kommunen), die von kleinfamilialer Isolierung, Arbeitsteilung und ökonomischen, insbesondere Konsumzwängen partiell entlasten, entgegengesetzt. Von ihnen verspricht man sich individuell Befreiung aus eingefahrenen geschlechtsspezifischen Verhaltensmustern und politische Bewußtseinsbildung durch die Erfahrung neuer Formen der Vergemeinschaftung. Die aktive Teilnahme der Kinder an diesem Prozeß (Kinderladenbewegung), schließt zugleich die Möglichkeit veränderter Sozialisationserfahrungen der Kleinen ein.

Liegle (1979) weist darauf hin, daß Familien- und Kollektiverziehung jedoch nicht als völlig gegensätzliche Alternativen betrachtet werden können. Internationale Erfahrungen, vor allem aus den sozialistischen Gesellschaften Osteuropas und den israelischen Kibbuzim zeigen letztlich, daß „kollektivistische" Gesellschaften auf die Sozialisationsleistungen der Familie nicht verzichten können. Die Kernfamilie bleibt auch dort das bedeutendste Bezugssystem der Kinder. Zudem heben isolierte kollektive Lebensbereiche das antagonistische Verhältnis zwischen den angestrebten egalitären, vertrauensvollen Gemeinschaften und der hochorganisierten industriellen Gesellschaft nicht auf. Sie leisten gerade das nicht, was eigentlich ihr Ziel ist, nämlich Aufdeckung und Aufhebung dieses Grundwiderspruchs. Sie können allenfalls Modelle liefern und eine individuelle Alternative bieten.

Was die Sozialisation von Kindern betrifft, sind Extrempositionen nicht haltbar. Zu Hospitalismusschäden kommt es nach neueren Untersuchungen nur unter extremer, doppelter Deprivation, dann, wenn Kinder in frühem Alter, ganz besonders zwischen dem 6. und 12. Lebensmonat, für mehr als drei Monate von ihrer primären Bezugsperson (die nicht unbedingt die biologische Mutter sein muß) getrennt und zugleich in eine sehr reizarme Umgebung gebracht werden, also unter einer „Objektdeprivation" und einer „Anregungsdeprivation" leiden. Unter günstigen Bedingungen, d.h. wenn kleine Gruppen eingerichtet sind, eine kontinuierliche, intensive, warme Beziehung zu einer erwachsenen Bezugsperson hergestellt werden kann und die Anregungen in der Umgebung reichhaltig sind, können sich Kinder durchaus auch in Kollektiven oder ganz traditionellen Heimen positiv entwickeln. Das sogenannte „multiple mothering", die Betreuung eines Kindes durch mehrere warmherzige Bezugspersonen (Frauen oder Männer), sofern die anderen Bedingungen gegeben sind und keine widersprüchlichen Erziehungsziele verfolgt werden, kann durchaus positiv wirken, vor allem in der Phase des Übergangs von der familialen Frühsozialisation zur institutionalisierten Vorschul- und Schulerziehung. Damit verbunden ist zumeist der frühe Kontakt zu Kindern gleichen Alters, was ein zusätzlich anregender Sozialisationsfaktor ist. Insbesondere interkulturelle Studien (*Mead* 1954) und Kibbuzim-Beobachtungen bestätigen, daß solche „gemischten" Sozialisationserfahrungen die Eingliederung eines Kindes in eine Kultur erheblich erleichtern. Fragt man nach optimalen Sozialisationsbedingungen für ein Kind, so können bei differenzierter Betrachtung sowohl kollektive Erziehungsformen als auch Familien gut bzw. schlecht abschneiden, je nachdem wie die *konkreten* Lebensbedingungen gestaltet sind.

Über die Familie im Unterschied zur kollektiven Sozialisation gibt es mittlerweile umfangreiche Forschungen. Vor allem das affektive Erziehungsklima, die kognitiven Anregungsbedingungen und einzelne Erziehungspraktiken wurden im Detail untersucht, um intra- und interkulturell unterschiedliche Erziehungsstile und -folgen abzugrenzen (Überblick: *Schneewind &*

Herrmann 1977a, *Hdb. der Sozialisationsforschung* 1980). In diesen Arbeiten nehmen klassen- und schichtspezifische Ansätze einen großen Raum ein, einerseits aus der plausiblen Überlegung, daß der sozioökonomische Status der Eltern und ihr damit verbundener Lebensstil ihre Erziehungsmaximen und -praktiken entscheidend prägt, andererseits aber vielfach auch mit dem Ziel, unter dem Deckmantel wissenschaftlicher Objektivität und Neutralität Belege für die Überlegenheit mittelschichtspezifischer Normen und Standards zu sammeln. Damit werden implizit Privilegien gerechtfertigt.

Steinkamp (1980) zeigt drei zentrale Probleme dieser Ansätze auf:

a) Die Kriterien für die Bestimmung der sozialen Schicht werden völlig uneinheitlich und größtenteils recht willkürlich gewählt. Nach seiner Analyse gehen die gebräuchlichsten Konzepte zur Bestimmung sozialer Ungleichheit im wesentlichen auf zwei Ansätze zurück: (1) auf die Marxsche Klassentheorie, für die das Kriterium der Lohnabhängigkeit bzw. des Eigentums an Produktionsmitteln entscheidend ist. Dieses Modell spart aber eine „Vielzahl gewichtiger Dimensionen *innerhalb* einer Klasse im Hinblick auf Macht, Besitz, Einkommen, Bildung, berufliche Autonomie, Prestige etc. und den daraus resultierenden Folgen für Bewußtsein und Verhalten" (S. 263) aus. Ihre Berücksichtigung führt schließlich (2) in den modernen Sozialwissenschaften zu einer mehrdimensionalen Bestimmung von sozialer Ungleichheit, deren gebräuchlichste auf einer Klassifikation von Berufen nach Bildungs- und Einkommensmerkmalen beruhen. Damit erhält aber der Prestigeaspekt höheres Gewicht als objektive Klassenmerkmale (Stellung im Produktionsprozeß) und die damit verbundene Verteilung von Lebenschancen.

b) Werden schließlich tatsächlich Kriterien für die hierarchische Differenzierung sozialer Ungleichheit festgelegt, stellt sich die Frage, wo die horizontalen Einschnitte zur sinnvollen Abgrenzung diskreter Schichten festzulegen sind. Vertritt man wie Steinkamp die These, daß die gesellschaftliche Ungleichheitshierarchie besser in einem Kontinuum abgebildet werden kann, bietet sich an, auf starre Klassen- und Schichtkonzepte völlig zu verzichten und statt dessen die konkreten familialen Lebensbedingungen genauer zu beschreiben. Er diskutiert in diesem Zusammenhang, ohne Anspruch auf Vollständigkeit, fünf komplexe Dimensionen: Berufliche Arbeitsbedingungen, elterliche Bildungserfahrung, ökonomische Situation, Dauer der familiengeschichtlich konsistenten Verankerung in bestimmten sozialen Ungleichgewichtslagen und Sozialprestige.

c) Die relevanten Variablen und das Zusammenwirken der erfaßten strukturellen Merkmale mit dem Erziehungsverhalten der Eltern und speziellen Persönlichkeitsmerkmalen der Kinder wird nur sehr unzureichend thematisiert. Zumeist werden einzelne der willkürlich gewählten Schichtindizes mit entsprechenden Beobachtungen korrelativ verknüpft, doch selten die relevanten Betrachtungsebenen – objektive Lebensbedingungen, interpersonale Beziehungen, Familiensystem und die individuelle Merkmalsausprägung – zueinander in Beziehung gesetzt und in ihrer wechselseitigen Abhängigkeit betrachtet (Mehrebenenanalyse vgl. Kap. 2.2.2).

Begnügt man sich mit einer relativ groben Schichteinteilung nach den angeführten Kriterien, so lassen sich in der Sozialisationsforschung einige relativ gut abgesicherte Tendenzen erkennen, wobei jedoch immer in Erinnerung bleiben muß, daß diese, wie die zugrundeliegenden Bedingungen auch, einem permanenten Veränderungsprozeß unterliegen. Schon während seiner klassischen Längsschnittstudie über einen Zeitraum von 30 Jahren hatte *Bronfenbrenner* (1958) deutliche Veränderungen im Erziehungsverhalten der Schichten festgestellt. Von 1930 bis etwa zum Zweiten Weltkrieg behandelten nach seinen Beobachtungen Mittelschichtmütter ihre Kinder sehr viel strenger und kontrollierender – besonders im Hinblick auf Ernährung, Entwöhnung und Sauberkeit – als Mütter der Unterschicht. Danach glichen sich die Erziehungskonzeptionen langsam an, bis sich die Verhältnisse tendenziell sogar umkehrten. Auch nach neueren Untersuchungen (*Steinkamp* 1980) zeigen sich Unterschichtmütter rigider als Mittelschichtmütter. Das findet seinen deutlichsten Ausdruck in qualitativ unterschiedlichen Disziplinierungstechniken: In der Unterschicht herrschen Befehl, Gehorsam und körperliche Züchtigung bei Widerstand vor, während in der Mittelschicht mehr begründet und argumentiert, im übrigen mit sozialem Ausschluß und Liebesverlust gedroht wird, wenn entsprechende Appelle nicht wirken. Bestraft werden in der Unterschicht zudem vor allem unmittelbar sichtbare Folgen von Handlungen, in der Mittelschicht dagegen vermutete Absichten und Motive. *Bernsteins* (1972) Untersuchungen zu innerfamilialen Kommunikationsmodi zeigen darüber hinaus, daß Mütter der Mittelschicht typischerweise nicht nur ihre Sanktionsmaßnahmen auf die Verinnerlichung moralischer Normen ausrichten, sondern permanent in verbalem Kontakt mit ihren Kindern stehen, indem sie ihre Gefühle, Absichten und Handlungen beschreiben, während Mütter der Unterschicht eher kommentarlos handeln und ihre Gefühle auf spontane, körperliche Weise zeigen. Bernstein unterscheidet aufgrund dieser Beobachtungen zwischen status- und personorientierten Verhaltensmustern, die ihren sprachlichen Niederschlag im sogenannten „restringierten" bzw. „elaborierten" Code finden (*Milhoffer* 1973). Beide Codes können aufgrund typischer Merkmale zwar als diskrete Klassen beschrieben werden, dürften in der Realität aber Extreme eines Kontinuums sein. Die – an Mittelschichtsstandards gemessen – restriktiven Ausdrucksformen im Proletariat sind durch einen geringen Wortschatz und eine wenig differenzierte Syntax gekennzeichnet; einfache kurze Sätze, Befehle und Fragen herrschen vor, zwischen Feststellung, Begründung und Schlußfolgerung wird oft kein Unterschied gemacht. Dagegen ist der elaborierte Code durch sehr viel komplexere Satzkonstruktionen bestimmt, in denen durch differenzierten Gebrauch von Konjunktionen, Präpositionen und Nebensätzen logische Beziehungen verdeutlicht und subjektive Absichten besonders gut erläutert werden können. Beides Codes erfüllen unterschiedliche, ihren Zwecken aber durchaus angemessene Funktionen: Der restringierte Code ist umso wahrscheinlicher, je enger die Identifikation der Sprecher und je größer der Bereich gemeinsamer Interessen faktisch ist oder als wünschenswert vorausgesetzt wird (*Medick & Sabean* 1984). In einem solchen Kontext fehlt verständlicherweise das Interesse, höchst individuelle Eindrücke und Absichten zuzulassen und verbal zu explizieren. Persönliche Abweichungen und Variationen stellen weniger eine Bereicherung als eine Bedrohung der notwendigen affektiven Solidarität dar, die gerade unter wenig privilegierten und planbaren Lebensbedingungen für alle existentiell ist. Demgegenüber dient der elaborierte Code der Mittelklasse der Individualisierung sowohl der Einzelperson wie der sozialen Beziehungen und der Spezifizierung von Bedeutungen. Ein solcher Sprachstil wird in der Literatur als Bedingung für den Erwerb von Rollendistanz und Reflexivität angesehen. Diese Qualitäten können allerdings erst dann wirklich zum Tragen kommen, wenn ein größerer individueller Planungs- und Entfaltungsspielraum, wie er üblicherweise eher den privilegierten Schichten zur Verfügung steht, vorhanden ist. Dem entspricht, daß auch die dominanten Erziehungsziele in den verschiedenen Schichten variieren. Je höher die soziale Schicht, desto häufiger werden Selbständigkeit, Übernahme persönlicher Verantwortung und (Schul-)Erfolg als wichtigste Ziele genannt, während in den unteren Schichten vor allem auf Konformität und die Erhaltung sozialer Normen geachtet wird.

Die geschilderten Unterschiede sind nach übereinstimmendem wissenschaftlichem Urteil zwar ihrer Tendenz nach eindeutig, aber, bei relativ hoher schichtinterner Streuung, nur gering ausgeprägt. Da sich seit Ende der 60er Jahre ein weniger autoritäres Erziehungsideal herausgebildet hat, mögen auch die verwendeten Befragungsmethoden der Untersuchungen zur Polarisierung beigetragen haben. Mehr Aufschluß über das Problem schichtspezifischer Erziehung wird vor allem durch teilnehmende Beobachtung zu gewinnen sein; hinzukommen sollte eine qualitativ differenzierte Erfassung der beruflichen Arbeitsanforderungen und der historischen Genese der spezifischen Sozialisationskonzepte (vgl. Kap. 4).

In den Ansätzen zur schichtspezifischen Sozialisation erscheinen die Eltern oftmals voneinander isoliert und recht einseitig als „Agenten" gesellschaftlicher Verhältnisse. Die Aufrechterhaltung des familialen Systems als Ergebnis einer komplexen, innerfamilialen Dynamik, an der spezifische intra- und interpersonelle Bewältigungsmechanismen beteiligt sind, gerät darin oft völlig aus dem Blick. Die soziostrukturellen Bedingungen familialer Sozialisation liefern wohl den Rahmen, innerhalb dessen bestimmte Normen des Zusammenlebens – u.a. für Autorität, Leistung, Sexualität – bewußtseinsfähig tradiert werden, doch bestimmen auch *unbewußte* Konstellationen von elterlichen Wünschen und Idealen die Verhaltensanforderungen an ein Kind. Ebenso wie sich die Partner oft wechselseitig zur psychischen Stabilisierung ihrer Bedürfnishaushalte und Selbstwertkonflikte (miß)brauchen, richten sie auch ein Bündel von Erwartungen an ihr Kind, das ihren unbewußten Phantasien entstammt. Sie weisen ihm damit im Familiengefüge eine bestimmte Funktion zu, die allgemein darin besteht, die Eltern von eigenen, unbewältigten Konflikten und Spannungen zu entlasten. *Richter* (1983, S. 75 ff.) unterscheidet zwei Prozesse, die empathische Fürsorge trüben: In der „*Übertragung*“ werden dem eigenen Kind Gefühle entgegengebracht, die eigentlich Wiederholungen anderer Beziehungen sind. Das Kind fungiert dann als Substitut für einen Beziehungspartner – das kann eine Elternfigur, eines der Geschwister oder auch der eigene Ehepartner sein – und wird durch unausgesprochene Erwartungen dazu gedrängt, die ihm angetragene Rolle auszufüllen. Die Konflikte aus den früheren Beziehungen, einschließlich der damit verbundenen Emotionen – z. B. die Rivalität zu einem der Geschwister oder ein unerfülltes Bedürfnis nach Nähe zum Partner – leben in der aktuellen Beziehung zum Kind wieder auf.

Demgegenüber werden durch „*narzißtische Projektion*“ in einem Kind Merkmale und Intentionen lokalisiert, die in Wirklichkeit den eigenen inneren Konflikten entstammen. Die Eltern verwechseln es gewissermaßen mit einem Aspekt des eigenen Selbst. Es kann sich um ein globales Abbild, ein Substitut des idealen Selbst oder ein Moment der eigenen negativen Identität handeln; Aufgabe des Kindes ist es entweder, die Eltern durch Erfolg für Fehlschläge zu entschädigen oder umgekehrt, in der Rolle des Sündenbockes von Schuldgefühlen zu entlasten. Verselbständigt sich dieser Prozeß über die Ablösungsphase des Adoleszenten vom Elternhaus hinaus, spricht *Stierlin* (1978) von „Delegation“. Der Jugendliche wird quasi „an langer Leine“ (S. 24) ausgesandt, bestimmte Wünsche seiner Eltern zu erfüllen. Mit dieser Betrachtungsweise lassen sich oftmals innerfamiliale Probleme deuten, die ein starres Schichtkonzept nicht mehr erfassen kann. Als Beispiel mag ein Vater gelten, der durch ein großes Maß an Disziplin und Triebverzicht eine hohe Position erreicht, seine unterdrückten regressiven und aggressiven Impulse jedoch unbewußt an seinen Sohn delegiert. Dessen Ausschweifungen oder kriminelle Aktionen wird er verurteilen, dennoch heimlich und mit Lust an ihnen partizipieren, während ihm der gesamte Vorgang vollkommen unverständlich bleibt. Ein Delegationsprozeß kann auch entgleisen, nämlich dann, wenn widersprüchliche Erwartungen gestellt werden, z. B. „der Sohn der lasterhafte Lieferant für lustvolle Erregungen und zugleich ein tugendhafter Student sein soll“ (S. 25), oder die Mission des einen Elternteils zu Loyalitätskonflikten mit dem anderen führt. *Ottomeyer* (1977) vermutet, daß es die praktische Bedeutungs- und Funktionslosigkeit der Kinder in der Familie unter kapitalistischen Verhältnissen sein könnte, die die Erwartungen an sie willkürlich und zufällig machen und sie zugleich zu „nur noch psychologisch motivierten Konstruktionen verdünnen" (S. 187).

ZUR VERTIEFUNG

Fragen und Probleme

1. Aus historischer Betrachtung der Veränderung von Familienformen wird deutlich, daß bestimmte moderne Errungenschaften sich erst mit beginnender Industrialisierung durchsetzen: z.B. die Trennung von Arbeits- und Wohnbereich, damit von Öffentlichkeit und Privatheit; Liebe als wesentliches, verbindendes Element zwischen Ehepartnern; Kindheit als ausgegrenzter Lebensabschnitt ... . Seit dem Ende der 60er Jahre wird nun zunehmend ein Unbehagen am Ideal der bürgerlichen Familie artikuliert und versucht, alternative Formen des Zusammenlebens zu entwickeln.
   Überlegen Sie, welche positiven und negativen Folgen des damaligen Umbruchs für uns heute noch relevant sind und wagen Sie eine Prognose über die weitere Entwicklung moderner Wohn- und Lebensformen. (Vgl. auch *Schülein* 1978).

2. Untersuchungen zur Leistungsmotivation befassen sich mit der Fähigkeit und Bereitschaft, (beliebige) Handlungsprobleme leistungsbezogen wahrzunehmen und zu lösen. In den westlichen personen- und wettbewerbsorientierten Industriegesellschaften (und ihren Wissenschaften) gilt es als ideal, wenn ein Individuum in der Lage ist, sich selbst ambitionierte, aber erreichbare Ziele zu setzen, sie beharrlich und autonom zu verfolgen und sowohl Erfolge wie Mißerfolge stabil der eigenen Person zuzuschreiben. Empirische Untersuchungen zeigen jedoch starke schicht- und geschlechtsspezifische Differenzen in der Ausbildung von Leistungsmotivation (*Schorb* 1976, *Condry & Dyer* 1976): Zum einen nimmt sie mit steigender Sozialschicht zu; zum anderen schreiben Frauen ihre Erfolge im Gegensatz zu Männern häufig nur dem „Glück" oder „Zufall" zu und haben, unabhängig von persönlichen Versagensängsten, sogar „Furcht vor Erfolg".

(a) Beschreiben und bewerten Sie Sozialisationsbedingungen, die zu einer hohen Leistungsmotivation führen könnten.
(b) Erklären Sie die schicht- und geschlechtsspezifischen Differenzen aufgrund Ihrer Kenntnis zugrundeliegender sozialisatorischer und gesellschaftlicher Einflüsse.
(c) Welche Veränderungen erwarten Sie für die nahe Zukunft?

3. In diesem Kapitel wurde Beckmanns Untersuchung zu typisch weiblichen bzw. männlichen Abwehrstrategien – Folge einer großen bzw. kleinen Diskrepanz zwischen Selbstbild und Ich-Ideal – erörtert (s. o. S. 161): Die *reale* Position von Männern/Vätern in unserer Gesellschaft wird jedoch immer mehr in Frage gestellt. Aus dem einst ökonomisch und politisch mächtigen „pater familias" ist der „abwesende Vater" und heute „entweder ein Despot oder ein Niemand" (*Bopp* 1984, S. 60) geworden. Die ökonomische und soziale Verunsicherung durch die Massenarbeitslosigkeit und die nicht ganz erfolglosen Emanzipationsversuche von Frauen könnten diese Tendenz in Zukunft noch verschärfen.
Welche Auswirkungen erwarten Sie von dieser Diskrepanz (ideale psychische Position, real entwertete Position der Männer) auf die anderen Familienmitglieder und Struktur und Inhalt familialer Konflikte.

4. Erikson hat in seinem Lebenslaufmodell acht verschiedene Phasen unterschieden, in denen sich jeweils alterstypische Bedürfnisse, soziale Anforderungen und Problemlagen zu psychosozialen Krisen verdichten, die im individuellen Falle unterschiedlich dramatisch erfahren und unterschiedlich befriedigend gelöst werden können.
(a) Rekapitulieren Sie den Ablauf der Phasen aufgrund Ihrer eigenen Lebensgeschichte.
(b) Versuchen Sie Ihre aktuelle Situation einzuordnen und sich Auskunft darüber zu geben, inwieweit Sie spätere Stadien voraussehen können und sie schon jetzt in Ihrer Zukunftsplanung berücksichtigt haben.

5. In einer Studie über den Zusammenhang von familialen Erfahrungen und sozialen Handlungsstrategien in Institutionen unterscheidet *Steinert* (1972) zwei grundsätzliche Haltungen: Angepaßtheit und Distanzierung. Beide können sich aus sehr

verschiedenen Anspruchs- und Konfliktlagen entwickeln: Angepaßtheit aufgrund eigener Leistungsorientierung oder als Folge der beim Übergang Familie – Organisation erzwungenen Selbständigkeit. Distanzierung aufgrund der durch bürokratische Organisation unterdrückten Selbständigkeitsbestrebungen oder durch frustrierte Verwöhnungserwartungen. Steinert geht davon aus, daß Familien die Interaktionsmodelle bieten und die Strategien lehren, die in späteren (auch institutionellen) Konfliktsituationen wirksam bleiben (vgl. *Mentzos* 1977).
Beschreiben Sie, welche familialen Erfahrungen zur Strategie der Anpassung bzw. Distanzierung führen könnten.

Literatur

Rosenbaum, H., 1982. Formen der Familie. Untersuchungen zum Zusammenhang von Familienverhältnissen, Sozialstruktur und sozialem Wandel in der deutschen Gesellschaft des 19. Jahrhunderts. Frankfurt am Main: Suhrkamp.
Materialreiche und anschauliche Beschreibung der Veränderungen familialen Lebens mit zunehmender Industrialisierung. Themenschwerpunkte: Heiratsrituale; Ehebeziehung, Sexualität und Arbeitsteilung; Bedeutung der Kinder.

Kittler, J., 1980. Hausarbeit. Zur Geschichte einer „Natur-Ressource". München: Frauenoffensive.
Kritische Studie zum vernachlässigten Problem unbezahlter Frauenarbeit im Kapitalismus und der Betrachtung von Frauen als „Natur"-Gratisproduktivkräfte. Plädoyer für eine umfassende Politisierung des „Privaten".

Siegert, M. T., 1977. Strukturbedingungen von Familienkonflikten. Frankfurt am Main: Suhrkamp.
Komprimierte, dennoch differenzierte Einführung in die systemtheoretische Betrachtungsweise von Familie. Verlangt Grundkenntnisse in systemtheoretischer Terminologie.

Richter, H. E., 1983[3]. Eltern, Kind und Neurose. Die Rolle des Kindes in der Familie. Reinbek: Rowohlt.
Psychoanalytisch orientierter Klassiker zum Problem neurotischer Eltern-Kind-Interaktionen. Durch viele illustrative Fallbeispiele gut zu lesen.

6. Sozialisationsdruck sozioökonomischer Verhältnisse

ÜBERBLICK

Sozialisationsprozesse haben eine Doppelfunktion. Sie dienen der generationsbedingten Reproduktion eines bestimmten Gesellschaftssystems und gleichzeitig dem Aufbau der individuellen Handlungsfähigkeit seiner Mitglieder. Beide Funktionen sind vermittelt und können auf vielfältige Weise gleich- oder gegenläufig sein. Bei abstrakter Betrachtung läßt sich für Gesellschaften wie für ihre Mitglieder ein analoges Steuerungsproblem ausmachen: Sie müssen beide eine *Identität* finden und wahren. Dies verlangt ein dynamisches Gleichgewicht, das sie in der Spannung von Veränderungsdruck und Sicherung des gegenwärtigen Zustandes hält. Der mitentscheidende Faktor, der diese Spannung beeinflußt, sind die sozioökonomischen Verhältnisse einer Gesellschaft und die gesellschaftliche Stellung, die soziale Gruppen und Personen in ihnen erreichen. Der Begriff der *Sozioökonomie* kennzeichnet dabei die Probleme und Problemlösungen, die mit der Produktion, Distribution und Konsumtion von knappen materiellen und symbolischen Gütern aufkommen sowie die sozialen und psychischen Folgen, die sie nach sich ziehen. Sozialisationstheoretisch ergibt sich der Fragenkomplex: Welche Auswirkungen haben bestimmte sozioökonomische Bedingungen auf Sozialisationsprozesse; und wie nehmen die Menschen aufgrund ihrer Sozialisationserfahrungen die sozioökonomische Bedingtheit ihres Lebens wahr? Dieser Komplex bedarf der Spezifizierung im Rahmen der allgemeinen sozialisationstheoretischen Formel: *Wer* übernimmt auf welchem gesellschaftlichen *Schauplatz was* von *wem*, über welche *Praktiken* und *psychische Mechanismen* vermittelt, und muß welche kurz- und langfristigen *Konsequenzen* tragen? Die angemessene Berücksichtigung dieser Formel macht es notwendig, Sozialisation als

Interaktions- und Kommunikationsprozeß zu beschreiben, der von *Zielvorstellungen* unterschiedlichen Interesses und unterschiedlichen Reflexionsniveaus geleitet wird. Wie sie sich für die Frage nach dem Zusammenhang von Sozioökonomie und Sozialisationserfahrung konkret ausfüllen läßt, muß offen bleiben. Der Untersuchungsgegenstand ist bislang in der empirischen Psychologie — schichtspezifische Sozialisationsunterschiede vielleicht ausgenommen (vgl. S. 165 f.) — eher vernachlässigt worden. Dies liegt zum einen an seiner Komplexität, zum anderen aber an der psychologischen Tradition, gesellschaftliche Realität „wertfrei" im Laborexperiment abbilden zu wollen, was den realen Gesellschaftszusammenhang zerreißt.

Trotz konzeptueller Schwierigkeiten darf indessen nicht auf eine *systemische* Betrachtung verzichtet werden: Sie verlangt, die bestehenden sozioökonomischen Verhältnisse und die Merkmale kollektiver Sozialisationspraktiken, Lebensstile und Erlebnisweisen so aufeinander zu beziehen, daß funktionale Verbindungen und/oder strukturelle Korrespondenzen sichtbar werden. Um einen dementsprechenden Eindruck zu vermitteln, sei zunächst ein Modellfall aus der ethnologischen Forschung vorgestellt, denn Stammesgesellschaften weisen vielfach eine für uns zwar fremde, aber dennoch überschaubare Organisation auf. Der ausgewählte Fall soll zeigen, wie sehr die Herausbildung verschiedener psychischer Merkmale mit den gegebenen sozioökonomischen Verhältnissen — konzentriert auf Besitz — abgestimmt ist. Anschließend werden in zwei Abschnitten psychologische Untersuchungen diskutiert, die sich mit der Sozialisation des (Geld-)Besitzdenkens in bürgerlich-kapitalistischen Gesellschaften befaßt haben. Sie geben einen exemplarischen Eindruck, auf welche Weise die empirische Psychologie dieses Thema für das Kindes- und Jugendalter angeht. Obgleich die Diskussion der Untersuchungen darauf abstellt, einzelne theoretische Bausteine zu finden, erweist sich dieser induktive Weg als wenig brauchbar, um zu systemischen Beschreibungen zu kommen. Deshalb versucht der letzte Abschnitt, Aspekte eines theoretischen Rahmens vorzustellen, der die psychologische Relevanz des Themas (Geld-)Besitz für die Sozialisationsforschung gesellschaftstheoretisch zu begründen versucht. Diese Überlegungen sind absichtlich pointiert formuliert, um Raum für Kontroversen zu geben.

6.1 Besitz, Angst und Geborgenheit bei den Trukesen

Die Trukesen (*Renggli* 1974, S. 200–240) sind ein Inselvolk, das nord-östlich von Neuguinea im Pazifischen Ozean lebt. Obwohl christlich missioniert und abwechsend spanischer, deutscher und amerikanischer Kolonialherrschaft unterworfen, haben sie sich doch – wenigstens bis zum Beobachtungszeitpunkt 1950 – viel von ihren gesellschaftlichen Eigentümlichkeiten bewahren können. Das Zentrum ihres Lebens ist der Clan, eine Art Großfamilie aus ca. achtzehn Mitgliedern, die sich alle als Geschwister betrachten. Seine Zusammensetzung erfolgt matrilinear, d.h. im Mittelpunkt steht die älteste Frau, mit der die übrigen Erwachsenen und Kinder verwandt sind. Aber obwohl die Verwandtschaftsberechnung über die weibliche Abstammungslinie läuft, wird weder das Erbe parallel zu dieser Linie verteilt, noch haben die Frauen das Sagen. Die Erblinie ist die des Vaters und die größte Macht kommt dem jeweils ältesten Bruder der ältesten Frau, nicht etwa ihrem Ehemann zu.

Die Besitzverhältnisse der Trukesen sind kompliziert und lassen sich hier nur schematisch und in einigen Teilaspekten erörtern. Von großer Bedeutung ist Landbesitz, der als „geteilter Besitz" im Gegensatz zum bürgerlichen Rechtsbegriff des Privateigentums steht. Man muß Territorium, Boden (Humus) und Bodenertrag unterscheiden. Das gesamte Territorium eines Inseldistrikts gehört einem Häuptling bzw. dem Häuptlings-Clan. Er verteilt den territorialen Boden an die übrigen Clans, die ihn ihren Mitgliedern zur Bearbeitung frei geben. Der Häuptlingsclan bleibt Eigentümer des Territoriums, nur der Boden geht in den Besitz des Nutzers über. Der Bodenertrag, den die Arbeit eines Trukesen erbringt, gehört diesem voll. Das betrifft die jeweilige

Ernte, aber auch neugepflanzte Bäume, die ihm als Alterssicherung dienen, da sie auch nach ihrer Vererbung sein Eigentum bleiben.

Wenn ein Trukese heiratet, dann bringt er ein Stück Boden mit, das ihm sein Vater vererbt hat. Genaugenommen ist es nicht ihm alleine vererbt worden, sondern seiner Geschwistergruppe, die ihn als ihren „Verwalter" einsetzt. Deren Mitgliedern gegenüber geht er damit eine Menge von Verpflichtungen ein. Vor allem muß er sie periodisch von seiner Ernte ernähren. Er ist außerdem verpflichtet, regelmäßig „Abgaben" an den Clan seiner Mutter zu leisten, ebenso an den väterlichen Clan, an die den Boden mit besitzenden Geschwister und schließlich an den Häuptlingsclan. Somit weiß sich der Trukese zwar als voller Eigentümer des von ihm produzierten Bodenertrages, aber gleichzeitig sieht er sich von allen Seiten in die Pflicht genommen, die Ernährung der anderen zu gewährleisten. Diese Verpflichtung ist derart streng, daß sie eine völlige Zurücksetzung seiner selbst, seiner Frau und seiner Kinder verlangt. Damit die anderen essen können, müssen sie zeitweise sogar hungern. Würde ein Trukese versuchen, sich dieser Sozialordnung zu widersetzten, hätte er damit zu rechnen, daß ihm sein Besitz genommen würde. Jeder Versuch, egoistisch zu wirtschaften, zieht den sozialen Ausschluß nach sich, was zumindest ursprünglich dem Verhungern gleichgekommen ist.

Erzwungene Freigiebigkeit zeigt sich besonders an beweglichem Besitz, z.B. Werkzeug. So ist ein trukesischer Ehemann verpflichtet, dem ältesten Bruder seiner Frau alles zu schenken, was der von ihm verlangt, ohne das ein angemessenes Gegengeschenk erbracht werden muß. Diese Einseitigkeit führt dazu, daß er in ständiger Angst vor der uneingeschränkten Sanktionsgewalt seines Schwagers lebt. Sein einziger Schutz liegt in seinem Wohlverhalten, das er vor allem durch seinen Beitrag zur Ernährung des Clans seiner Frau zeigen kann. Und auf dieser Ebene besteht auch eine Wechselseitigkeit der Verpflichtungen. Genauso wie er periodisch die anderen ernähren muß, werden er, seine Frau und seine Kinder periodisch von den anderen Männern des Clans ernährt.

Faßt man diesen knappen Ausschnitt der sozioökonomischen Verhältnisse im Hinblick auf die vermutliche psychische Situation eines Trukesen zusammen, dann darf man einerseits von einer starken Bedrohung aller Selbständigkeitswünsche ausgehen, die durch die Erzeugung von Verlustangst niedergehalten werden, muß diese Ängstigung andererseits aber auf die Erfahrung einer völligen Versorgung durch die Gruppe beziehen, in der Geborgenheit vermittelt wird. So wechselt der Trukese zwischen ängstlicher Aktivität und sorgloser Passivität, wobei beide Zustände erlebnismäßig offensichtlich nur unzureichend auf einer höheren Erwartungsebene integriert sind. Wenn es stimmt, daß Sozioökonomie, Sozialisation und erwachsenes Fühlen, Denken und Handeln, eine gemeinsame Ordnung haben, dann muß es in diesen gesellschaftlichen Teilbereichen eine Korrespondenz der jeweiligen strukturellen Merkmale geben. Eine *erste* strukturelle Korrespondenz zum Besitzverhalten zeigt die *Mutter-Kind-Beziehung*: So fällt auf, daß die Trukesen-Mütter ihren Säuglingen unberechenbar begegnen. Ihr Verhalten schlägt überraschend von völligem Desinteresse oder mechanischer Zuwendung in eine Woge von Zärtlichkeiten um. Dann wird das Kind stimuliert, aber die erweckten Bedürfnisse erhalten keine Zeit, Befriedigung zu finden. Insgesamt gelingt es ihm nicht, „Macht" über die Mutter zu gewinnen, indem es sie sich vorhersehbar macht. Folge dieses mütterlichen Stils ist ein kindlicher Zustand allgemeiner Unruhe, der bei Gelegenheit von einem zwanghaften Eßbedürfnis abgelöst wird. (Wahrscheinlich hängt der nicht vorhersehbare Stimmungswechsel der Mütter mit Hungerfantasien zusammen, die sich je nach ihrem Sättigungsgrad auf- und abbauen.)

Die Kinder werden mit anderthalb bis zwei Jahren von der Brust entwöhnt und essen dann praktisch ohne Ausnahme die Nahrung der Erwachsenen, die ihnen vorgekaut wird. Ab dem dritten Lebensjahr müssen sie wie die Erwachsenen ihre Mahlzeiten selbst besorgen. Bis zum zehnten Lebensjahr erlauben die Erwachsenen ihnen, ihre Zeit frei zu verbringen, ohne in anfallende Arbeiten anders als spielerisch einbezogen zu werden. Indessen beginnt ab dem dritten Lebensjahr eine zielgerichtete Erziehung, die eine *zweite* strukturelle Korrespondenz zum späteren Besitzverhalten liefert. Die *Erziehungspraktiken* reichen von strengen körperlichen Strafen über das Einflößen von Furcht bis hin zur kollektiven Verspottung und Beschämung. Dabei geschieht es oft, daß ein Kind wegläuft. Kommt es nach einiger Zeit von selbst wieder oder hat man es gesucht und gefunden, dann bleibt Strafe aus und es bekommt für eine gewisse Zeit alles zu essen, was es will. Auch in diesem Fall zeigt sich ein

Wechsel von kollektivem (Selbst-)Ausschluß als unbarmherziger Strafe und kollektivem (Selbst-)Einschluß als uneingeschränkter Belohnung. Es sei darauf hingewiesen, daß zu den wichtigsten Anlässen für Bestrafung (Nahrungs-)Diebstahl und das Schlagen von Geschwistern gehört. Vor allem der Unterdrückung von Geschwisterrivalität kommt eine große Bedeutung zu, da z.B. die sehr belastete Konfrontation des Trukesen-Ehemannes mit dem ältesten Bruder seiner Frau nach der herrschenden Verwandtschaftsberechnung zwischen Geschwistern stattfindet. Dementsprechend sind offene Aggressionen verpönt. Selbst Kritik darf nicht direkt angebracht werden, schon gar nicht von einem Ranghöheren. Er muß seinen Rang herunterspielen und Dritte bitten, die Kritikpunkte zu übermitteln. Diese Art, offene Aggressionen zu dämpfen, führt jedoch zu vielfältigen Formen indirekter Aggressionsäußerungen wie Intrigen oder dem strategischen Ausnutzen von einseitigen Verpflichtungen. Da diese schwerer zu durchschauen sind, mit ihrer Anwendung aber gerechnet wird, steigt das wechselseitige Mißtrauen; die Angst, die dabei entsteht, verstärkt das soziale Wohlverhalten.

Eine *dritte* strukturelle Korrespondenz zum Besitzverhalten findet sich in der *Geschlechterbeziehung*. So erleben die Trukesen-Männer Sexualität als Kampf. Ihr Wert als Sexualpartner bemißt sich an ihrer Fähigkeit, eine Ejakulation solange zurückzuhalten, bis die Frau einen Orgasmus gehabt hat. Richtet ein Mann sich nicht danach, darf er lächerlich gemacht werden. Die psychische Spannung, die dieser erzwungenen Selbstlosigkeit unterliegt, zeigt sich in spezifischen Ängsten. Ständig befürchten vor allem die Männer, gebissen oder gefressen zu werden, wobei sie sich von kannibalistischen Geistern umgeben glauben, die bezeichnenderweise als die Geister verstorbener Mütter gelten. Manchesmal erreicht diese Angst halluzinatorische Intensität; dann erscheint ein Geist als roter Fleck, in einem Rot, wie es das Schamtuch der Trukesen-Frau hat. In dieser Angst spiegelt sich der sozioökonomische Zwang, einzig dadurch Wert zu sein, daß man sich anstrengt, seine Frau und deren Clan zu befriedigen.

Der angeführte ethnologische Modellfall sollte eine systemische Betrachtung veranschaulichen, die auf die Beschreibung von strukturellen Korrespondenzen zwischen verschiedenen Bereichen der gesellschaftlichen Lebenspraxis zielt und diese als Niederschlag bestehender Identitätsprobleme einer Gesellschaft und ihrer Mitglieder interpretiert. Es ist notwendig, auch unsere eigene Gegenwart in dieser Perspektive zu begreifen. Ein derartiges Unternehmen verlangt, daß die Psychologie einen sozioökonomischen relevanten Begriff bürgerlich-kapitalistischer Gesellschaften expliziert, der die Ableitung empirisch triftiger Hypothesen und eine angemessene theoretische Deutung empirischer Untersuchungsergebnisse erlaubt; andernfalls bleiben die benutzten Interpretationskonzepte beliebig. Im folgenden wird die psychologische Forschung zum (Geld-)Besitzverhalten von Kindern und Jugendlichen vorgestellt und versucht, ihrer Empirie einige übergreifende Zusammenhänge abzugewinnen, die sich zur Theoriebildung eignen.

6.2 Forschungsergebnisse der empirischen Psychologie

6.2.1 Besitzverhalten und Besitzverständnis bei Kindern und Jugendlichen

Nach *Loewenthal* (1976) muß das Besitzverhalten des historisch-gesellschaftlich bestimmten Menschen sozialisationstheoretisch aus dem Umgang von Kindern mit den Objekten ihrer kindlichen Lebenswelt erklärt werden. Es lassen sich verschiedene Objektklassen unterscheiden, an deren Aufbau sich die Verflechtung von emotionaler und kognitiver Bedeutung zeigt: Übergangsobjekte (I.), Sammlung bzw. „Schatz" (II.) und Spielzeuge (III.).

I. *Übergangsobjekte* (vgl. S. 88) sind der erste Besitz eines Kindes, was sich daran ablesen läßt, daß es sie gegen willkürliche Wegnahme verteidigt und, kann es den Verlust nicht vermeiden, um sie trauert. Die sozialisatorische Funktion, Enttäuschungen durch die Mutter aktiv abzufangen, weist ihnen eine herausragende Funktion bei der Auflösung der Symbiose vor allem während des zweiten Lebensjahres zu. Obgleich ursprünglich von *Winnicott* (1969) für universal gehalten, ergeben empirische Untersuchungen doch spezifische Auftretensbedingungen (vgl. *Eggers* 1984, S. 6 ff.; *M. Mitscherlich* 1984, S. 185 ff.). So beobachten *Provence & Lipton* (1962), daß in Heimen und Krankenhäusern untergebrachte Kinder sich nur dann ein Übergangsobjekt wählen, wenn es zu einem engeren Kontakt mit einer

Pflegeperson kommt. Dies belegt, daß der erste Besitz ein Minimum an stabiler zwischenmenschlicher Zuwendung voraussetzt und zum Ausdruck bringt. Aber auch über die Erfüllung dieser Voraussetzung hinaus findet man weitere spezifizierende Bedingungen, die insbesondere interkulturelle Vergleiche erbringen. So zeigen *Hong & Townes* (1976), daß 74 % der nordamerikanischen Kleinkinder ihrer Stichprobe Übergangsobjekte haben; dagegen sind es nur 18 % bei Kindern in Korea, aber 34 %, wenn die Koreaner in den USA aufwachsen. Und *Stanjek* (1980) beobachtet bei 70 % deutscher Stadtkinder zwischen einem und vier Jahren Übergangsobjekte, dagegen keine in südindischen Fischerdörfern und in einem Ort in Gabun. Dafür werden diese Kinder länger gestillt, haben insgesamt mehr Körperkontakt und häufiger Gelegenheit, mit ihrem Wunsch nach Zuwendung von der Mutter auf ältere Geschwister und andere enge Bezugspersonen auszuweichen. Solche empirischen Befunde lassen vermuten, daß Übergangsobjekte möglicherweise Folgen des Zivilisationsprozesses (vgl. S. 116 f.) sind, der sich generell durch eine Versachlichung von zwischenmenschlichen Beziehungen auszeichnet; sie hätten demnach in positiver wie in negativer Hinsicht kompensatorische Funktion.

Positiv ist jede Hinwendung zu dinglichen Objekten, weil sie das Feld der kindlichen Exploration erweitert. Dagegen wird sie negativ, wenn der Ersatz für verarmte zwischenmenschliche Beziehungen im Vordergrund steht. Diese These läßt sich mit *Tolpin* (1971) weiter ausführen: Übergangsobjekte gehören in der Wahrnehmung des Kleinkindes weder in die Außenwelt, noch in seine Innenwelt, da eine entsprechende Unterscheidung sowohl emotional als auch kognitiv noch nicht aufgebaut, zumindest noch nicht stabilisiert ist. Sie werden versachlicht, wenn sie bzw. die zwischenmenschlichen Beziehungen, für die sie stehen, verinnerlicht sind. Mißlingt diese Verinnerlichung in der frühen Kindheit und kann sie auch später nicht nachgeholt werden, dann behalten dingliche Objekte auch im weiteren Lebenslauf eine vorherrschende psychische Stützfunktion. Man verteidigt und betrauert sie wie den ersten Besitz.

II. Stützfunktion hat vor allem der kindliche „*Schatz*“, dessen Bildung mehr oder weniger ausgeprägt in der späteren Kindheit beobachtet werden kann (*Grunberger* 1976). Während Übergangsobjekte Einzelstücke sind, besteht er aus mehreren Dingen, die eine Ordnung haben. Es handelt sich um „heterogene, abgenutzte, entstellte, nicht zusammenpassende und schmutzige Objekte, die an sich keinen Nutzen und Wert besitzen", aber scheinbar gerade wegen ihres „Abfallcharakters" (*Grunberger* 1976, S. 299) geliebt werden. Außerdem sind sie häufig gefunden oder stibitzt, eifersüchtig geheimgehalten und nur als besondere Auszeichnung einem anderen zur Schau gestellt. Nimmt man an, daß es sich bei der Schatzbildung um eine Objektivierung psychischen Geschehens handelt, dann darf man vermuten, daß es „im Inneren" des Kindes so durcheinander und wertlos „aussehen" könnte, wie es die Objekte (für den Blick des Erwachsenen) sind. Da sie aber behandelt werden, als ob sie unschätzbaren Wert hätten, zeichnet sich mit der Zusammenstellung und Behütung des Schatzes ein Weg ab, wie Gefühle der Wertlosigkeit und des fehlenden (psychischen) Zusammenhalts zu kontrollieren sind. Obwohl konstruktive Aspekte nicht fehlen, steht nach der Beurteilung von Grunberger Vermeidungsverhalten im Vordergrund. Vermieden wird (vom Jungen) die Rivalität mit dem ödipalen Vater (vgl. S. 91 ff.). Der Schatz stellt somit „ein regelrechtes Schutzsystem gegen Kastrationsängste dar" (S. 300). Indem die schatzbildenden Objekte gefunden oder stibitzt sind, haben sie in der kindlichen Fantasie keinen Besitzer, sondern sind ungebunden. Ihre Aneignung und Wertgebung garantieren eine „narzißtische Autonomie" (S. 299), die Selbstwert verspricht, ohne dafür einen konflikthaften Entwicklungsprozeß gehen zu müssen. Mit der Schatzbildung ist somit der Wunsch verbunden, sich persönliche Reife im Sinne eines zeitintensiven Werdens dadurch ersparen zu können, daß man sich darauf konzentriert, die Dingwelt auf magische Weise zu beherrschen und – wie es eine Spruchweisheit drastisch sagt –, „aus Dreck (Wertlosem) Gold (Wert) zu machen".

Aber nicht alle kindliche *Sammeltätigkeit* (*Fatke & Flitner* 1984) hat Vermeidungsfunktion. So entstehen etwa im Schulalter häufig Sammlungen, mit denen ein Kind anderen und sich selbst seine entwickelte Wißbegier vor Augen führt und sie dadurch stabilisiert, daß es mit großer *Ausdauer* nach *Vollständigkeit* strebt. So verbinden sich mit Briefmarken-Sammlungen geographische oder historische Kenntnisse und notierte Autokennzeichen dienen zur „Erforschung" des Verkehrs. Oder man denke an Hosentaschen-Sammlungen von Jungen, die alle möglichen „technischen" Dinge enthalten können: Taschenmesser,

Gummiringe, Bindfäden, Mini-Schraubenzieher u.a.m., die für irgendwelche handwerklichen Arbeiten bereit zu liegen scheinen. Die Motive für solche Sammlungen sind vielfältig. Aber sie handeln alle von einer Kontrolle der Gegenstandswelt, die Selbstkontrolle und Identitätsbildung nach sich zieht: Mit seinem Hosentaschen-Inhalt ist der kleine Junge auf alle Fälle vorbereitet, kann eingreifen und Ordnung machen, sich dadurch auch als Junge fühlen, denn Mädchen sind nicht gleichermaßen ausgerüstet. Schließlich können kindliche Sammlungen, wenn sie über Jahre verfolgt werden, als Spuren eines eigenen Lebenslaufes dienen: Dann sagen einem die Dinge, daß man existiert, wächst und sich trotz Veränderung irgendwie gegen die Vergänglichkeit der Zeit gleich bleibt. In dieser Perspektive erhält der Gebrauch dinglicher Objekte identitätsstiftende Funktion.

Rochberg-Halton (1984) hat in Dreigenerationenhaushalten beobachtet, daß der gemeinsam bewohnte Raum von jeder Generation anders wahrgenommen und genutzt wird; es entstehen drei sich überschneidende Symbolräume, deren Zentrum und deren Grenzen durch Gegenstände mit generationsspezifischer Bedeutung markiert sind. Während sich die jüngste Generation den Familienbesitz nach dem *Aktionswert* der vorhandenen dinglichen Objekte aneignet, läßt sich die Großelterngeneration von deren *Erinnerungswert* leiten. Damit sind Selbstdefinitionen gegeben, die geachtet sein wollen, denn am aufgebrachten Respekt läßt sich ablesen, wie „die Alten“ mit „den Jungen“ auskommen.

III. In den bisherigen Ausführungen ist Besitz vorwiegend in der Bedeutung für das einzelne Kind gesehen worden, wenn auch Beziehungsaspekte indirekt immer schon mit angesprochen waren. Im folgenden wird die interaktive und kommunikative Funktion von *Spielzeug* in den Mittelpunkt gestellt. Dazu bedarf es einiger grundsätzlicher Vorbemerkungen über die soziale Kompetenz von Kindern. Mädchen und Jungen befinden sich in zwei einander kreuzenden Beziehungssystemen. Zu den Eltern und anderen Erwachsenen besteht eine asymmetrische Beziehung, sowohl was Macht, als auch was Können anbelangt, wobei aus elterlicher Sicht gewöhnlich die „besseren“ Fähigkeiten die Legitimationsgrundlage für den Machtanspruch liefern. Zu Gleichaltrigen dagegen besteht eine eher symmetrische Beziehung. Ihr gegenüber erweist sich vor allem das europäische entwicklungspsychologische Denken – im Alltag wie in der Wissenschaft – als ausgesprochen vorurteilsvoll (*Riegel* 1972). Die

Vorurteile beziehen sich zum einen auf das Alter, ab dem von einer Gleichaltrigen*beziehung* gesprochen werden kann, zum anderen auf den Entwicklungsbeitrag, den sie für das einzelne Kind zu leisten vermag.

In der Tradition der kognitivistischen Entwicklungstheorie (vgl. Kap. 3.2) ist vielfach in der Überzeugung geforscht worden, Kognitionen würden sich autonom entwickeln, obwohl *Piaget* (1974, S. 230) sich selbst anders geäußert hat: „Die menschliche Intelligenz entwickelt sich beim einzelnen Individuum in sozialen Interaktionen, die im allgemeinen viel zu sehr vernachlässigt werden." Deshalb haben etwa *Doise* et al. (1975) ein Experiment mit fünf- bis sechsjährigen Kindern veranstaltet, bei dem der erwachsene Versuchsleiter auf einem Grundrißbrett ein Dorf aus Spielzeughäusern aufbaut, das die Kinder auf identischen Brettern nachbauen sollen. Im schwierigsten Fall ist deren Brett 180° gegen die Vorlage gedreht. Es zeigt sich, daß zwei interagierende Kinder besonders unter erschwerten Bedingungen viel mehr Häuser richtig plazieren als Kinder, die alleine arbeiten. Durch ein geeignetes Analyseverfahren ist ausgeschlossen worden, daß die Zweiergruppe nur deshalb überlegen gewesen ist, weil eines von beiden Kindern das aufgabenentsprechende kognitive Niveau besitzt und gewissermaßen für beide die Lösung findet. Verallgemeinernd läßt sich sagen: Konstruktiv wird ein Partner dadurch, daß jeder sich auf die Lösungsstrategie des anderen einstellen muß und dadurch seine eigene Zentrierung in Frage gestellt sieht; als Folge davon erweitert sich die Anzahl der überhaupt in Betracht gezogenen Lösungsmöglichkciten (Dezentrierung). *Mangione* (1982) hat entsprechende Untersuchungen zusammengestellt und kommt zu dem Schluß, daß Kindergruppen, insofern die Entwicklungsniveaus der Mitglieder nicht zu unterschiedlich sind, den Leistungsschwächeren zu einer stabilen Verbesserung ihres Fähigkeitsniveaus verhelfen. Ein Partner kann negativ wirken, wenn er aufgrund einer überlegenen Position (Macht, Können) die eigenständigen Lösungsversuche eines anderen ständig durchkreuzt. Dies ist eine Gefahr, die aber besonders die Beziehung zu Erwachsenen kennzeichnet. Man darf vermuten, daß deshalb in der Erwachsenenperspektive Kinder leicht als sehr viel inkompetenter erscheinen, als sie es wirklich sind. Und wie die Untersuchung von *Hinde* et al. (1983) an Kindergartenkindern zwischen drei und vier Jahren nahelegt, verhalten diese sich Erwachsenen gegenüber dann auch sehr viel „kindlicher" als gegenüber Spielkameraden. Eine aktive Kontaktsuche mit Gleichaltrigen ist bereits bei acht- bis zwölfmonatigen Kleinkindern festzustellen (*Rauh* 1984, S. 222 ff.), was dem traditionellen Erwachsenenverständnis klar widerspricht. Es fragt sich, welche Funktion diese Wahrnehmungsverzerrungen (gehabt) haben und warum es so schwer fällt anzuerkennen, daß Kinder Kinder „unterrichten" können (*Gartner* et al. 1971). Vielleicht stößt man hier auf die Angst der Erwachsenengeneration vor der Selbstregulationsfähigkeit ihrer Nachkommen? Ihr praktisch wie theoretisch vorzubauen, hätte dann ein machtstrategisches Motiv.

Nach einer oft wiederholten Behauptung ist die Kontaktaufnahme zwischen gleichaltrigen (Klein-)Kindern häufig objektvermittelt und kommt über eine gemeinsame Konzentration auf dasselbe Spielzeug zustande. Gelegenheitsbeobachtungen hinterlassen sogar den Eindruck, um attraktive Spielobjekte werde bevorzugt gestritten. Damit wäre Besitzverhalten eine entscheidende Variable für das Sozialverhalten.

Zunächst läßt sich ein handlungs*logischer* Grund nennen: Während Kinder unter einem Jahr dingliche Objekte vermutlich nur solange besitzen, wie sie in Händen gehalten und be-handelt werden, muß sich das Besitzverhalten dann ändern, wenn sich die kindliche Planungsperspektive erweitert. Ende des zweiten Lebensjahres dürfte es bereits wahrscheinlich sein, daß Kinder Handlungssequenzen für ihr Spielzeug entwerfen, die auch dann erhalten bleiben, wenn das Objekt die Hand oder den kindlichen Verfügungsbereich verläßt. Eine solche Sequenz stellt vermutlich eine gestalthafte Planungseinheit dar, die nicht beliebig unterbrochen werden kann, ohne eine starke emotionale Reaktion hervorzurufen, die auf Gestaltschließung bzw. Zielerfüllung drängt. Da gleichaltrige Mitspieler aber nicht in der Lage sind, solche Handlungssequenzen genau zu antizipieren, verfehlen sie den richtigen Zeitpunkt, um sich mit ihren eigenen Handlungsentwürfen einzubringen. Infolgedessen „stört" einer das Spiel des anderen. Was Erwachsene in solchen Fällen als Streit interpretieren mögen, ist zunächst nur Ausdruck eines unvermeidlichen Handlungskoordinationskonfliktes, an dem die Kinder – insofern man sie läßt – Koordination lernen können.

Diese Grundsituation wird emotional verschieden „gefärbt" sein. Auf Seite der spielenden Kinder z.B. dadurch, inwieweit für den kindlichen Besitzer sein Spielzeug bereits versachlicht ist oder noch die psychische Stützfunktion vorherrscht. Im zweiten Fall wird es vermutlich zu einem viel heftigeren Koordinationswiderstand kommen als im ersten. Auf Seiten der Eltern lassen sich verschiedene Befürchtungen nennen wie die, das eigene Kind könne einem (fremden) Spielkameraden *unterlegen* sein, ein *teures* Spielzeug werde in der Auseinandersetzung zerbrechen oder die Kinder könnten zu Egoisten heranwachsen, weshalb sie mit Nachdruck zum *Abgeben* angehalten werden müssen. Solche Ängste führen zum Eingreifen von Erwachsenen, die dadurch entweder den kindlichen Konflikt vermeiden helfen oder ihn schüren. Beidesmal aber wird die Chance der Selbstregulation im Dienste einer mehr oder weniger reflektierten kollektiven oder individuellen Werthaltung beschnitten und eine Schaltstelle konstruiert, an der Besitzverhalten in Eigentumsverhalten übergeht, da es zu einer *Normierung* der Verfügung über Objekte kommt.

Für das soziale Problem des Besitzens läßt sich ein weiterer Zugang gewinnen, wenn man nach dem Zusammenhang von Besitzverhalten und der Entwicklung von Freundschaftsbeziehungen fragt. *Stanjek* (1978) hat zu diesem Zweck Kindergruppen beobachtet und festgestellt, daß Drei- bis Sechsjährige ihren Gruppenzusammenhalt über das Vorführen, Verleihen und Verschenken von Spielzeug organisieren. Nach Untersuchungsergebnissen von *Vandell* et al. (1980) und *Jacobson* (1981) sind Interaktionen zwar nicht grundsätzlich von vermittelnden dinglichen Objekten abhängig, indessen scheint ihre Erstreckung (Dauer, Anzahl der einbezogenen Kinder) daran gebunden. Die Kindergruppen zeigen damit Parallelen zu Stammesgesellschaften, für die Ethnologen unter dem Stichwort des Gabentausches ein analoges Organisationsprinzip beschrieben haben (*Kramer & Siegrist* 1978): Dort existiert häufig neben einer Wirtschaftsordnung eine Ordnung des Schenkens, die – über die Herstellung von Verpflichtungen zu Gegengeschenken – die Intergruppenaggression zwischen verschiedenen Stämmen soweit eindämmt, daß überhaupt erst (im doppelten Wortsinne) gehandelt werden kann.

Diese Beobachtungen lassen sich durch die Analyse von Freundschaftsbegriffen ergänzen. *Youniss* (1982) hat Kinder zwischen sechs und vierzehn Jahren gebeten, eine Geschichte zu erzählen, die zeigen soll, daß man mit jemandem befreundet ist. Die Erzählungen, bei denen zu einzelnen Punkten vom Erwachsenen nachgefragt wird, belegen einen spezifischen Wandel im Freundschaftsverständnis. Kinder bis ca. acht Jahre bezeichnen denjenigen als Freund, mit dem sie zusammen spielen und Spielzeug teilen. Acht- bis Neunjährige rücken den Aspekt in den Vordergrund, daß man in einer Freundschaft füreinander aktiv wird, wenn es die Situation erfordert. Geteilt wird Hilfsbereitschaft, was einschließt, daß man Vorleistungen erbringen muß, da viele Notsituationen immer nur einen von beiden treffen. Die ältesten Kinder schließlich psychologisieren das wechselseitige Helfen: Freund ist derjenige, mit dem man seine Gefühle teilen kann, weil er sie versteht und vor aller Kritik akzeptiert. Nach dieser Untersuchung entwickelt sich der Freundschaftsbegriff über die Anwendung einer bestimmten Verteilungsregel: Deren Objekte sind zunächst dinglich, dann Handlungen und schließlich psychische Zustände; und deren Struktur schreitet von einer statischen Teilung zu einer dynamischen Teilung fort, die auch vorübergehende Ungleichgewichtszustände zuläßt.

Über differentielle Bedingungen der Entwicklung von Freundschaftsbegriffen ist wenig bekannt. Einen interessanten Aspekt bietet die Untersuchung von *Bigelow* (1977); sie bestätigt insgesamt das Ergebnis von *Youniss* (1982), weist darüber hinaus aber auf geschlechtsspezifische Besonderheiten hin. So kommt das Teilen von Gefühlen und Gedanken vor allem in dem Freundschaftsverständnis älterer Mädchen vor. An dieses Ergebnis lassen sich einige Spekulationen knüpfen: *Broughton* (1981) hat vierzehn- bis achtzehnjährigen Jugendlichen in Tiefeninterviews die Frage gestellt, was sie sich unter ihrem Selbst vorstellen. Die Antworten zeigen bei allen starke Ängste, sich zu verlieren (Depersonalisierung), die auf früheren und späteren Altersstufen nicht auftreten. Diese Ängste scheinen daher zu rühren, daß die Jugendlichen die gesellschaftliche Trennung von Privatsphäre und Öffentlichkeit (*Bahrdt* 1983) erkennen und in der Strukturierung ihres Selbsterlebens berücksichtigen. So unterscheiden sie zwischen einem „wahren" Selbst, das sie zu verbergen suchen und vielleicht nur mit dem besten Freund teilen, und einem „falschen" Selbst, das sie zwar veröffentlichen, von dem sie sich privat aber distanzieren. Obgleich Broughton nicht auf geschlechtsspezifische Differenzen achtet, läßt sich vermuten, daß diese strategische Selbst-Spaltung eher die männliche Entwicklung charakterisiert. Dafür sprechen Untersuchungen über Geschlechtsrollenstereotype (*Broverman* et al. 1972), die das Bild eines psychisch scharf gegen seine Mitmenschen abgegrenzten Mannes entwerfen, dem das Bild einer Frau entgegensteht, die sehr viel mehr auf Bindung und Entschärfung der zwischenmenschlichen Isolation achtet. Von daher erscheint dann tatsächlich das Teilen von Gefühlen und Gedanken als typisch weiblich. Bemerkenswert ist der Assoziationshof der beiden Bilder. Aktivität, Leistung, gesellschaftlicher Erfolg und letztlich der Erwachsenenstatus überhaupt gelten als männlich und stehen im Gegensatz zu den kindlichen Freundschaften und ihrem Ideal des Teilens. Dementsprechend identifiziert auch die Wirtschaftstheorie den Mann als sozioökonomisches Subjekt, dessen Rationalität, wie sie im Bürgertum entsteht (s. S. 160 f., 201 f.), zwischenmenschliche Bindungen als grundlegendes gesellschaftliches Organisationsprinzip entwertet und dadurch die freie Konkurrenz der Privateigentümer um den größtmöglichen Profit auch zum Schaden von Mitmenschen erleichtert.

6.2.2 Geldverständnis und die Interpretation sozioökonomischer Ungleichheit bei Kindern und Jugendlichen

Der in modernen Industriegesellschaften häufigste Besitz des durchschnittlichen Gesellschaftsmitgliedes ist Geldbesitz. Auf dem Hintergrund der kognitivistischen Entwicklungstheorie von Piaget sind Untersuchungen durchgeführt worden, die sich mit der Bildung des Geldbegriffs befassen. Von ihnen läßt sich der Ausbau des im vorhergehenden Abschnitts aufgenommenen Themas erwarten: *Berti & Bombi* (1981) haben in Interviews und Rollenspielen versucht, das Geldverständnis bei italienischen Kindern zwischen drei und acht Jahren herauszuarbeiten. Die Spielsituationen sind dabei in der Weise aufgebaut, daß ein Kind einen Verkauf/Einkauf mit Bezahlung einmal in der Kundenrolle, das andere Mal in der Verkäuferrolle tätigt. Die Autoren fassen ihre Ergebnisse nach sechs Entwicklungsstufen zusammen, wobei die ersten vier prä-operationales Denken (vgl. S. 67) voraussetzen, d.h. die Kinder kommen in ihrer Theoriebildung über Geld soweit, wie sie ihre Anschauung leitet: I. Bis zu drei Jahren scheint überhaupt kein Wissen darüber vorzuliegen, daß Geld mit Kaufen und Verkaufen zu tun hat. Manchesmal geben die Kinder in der Verkäuferrolle den Kindern in der Kundenrolle spontan Münzen. II. Drei- bis Vierjährige wissen, daß man bezahlen muß, wenn man etwas kaufen will. Dieses Wissen regelt ihr Verhalten: Sie achten in beiden Rollen darauf, daß „bezahlt" wird, aber sie behandeln alle Geldmünzen gleich. III. Fünfjährige kennen die unterschiedlichen Namen der Münzen und haben ein diffuses Wissen davon, daß man nicht alles, was man will, mit beliebigen Münzen kaufen kann. Praktisch stehen sie aber nach wie vor vor einem Rätsel. IV. Zu Beginn des sechsten Lebensjahres vermuten die Kinder einen systematischen Zusammenhang zwischen Geldmenge und Warenmenge, vermögen ihn aber noch nicht zu formulieren. Mit Erreichen der Stufe des konkret operationalen Denkens (vgl. S. 67) und der Entwicklung des Zahlbegriffs wird dieses Hindernis indessen überwunden: V. Gegen Ende des sechsten Lebensjahres ordnen die Kinder bestimmten Warenmengen bestimmte Münzwerte zu. VI. Die Siebenjährigen verstehen den Gebrauch des Geldes in der Verkaufen-Kaufen-Interaktion wie die Erwachsenen. Sie können berechnen, ob sie zu viel oder zu wenig Geld besitzen, um eine gewünschte Ware(nmenge) zu kaufen, ebenso sind sie in der Lage, Wechselgeld zu fordern und zu zahlen. An dieser Stelle des Entwicklungsmodells läßt sich die Untersuchung von *Furth* (1982) anschließen, in der auf analoge Weise nordamerikanische Kinder im Alter von fünf bis elf Jahren beobachtet werden. Sie erlaubt die Identifizierung von drei weiteren Entwicklungsstufen: VII. Ab dem achten Lebensjahr wird der Geldgebrauch immer routinierter gehandhabt. Kaufen und Verkaufen sind komplementäre Handlungen, die ein Kind aber noch nicht über die aktuelle Situation hinaus verfolgt; über die Herkunft von Geld und Ware hat es noch keine realistischen Vorstellungen. Insbesondere vermag es keinen Zusammenhang zwischen seinem Bezahlen und dem Sachverhalt zu sehen, daß auch der Verkäufer/Kaufmann für seine Waren bezahlen muß. IX. Erst ab dem elften Lebensjahr und später nehmen sie schließlich zur Kenntnis, daß die Ware teurer verkauft wird, als sie den Kaufmann/Besitzer gekostet hat. Sie wissen, was Gewinn ist, und ebenso, daß von diesem Gewinn der Kaufmann/Besitzer seinen Lebensunterhalt bestreitet und den Lohn des Verkäufers/Kaufmanns zahlt. Nach der Untersuchung von *Jahoda* (1979) ist in der frühen Adoleszenz eine gesellschaftliche Einrichtung wie die der Bank aber nach wie vor unbegreiflich.

Als Determinanten dieser Entwicklung gibt *Furth* (1982) vor allem das spontane Denken der Kinder an, mit dem sie ihre lebenspraktischen Konfrontationen mit Geld zu handlungsbezogenen Theorien verarbeiten. Dabei verstricken sie sich in Widersprüche, die neue Beobachtungen anleiten oder zu gezielten Fragen an Erwachsene führen. Deren Antworten werden in die eigenen Theorien eingebaut oder bleiben als unverstandene Informationen isoliert stehen. Die kognitive Entwicklung eines

Kindes setzt ihm eine Verständnisgrenze, gegen die es aber ständig „andenkt". Über irritierende Unklarheiten hilft es sich spielerisch hinweg. Diese Spontaneität ist konstruktiv; um zu realistischen Ergebnissen zu kommen, bedarf es jedoch der Teilnahme an realen gesellschaftlichen Situationen sowie der Übernahme von realen, aber kindgemäßen situationsbezogenen Aufgaben. Für diesen Zusammenhang läßt sich eine ältere Untersuchung von *Marshall & Magruder* (1960) anführen. Die Autoren fragen, welche Voraussetzungen im Elternhaus eines Kindes gegeben sein müssen, damit es richtig mit Geld umzugehen lernt (Kennen, Einteilen, Sparen). Sie vergleichen dabei amerikanische Mittel- und Unterschichtfamilien. Generell zeigt sich, daß selbstverantwortlicher Geldgebrauch einen Entwicklungsvorteil bringt und seinerseits von der Besonnenheit der elterlichen Einkommensnutzung abhängt. Im Schichtvergleich schneidet die Mittelschicht weitaus besser ab: Je höher die gesellschaftliche Position und das Einkommen in der Untersuchung gewesen sind, eine desto geringere Bedeutung hat Geld für die entsprechenden Personen gehabt. Marshall & Magruder folgern: „Kinder wissen besser über den Umgang mit Geld Bescheid, wenn sich in der Familie nicht alles um Geld dreht" (S. 282). Möglicherweise werden Kinder aus ärmeren Familien durch die elterliche Sorge, zu wenig für ein befriedigendes Leben zu haben, derart geängstigt, daß ihr Realitätssinn Verzerrungen erleidet. (Deshalb haben *Bruner & Goodman* (1947) zu belegen versucht, daß die „Bedürftigkeit" ärmerer Kinder dazu führt, im Vergleich zu Kindern wohlhabender Eltern die Größe (= Wert) von Geldmünzen zu überschätzen.)

Um zu ermessen, welche Schwierigkeiten Kinder bei der Bildung eines Geldverständnisses haben, das dem der Erwachsenen entspricht, lohnt es sich, insbesondere die Gewinnkategorie zu betrachten. Denn es fällt auf, daß die Behauptung, der Kaufmann nehme von seinen Kunden mehr Geld, als er selbst bezahlt habe, im frühen Alter mit dem kindlichen Argument bestritten wird, dies sei ungerecht. Von daher gilt es, die Entwicklung des Gerechtigkeitsbegriffs mit in die Diskussion einzubeziehen: *Damon* (1984) unterscheidet drei Prinzipien der Verteilungsgerechtigkeit: I. *Bedürfnisprinzip* (Jeder bekommt das, was er (a) will / (b) braucht.) II. *Gleichheitsprinzip* (Alle bekommen das gleiche.) III. *Verdienstprinzip* (Jeder bekommt soviel, wie seine Beiträge wert sind.). Er analysiert Interviews, die er mit Kindern unterschiedlichen Alters über ein Verteilungsproblem gemacht hat, bei dem eine gemeinsam erhaltene Belohnung unter Mitgliedern einer Kindergruppe zu verteilen ist, die sich nach der erbrachten Leistung unterscheiden. Dabei zeigt sich, daß im Alter von vier bis acht Jahren sechs verschiedene Argumente zur Begründung bestimmter vorgenommener Verteilungen in Gebrauch sind: Das *erste* Argument verteidigt einen Anspruch auf Ungleichverteilung einfach damit, daß man selbst mehr will oder die Belohnung lieber hat. Im *zweiten* sind zwar nach wie vor Wünsche die Anspruchsgrundlage, nur müssen sie jetzt gerechtfertigt werden, was zur Nennung von scheinbar objektiven, aber wertbesetzten Merkmalen führt: Weil man am größten oder eben ein Junge ist, hat man das Recht, mehr als die anderen zu bekommen. Das *dritte* Argument beharrt ohne jegliche Einschränkung auf der Gerechtigkeit des Gleichheitsprinzips; mit derselben Strenge wird im *vierten* Verdienst und Gerechtigkeit uneingeschränkt gleichgesetzt. Im *fünften* wird das Verdienstprinzip in seiner Absolutheit zurückgenommen und erkannt, daß die heimliche Unterstellung, alle hätten dieselbe Chance, nicht stimmt, weil es z.B. Arme gibt, die schon immer weniger bekommen. Um diese konstitutionellen Unterschiede auszugleichen, müssen Verdienst und Wohltätigkeit kombiniert werden. Das *sechste* Argument schließlich benutzt die anderen fünf, aber in Abhängigkeit von der Analyse der jeweils besonderen Situation. Die Alterstrends dieser Argumente sind so zu verstehen, daß (a) die letzten Argumente später vorkommen und (b) ältere Kinder weniger oft auf die ersten Argumente zurückgreifen. Damon nimmt keine direkte Übertragung der kindlichen Verteilungsprinzipien auf ähnlich gelagerte gesellschaftliche Probleme des Erwachsenenlebens an, sondern eine „entwicklungsmäßige" derart, „daß die Konstruktion von Gerechtigkeitsprinzipien in der sozialen Welt der Kinder diese auf die spätere Reorganisation und Ausweitung der Gerechtigkeitsprinzipien vorbereitet, die für ein Zurechtfinden in der sozialen Welt der Erwachsenen notwendig sind" (S. 108 f.). „Vorbereitung" läßt sich vermutlich am besten als Bereitstellung grundlegender Argumentationsmuster in der Kindheit verstehen, die in Abhängigkeit vom weiteren Lebenslauf selegiert und persönlich verbindlich werden.

Von Bedeutung ist auch das Ergebnis einer modifizierten Untersuchung, bei der eine *reale* Kindergruppe über die Belohnungsverteilung in der fiktiven Kindergruppe der vorgelegten Geschichte *diskutieren* konnte. Dabei ist es 22 % der Vierjährigengruppen und 8 % der Sechsjährigengruppen nicht gelungen, zu einer Einigung zu kommen, während die Acht- bis Zehnjährigen sich alle einig werden. Außerdem zeigt sich, daß unabhängig vom Alter die Zeit, die das Gruppengespräch dauert, eine Wahl des Gleichheitsprinzips begünstigt. Die Interpretation dieses Ergebnisses muß es aber offen lassen, ob bei einem solchen Verhalten Überredung oder Überzeugung ausschlaggebend ist. So gibt es in der Untersuchung etwa die Interpretations„falle", daß die zu verteilende Belohnung überhaupt nur ausgegeben wird, wenn eine Einigung erfolgt ist. Vor diesem Hintergrund mag Gleichverteilung der letzte Weg sein, um nicht ganz leer auszugehen.

Schließlich deutet *Damon* (1982, S. 140) an, daß solche Gruppengespräche einen positiven Effekt auf die individuelle Erarbeitung situationsflexiblerer Gerechtigkeitsargumente haben. Gleichaltrigengruppen erweisen sich dabei Gruppen, in denen Erwachsene mitwirken, als überlegen (s. o. S. 182 ff.).

Aufschluß über mögliche Determinanten des individuell bevorzugten Gerechtigkeitsprinzips läßt sich aus Untersuchungen über die Wahrnehmung gesellschaftlicher Ungleichverteilung gewinnen. *Leahy* (1981) bittet Kinder und Jugendliche aus der weißen Mittelschicht der USA im Alter zwischen fünf und siebzehn Jahren, die Ähnlichkeiten und Unterschiede zwischen armen und reichen Leuten zu beschreiben und zu erklären, außerdem anzugeben, wie sie selbst oder die Armen reich werden könnten. Es besteht der generelle Trend, Arme in ihrer ganzen Person negativ, Reiche dagegen positiv zu beschreiben. Als Erklärung für die bestehenden Unterschiede sind nur selten objektive schichtbildende Kriterien wie Bildung und Beruf angeführt worden; es überwiegen: Glück, Erbe, das Verdienstprinzip in Form der *Ideologie von der Chancengleichheit* („Alle haben die gleichen Chancen und wenn jemand arm ist, kann er zu wenig oder hat sich zu wenig angestrengt.") und eine *fatalistische Ideologie*, nach der Gesellschaft als Naturalform angesehen wird („Arme und Reiche hat es schon immer gegeben, das ist eben so."). Während vor allem Kinder um fünf Jahre starkes Mitleid mit den Armen zeigen, sich ihr Leid vorstellen und deshalb Ungleichverteilung für ungerecht halten, ist dies für die älteren zunehmend kein Thema mehr.

Die Mitleidsorientierung kleiner Kinder darf man nicht unbesehen im Sinne des „guten Wilden“ interpretieren, den erst die Zivilisation herzlos macht. Das Phänomen ist erheblich komplexer. Zunächst einmal zeigt sich, daß es vermutlich schichtunspezifisch auftritt, denn in der Untersuchung von *Cummings & Taebel* (1978) an nordamerikanischen Kindern im Alter zwischen acht und siebzehn tritt es in der jüngsten Altersgruppe in der Unterschicht ebenso auf wie in der Mittelschicht; eine vergleichbare Indifferenz findet auch *Connell* (1977) bei den Jüngsten seiner kanadischen Stichprobe im Alter von fünf bis zwölf. Somit liegt es nahe, dieses Mitleid dem Kinderstatus zuzuschreiben: Das Kind sieht seine eigene Situation gemessen an der der Erwachsenen ebenfalls als „arm“ und indem es für die Benachteiligten Gerechtigkeit fordert, bearbeitet es die eigene Angst, benachteiligt zu werden. Für diese Interpretation sprechen auch Beobachtungen, daß Kinder zwischen fünf und acht Jahren sich selbst und ihre Eltern unabhängig von deren realer sozioökonomischer Lage für „reich“ halten, auch wenn sie an anderen Menschen schon längst sehr viel realistischer zwischen Armut und Reichtum unterscheiden (*Wacker* 1976, S. 69 f.).

In der Untersuchung von *Leahy* (1981) bevorzugen die Jugendlichen eindeutig die Ideologie der Chancengleichheit, hinter der bei intensiverem Nachfragen gesellschaftlicher Fatalismus sichtbar wird. Aber ebenso wie das Mitleid der jüngsten Altersgruppe nicht einfach für prosozial gelten darf, ist es nicht zulässig, die Ideologisierung des jugendlichen Denkens ohne weiteres des unsozialen Egoismus zu verdächtigen. Man darf vermuten, daß sich die nordamerikanischen Mittelschicht-Jugendlichen zwischen fünfzehn und siebzehn auf dem „Sprung“ in ein Erwachsenenleben befinden, das in den USA noch weit stärker als in Europa von Konkurrenz und Leistung bestimmt wird. Auch wenn die psychohistorische These stimmt, daß „der“ US-Amerikaner im Verlauf seiner Sozialisation eine basale Persönlichkeitsstruktur ausbildet, die sehr viel weniger auf stabile Beziehungen und mehr auf risikofreudiges Verhalten des Einzelnen angelegt ist als die klassisch-europäische (*Raeithel* 1981), dann heißt das dennoch nicht, es würden keine phasenspezifischen Verlust- und Versagensängste mehr auftreten. Der Übergang vom Status des Jugendlichen zu dem des Erwachsenen bleibt ängstigend. Diese Angst kann durch die Ideologie der Chancengleichheit kombiniert mit gesellschaftlichem Fatalismus gebunden werden: Die eine Kognition schafft Zuversicht, denn sie verspricht, das eigene Leistung sich auszahlt, die andere stützt diese

Zuversicht, indem sie den eigenen Mittelplatz – wenigstens vor der Gefahr des sozialen Abstiegs – als sicher ausgibt. Auf diese Weise entsteht ein Motivationskomplex, der um Leistungsmotivation (*Harten-Flitner* 1978) zentriert ist.

Ein vertieftes Verständnis dieses Komplexes ermöglicht die Untersuchung von *Furby* (1978), die überdies die Besitzthematik des vorherigen Abschnittes wieder aufnimmt. Es geht um die Komponenten des Besitz*begriffs* bei nordamerikanischen und israelischen Kindern und Jugendlichen zwischen fünf und sechszehn Jahren. Als häufigste Komponente stellt Furby den *Gebrauch* eines Objektes bzw. das *Recht*, den *Gebrauch zu kontrollieren*, fest. Dafür zeigt sich kein ausgeprägter Alterstrend. Altersmäßige Veränderungen weist indessen die Komponente des *Erwerbs* auf. Während bei Kindern unter zehn Jahren Besitz passiv gefaßt wird – als Geschenk oder als Sache, die sie hüten bzw. verwalten und die nicht unabhängig von den Eltern ist –, rücken die Älteren eigene besitzbildende Aktivitäten in den Vordergrund. Diese Neuorientierung bringt einen spezifischen Konflikt: Die Jugendlichen bekommen psychische Schwierigkeiten, vieles von dem, was ihnen gehört, als ihr Eigentum zu aktzeptieren, da es vom Geld ihrer Eltern erworben ist. Sie können es deshalb sogar entwerten und sich darüber hinaus in eine Ablehnung aller materiellen Werte (adoleszenter Idealismus) steigern. Besitz wird schließlich nur dann akzeptiert, wenn er selbst erworben ist und damit Selbständigkeit dokumentiert. Erst dann kommen die Komponenten (Besitzer-)*Stolz* und *Sorge* (um Besitz) zum Begriffsverständnis hinzu. In der Verknüpfung mit Autonomie hat der Erwerb von materiellen Gütern eine *instrumentelle* Funktion. Diese ist bereits bei Siebenjährigen angesprochen, wenn sie den *Lust*gewinn für den Besitzer betonen; bei High-School-Jugendlichen wird er dann neu gefaßt. Jetzt stehen *Status* und *Macht* als Mittel, zwischenmenschliche Beziehungen zu kontrollieren, im Vordergrund. Eine Gruppe dieser Jugendlichen geht sogar soweit, Besitz als *Persönlichkeitseigenschaft* bzw. Individualitätsmerkmal zu nennen. In beiden Fällen – gleich ob die Instrumentalisierung soziologisiert oder psychologisiert wird – tritt als letzte neue Komponente die der (persönlichen und gesellschaftlichen) *Sicherheit* hinzu.

Furby interpretiert diese Entwicklungssequenz als typischen Ausdruck kapitalistischer Sozialisation. Als deren zentrales Anliegen könnte man auf dem Hintergrund der angeführten

Untersuchungen die Fixierung individuellen Autonomiestrebens an Leistung und Privateigentum behaupten. Eine Sozialisationsstrategie, die auf das Verdienstprinzip setzt, greift aber nur dann, wenn das gesellschaftliche Versprechen auch individuell eingelöst werden kann. Diese Chance sinkt in Zeiten sozioökonomischer Krisen, wodurch die herkömmlichen Situationsziele unter ein Legitimationsdefizit geraten. So dürften sozioökonomische Krisen (Fehlen von Ausbildungsplätzen, Jugendarbeitslosigkeit, Diskreditierung gesellschaftlicher Reformen) eine wesentliche Bedingung dafür sein, daß sich das adoleszente Autonomieproblem *verschärft* und nur noch von einer privilegierten Gruppe durch leistungsmotivische Fixierung gelöst werden kann. Es kommt zu einer Auffächerung von Lösungsversuchen, wie sie die Ausdifferenzierung von Jugend„szenen" (Popper, Punks, Rocker, Technikfreaks, Ökos, Friedensbewegte u.a.m.) spiegelt. Deren Bemühen um Selbstorganisation (*Schurian* 1981) steht psychologisch unter dem Einfluß einer höchst labilen Macht-Ohnmacht-Balance (*Helsper & Bietau* 1984): Selbstbewußtsein, Experimentierfreude und Anstrengungsbereitschaft für eigenwillige Lebensziele bilden eine „dünne Decke", unter der eine latente Resignationsbereitschaft wirkt, die aber nicht allein in Suchtverhalten manifest werden kann, sondern ebenso eine dogmatische Identifikation mit allen möglichen Formen von (Gegen-)Macht begünstigt.

6.3 Geld und Besitz im Spannungsverhältnis von sozioökonomischem System und Lebenswelt

Der Beitrag, den die empirische Psychologie bisher zur Aufklärung sozioökonomischer Sozialisation geleistet hat, ist insgesamt gesehen eher bescheiden. Da kognitionspsychologische Betrachtungen vorherrschen, steht die Frage im Vordergrund, wie Wissen über (Geld-)Besitz in Abhängigkeit von der allgemeinen Entwicklung der menschlichen Denkfähigkeit aufgebaut wird. Die Erfassung des Handelns von Kindern und Jugendlichen in Konfrontation mit den sozioökonomischen Konflikten ihrer Gesellschaft ist vergleichsweise vernachlässigt worden. Um die Perspektive zu erweitern, müßten theoretische Bemühungen in den Mittelpunkt rücken, die *psychischen Funktionen* zu definieren, die (Geld-)Besitz in verschiedenen *historisch-gesellschaftlichen*

Situationen im Zusammenhang mit unterschiedlichen *lebensgeschichtlichen Themen* und *kritischen Lebensereignissen* übernehmen können. Der vorangegangene Forschungsüberblick ist zwar bereits auf dieses Bemühen hin zusammengestellt, bleibt aber doch in einer Vielzahl von Einzelverweisen stecken. Im folgenden soll deshalb versucht werden, einen gesellschaftstheoretischen Rahmen anzudeuten, der die Perspektive in gewünschter Weise zu erweitern verspricht. Die Konstruktion eines solchen Rahmens hat ihre eigenen Tücken. Während die empirische Psychologie in der Gefahr steht, in der Menge ihrer Untersuchungsergebnisse integrative handlungsrelevante Konzepte aus dem Blick zu verlieren, steht Gesellschaftstheorie in der Gefahr, ihre abstrakte Integration nicht mehr mit der Ebene beobachtbarer handlungsrelevanter Ereignisse vermitteln zu können. Hinzu kommt, daß sich gesellschaftstheoretische Argumentationen nicht einzelwissenschaftlich beschränken können, sondern Erkenntnisse aus den verschiedenen wissenschaftlichen Disziplinen berücksichtigen müssen, wenn sie ihren Integrationsanspruch ernst nehmen wollen. Im folgenden ist beabsichtigt, Gesellschaftstheorie mit zivilisationsgeschichtlichen, polit-ökonomischen, soziologischen und psychoanalytischen Argumenten und als *Kritik* der herrschenden Verhältnisse vorzutragen. Der Eindruck, dem Leser werde im Vergleich mit dem vorangegangenen Abschnitt dieses Kapitels ein „Bruch" zugemutet, entsteht zu Recht, läßt sich aber nicht vermeiden. Es wäre eine unlösbare Aufgabe, ihn hier glätten zu wollen; vielmehr soll er in Erinnerung halten, was in Zukunft an Forschungstätigkeit zu leisten wäre.

Habermas (1968, S. 62 f.) hält es für theoretisch fruchtbar, gesellschaftliche Lebenspraxis in zwei Dimensionen zu denken, die er *Arbeit* und *Interaktion* nennt. Arbeit steht unter der Vorherrschaft der *technischen Vernunft*, die auf die Verfügbarmachung und Kontrolle von Objekten aus ist und deshalb alle materiellen und symbolischen Ressourcen mobilisiert, um zunehmend effektivere Zweck-Mittel-Verbindungen zu erfinden und durchzusetzen. Interaktion folgt demgegenüber *kommunikativer Vernunft*, der an einer Verständigung zwischen Subjekten gelegen ist; deshalb wird die Entwicklung von Dialogchancen und deren Institutionalisierung vorangetrieben, die es erlauben sollen, zunehmend mehr Gesellschaftsmitglieder an einer gemeinsamen Willensbildung zu beteiligen. In sozialisationstheoretischer

Perspektive geht es auf der einen Dimension um das Lernen von technischen Regeln, das sich psychisch als Erwerb von Fertigkeiten niederschlägt; auf der anderen Dimension werden Persönlichkeitsstrukturen gebildet, die aus der Verinnerlichung von Normen (kommunikativen Regeln) hervorgehen.

Diese Unterscheidung ist wiederholt kritisiert worden. Denn es lassen sich leicht empirische Beispiele finden, die belegen, daß beide Dimensionen miteinander verflochten sind: So unterliegen konkrete Arbeitsprozesse nicht nur dem Programm einer effektiven Zielerreichung, die stumm verfolgt wird, vielmehr sind sie kommunikativ durchsetzt – man redet miteinander, um Handlungen zu koordinieren, und redend versichern sich die Kollegen ihrer Solidarität. Ebenso sind in konkreten Interaktionsprozessen immer auch Aspekte von Zielstrebigkeit auszumachen, denn selten verlaufen Unterhaltungen „just for fun".

Kritik dieser Art begeht aber den methodologischen Fehler einer unangebrachten Konkretheit. Denn obgleich die Dimensionen Arbeit und Interaktion durch konkrete Arbeits- und Interaktionsprozesse empirisch in Erscheinung treten, sind sie zunächst als unterschiedliche Prinzipien gedacht, nach denen gesellschaftliches Handeln in Vergangenheit, Gegenwart und Zukunft beurteilt werden kann. Auf der einen Dimension stehen die Werte des „guten Lebens", auf der anderen die Werte des „optimalen Funktionierens" zur Disposition und es ist fraglich, ob beide sich zur Deckung bringen lassen. Eine *prinzipielle* Unterscheidung kann dazu dienen, historische Veränderungen eines Spannungsverhältnisses zwischen Arbeits- und Interaktionsprozessen zu beschreiben. Für diese Beschreibung bedarf es einer genaueren Bestimmung der Organisationsformen beider lebenspraktischer Dimensionen. Habermas führt dazu als weitere begriffliche Unterscheidung die zwischen *System* und *Lebenswelt* ein (*Habermas* 1981, 2/VI).

Lebenswelten sind nach Maßgabe kommunikativer Vernunft organisiert. Sie werden von einer Fülle von Hintergrundsüberzeugungen zusammengehalten, die sich zu Weltbildern verdichten. Die Lokalisierung „im Hintergrund" meint ihre Selbstverständlichkeit, die keinerlei Anlaß gibt, an dem zu zweifeln, was sie als wahr und richtig behaupten. Es ist die Funktion solcher Weltbilder, Traditionen zu sichern, die einer Gesellschaft und ihren Mitgliedern Identität geben, indem sie ihnen vorschreiben, was zur Lösung von lebenspraktischen Problemen getan werden soll. Sie legen damit auch die Möglichkeiten fest, mit denen im Hinblick auf gesellschaftliche und individuelle Veränderungen überhaupt gedacht und geplant werden kann. Im Unterschied zur Lebenswelt, die die gesamte Gesellschaft umgreift, sind Systeme solche Teilbereiche, die der technischen Vernunft unterstehen. Sie werden nach den Kriterien der *Effektivität, Abstraktion* und *Neutralisierung* individueller Ziele organisiert. In diesem Sinne sind in modernen Gesellschaften Wirtschaft und Politik Systeme. Im sozioökonomischen System sollte der Marktmechanismus als Steuerungsinstanz im Vordergrund stehen und im staatlich-administrativen System die Formalisierung von Entscheidungskompetenzen und -verfahren.

Rekonstruiert man das Spannungsverhältnis von System und Lebenswelt *im Geschichtsverlauf*, dann zeigt sich eine Verkehrung der Dominanzen. In lebensweltlich dominierten Gesellschaften – zu denen auch die Trukesen (s. o. Kap. 6) gehören – findet man die Situation vor, daß ökonomisches Wachstum, wie es über technische Neuerungen und organisatorische Verbesserungen zustande kommt, nur in den Grenzen toleriert wird, die traditionell gesteckt sind.

Ein historisch wichtiges Beispiel für diese Dominanz der Lebenswelt ist der Kampf zwischen der „Zeit der Kirche" und der „Zeit des Händlers" (*LeGoff* 1977), wie er vom Mittelalter an bis in die Neuzeit hinein reicht. Den Händlern wurde von der Kirche, die das Monopol der lebenspraktischen Normensetzung und -überwachung hatte, vorgeworfen, ihr Gewinn setze eine Hypothek auf die Zeit voraus, die allein Gott gehöre. Damit stand der gesamte Kaufmannskapitalismus in Frage. „Denn die Zeit des Händlers ist unmittelbar mit potentiellem Gewinn verbunden. Der Gläubiger hofft, aus dem Warten auf die Rückzahlung der Schulden Profit ziehen zu können, und allgemein baut der Kaufmann seine ganze Tätigkeit auf Hypothesen, deren Raster die Zeit ist: Hortung in Erwartung von Hungersnöten, An- und Verkauf zu günstigen Zeitpunkten, praktische Folgerungen aus der Kenntnis der ökonomischen Konjunktur und der Gesetzmäßigkeiten des Lebensmittel- und Silbermarktes (was ein Netz von Informationen und Nachrichten voraussetzt)." (S. 393 f.) Da jeder Händler im Überschneidungsbereich beider Zeiten lebt, muß er deren Widerspruch individuell abfangen. Er konnte dies mit einer gottgefälligen „gerechten" Lebensführung tun, zu der es etwa zählte, von seinem Gewinn einen Teil für Wohltätigkeitszwecke zu spenden. Dieser „Gottespfennig" milderte praktisch die Vorwurfshaltung der Kirche, obgleich sie theoretisch weiterhin Mühe hatte, den Wucher mit der Zeit zu legitimieren. Zu den Maßnahmen, mögliche Konflikte zu begrenzen, gehörte auch die Entwicklung der mittelalterlichen Ständeordnungen, die Konkurrenz unterbanden und ein konstantes Qualitäts- und Preisniveau garantierten, mithin ein Bemühen um Gerechtigkeit dokumentierten. Soweit sich die Konflikte nicht begrenzen ließen, gab letztlich die Kirche nach. So änderte sich im 13. Jh. die Beichtpraxis, um der Ökonomisierung der Lebenspraxis nicht länger im Wege zu stehen: Die Verdammung des Wuchers wird abgeschwächt und die Zeiten des Fastens, der Enthaltsamkeit und der sonntäglichen Ruhe verlieren „ihren buchstäblichen Gebotscharakter und werden zu bloßen Empfehlungen, die je nach Einstellung unterschiedlich streng befolgt werden können" (S. 408). Außerdem verlagert die Kirche „den Schwerpunkt der Buße von der äußerlichen Sanktion auf die innerliche Reue" (S. 405), die nur noch psychische Kosten hat. Insgesamt betrachtet hatte der Kampf zwischen der „Zeit der Kirche" und der „Zeit des Händlers" vermutlich einen wesentlichen Anteil an der Reformation des Katholizismus und an der Kirchenspaltung, die im Protestantismus eine Religion hervorbrachte, die dem kaufmännischen Rationalismus gewogener war (s. u. S. 201).

Auch unter der Dominanz der Lebenswelt kommt Fortschritt zustande. Indessen vollziehen sich die Neuerungen immer so langsam, daß sich die politische Herrschaft, deren Legitimation dem traditionellen Weltbild entstammt, auf die Veränderungen einstellen kann, ohne revolutioniert zu werden. Ebenso bleibt der Bevölkerung Zeit, langfristige Anpassungsstrategien zu entwickeln.

Mit der Einführung und Durchsetzung der industrie-kapitalistischen Produktionsweise geschieht – gemessen an der traditionellen Gesellschaftsorganisation – historisch etwas Unerhörtes. Ökonomisches Wachstum und mit ihm technische Neuerungen und organisatorische Verbesserungen werden als solche institutionalisiert und dadurch zum eigenwertigen Ziel. Standen sie vormals im Dienst eines Weltbildes, das Lebensziele und die legitimen Mittel ihrer Verfolgung festschrieb, so zerreißen sie jetzt diese Bindungen: Es kommt zur Ausdifferenzierung der gesellschaftlichen Teilbereiche Politik, Recht, Wirtschaft, Wissenschaft (und Kunst) und Religion, deren Funktionszusammenhang an die Stelle der traditionellen Macht tritt und dadurch die gesellschaftlichen Steuerungsinstanzen vervielfacht. Die abendländische Gesellschaft wird derart „modernisiert". In ihrem Funktionszentrum liegt das sozioökonomische System, das der lebensweltlichen Kontrolle entzogen ist und – nach dem Programm des Wirtschaftsliberalismus, wie es im 18. Jh. formuliert wurde – auch gegenüber den anderen gesellschaftlichen Subsystemen relative Unabhängigkeit behauptet, sie partiell sogar für sich funktionalisiert.

Im historischen Rückblick betrachtet hat die Entbindung der genannten gesellschaftlichen Teilbereiche Fortschritte, aber auch Verluste gebracht. Zu den positiven Entwicklungen gehören die Entfesselung der Produktivkräfte, insoweit sie zu einer zunehmenden Verbesserung der materiellen Existenzsicherung von immer größeren Bevölkerungsteilen geführt hat, ebenso die Gewaltenteilung, da sie den Demokratisierungsprozeß zumindest formal vorantreibt. Für das einzelne Gesellschaftsmitglied schlägt die Zunahme an individueller Entscheidungsfreiheit zu Buche, die umso größer wird, je weniger „kulturelle Traditionen eine Vorentscheidung darüber treffen, welche Geltungsansprüche wann, wo, für was, von wem und wem gegenüber akzeptiert werden müssen" (*Habermas* 1981/1, S. 108); damit ist wenigstens im Prinzip irrationale Autorität gebrochen, denn sie kann von Betroffenen, die selbst zu denken wagen, unter Legitimationsdruck gesetzt werden. Indessen lassen sich positive und negative Entwicklungen nicht einfach gegeneinander aufrechnen, da sie nicht unabhängig voneinander sind. Deshalb hat die emanzipatorische Auflösung traditioneller Weltbilder auch ihre Schattenseiten, die als „Kolonialisierung der Lebenswelt" (*Habermas* 1981/2, S. 522) beschrieben werden können.

Indem ökonomisches Wachstum erstes Ziel der Gesellschaftsentwicklung wird, befreit es sich nicht nur von traditionellen Widerständen, sondern beginnt, alle vorfindlichen Traditionen dem ökonomischen Kalkül zu unterwerfen und sie somit zu entwerten. Immer weitere Bereiche der gesellschaftlichen Lebenspraxis werden der Zweck-Mittel-Analyse unterzogen und dadurch auf Effektivität, Abstraktion und Neutralisierung individueller Ziele eingerichtet. Davon sind nicht nur alte Traditionsbestände betroffen (Folklorismus: Wertschöpfungen des Brauchtums der eigenen oder einer fremden Kultur, die im ursprünglichen lebenspraktischen Zusammenhang Identität verbürgen, werden original oder imitiert zur Handelsware); es trifft ebenso die Bemühungen, neue Traditionen zu bilden: So werden alternativen Lebensentwürfen, wie sie in Gesellschaftsnischen beheimatet sind, angemessene gesellschaftliche Realisierungsbedingungen verwehrt, sowohl was ökonomische Unterstützung als auch politische Interessenvertretung anbelangt. Ihre Symbole und ihr Know-how dagegen vermarktet man; das mit ihnen verbundene Protestpotential verpufft. Entwertung wird auf diesem Wege zum vorherrschenden Aspekt systemfunktionaler Integration. Ihr Schlagwort ist „Sinnverlust". *Simmel* (1958, S. 264) hat diese Tendenz in seiner „Philosophie des Geldes" (1900) als objektiven Zynismus beschrieben:

„Je mehr hier das Geld zum alleinigen Interessenzentrum wird, je mehr man Ehre und Überzeugung, Talent und Tugend, Schönheit und Heil der Seele dagegen eingesetzt sieht, eine umso spöttischere und frivolere Stimmung wird diesen höheren Lebensgütern gegenüber entstehen, die für dasselbe Wertquale feil sind wie die Güter des Wochenmarktes. Der Begriff des Marktpreises für Werte, die ihrem Wesen nach jede Schätzung außer der an ihren Kategorien und Idealen ablehnen, ist die vollendete Objektivierung dessen, was der Zynismus im subjektiven Reflex darstellt".

Vor allem nach den beiden Weltkriegen hat sich das Verhältnis von System und Lebenswelt einschneidend zum Nachteil lebenspraktischer Sinngebung verschoben, wobei erschwerend hinzukommt, daß die technische Vernunft paradoxerweise ihre eigene Zerstörung zu betreiben scheint:

- Wir arbeiten zunehmend weniger, um lebenswichtige Produkte herzustellen, sondern um Arbeitsplätze zu schaffen und zu erhalten (*Gorz* 1980, S. 130).
- Wir konsumieren immer mehr, ohne eine wesentliche Steigerung unserer Lebensqualität zu erreichen, da es Überflüssiges im Überfluß gibt, während lebenspraktisch Notwendiges (Wohnraum, Ruhe, unvergiftete Lebensmittel u.a.m.) immer knapper wird; dadurch ist eine „Modernisierung der Armut" (*Illich* 1978, S. 23 ff.) eingetreten.
- Wir werden zunehmend von Informationen überschüttet, ohne an Beurteilungskompetenz zu gewinnen, weil wir immer weniger aus der Handlungs- und Produzentenperspektive wissen; im Normalfall lassen wir uns von den herrschenden dinglichen und personalen Verhältnissen führen, im Krisenfall verlassen wir uns auf wissenschaftliche Experten (*Nowotny* 1982).
- Unser Wirtschaftswachstum reicht kaum mehr aus, um die Beseitigung der Folgekosten zu finanzieren, die es selbst aufwirft; es zeigt sich, „daß der soziale Wohlfahrtsstaat mit der Industrialisierung in dem Maß heraufkommt, wie das soziale Gemeinschaftsleben durch eben diese Industrialisierung her-

unterkommt" und daß er sich unter der Bedingung ökonomischer Krisen als „Sozialpolizeistaat" erweist (*Huber* 1979, S. 134, 145 ff.).

Auf ihrem Höhepunkt schlägt die „Kolonialisierung der Lebenswelt" in eine „Pathologisierung" (*Habermas* 1981, 2/S. 566 ff.) um. Diese kann allgemein als *Sprachloswerden* der Gesellschaftsmitglieder gekennzeichnet werden, was die Beschränkung kommunikativer Vernunft auf (oder gar unter) ihr existentielles Minimum bedeutet. Sie ist die logische und wahrscheinlich auch die praktische Konsequenz einer „ungestörten" Verallgemeinerung technischer Vernunft. Bezogen auf die vier genannten Paradoxa im Funktionsverbund von sozioökonomischem und staatlich-administrativem System lassen sich vier psychische Merkmale nennen, die Sprachlosigkeit begünstigen:

– Der Verlust eines emphatischen Produzentenbewußtseins, das mit der Produktion von *Lebens*mitteln materieller und symbolischer Art verbunden ist;
– das diffuse Gefühl, trotz Ausschöpfung aller gebotenen Konsumchancen unbefriedigt („leer", „hungrig", „arm") zu bleiben und das eigene Leben zu Ende gehen lassen zu müssen, ohne es erfüllt zu haben;
– die Berührungsangst vor gesellschaftlichen Problemen, weil die Beschäftigung mit ihnen die eigenen Fähigkeiten zu überfordern droht, und die Berührungsangst vor gesellschaftskritischem Engagement, weil es aufgrund unzureichender Fähigkeiten Ohnmacht öffentlich werden läßt;
– die Angst, zum Sozialfall zu werden und sein Privatleben einer staatlichen Untersuchung preisgeben zu müssen.

Im Rahmen der bislang kursorisch entwickelten Überlegungen zur Dynamik bürgerlich-kapitalistischer Gesellschaftsgeschichte soll im folgenden versucht werden, die Themen Besitz und Geld zu verorten. Dazu bietet es sich an, die Protestantismus-Kapitalismus-These von *Weber* (1973) aufzugreifen, die dieser Anfang des 20. Jhs. vorgetragen hat. Ihr Angriffspunkt ist die historische Entflechtung von Arbeit und Interaktion, die er in der protestantischen Ethik rationalisiert sieht. Indem Weber derart das Aufkommen eines bestimmten Weltbildes neben ökonomische, technische und politische Bedingungen stellt und dadurch die Kausalfaktoren der Kapitalismusentwicklung „ergänzt" (S. 360), gelingt es ihm, den gesellschaftlichen Umbruch der Moderne bis in die Mentalität der Gesellschaftsmitglieder hinein zu verfolgen und somit auch subjektiv zu bestimmen. Die These besagt, daß vor allem puritanische Religionsgemeinschaften lange Zeit eine „machtvolle, unbewußt raffinierte Veranstaltung zur Züchtung kapitalistischer Individuen" (S. 372f.) gewesen seien, da sie die Bereitschaft, eine Sache um ihrer selbst willen zu tun, das Sichhingeben an die Berufsarbeit und die Systematisierung der gesamten Lebensführung gefördert hätten. Weber findet diesen Einstellungskomplex sowohl in den Ratschlägen, die der frühe Kapitalist Benjamin Franklin 1748 für junge Unternehmer formulierte, wie auch in den Arbeits- und Berufsethiken von Luther (1483–1546), Calvin (1509–1564) und Baxter (1615–1691). Insbesondere betont er die zukunftsweisende Funktion des calvinistischen Prädestinationsglaubens, nach dem sich himmlische Erwählung im sichtbaren sozioökonomischen Erfolg auf Erden zeigt. In diesem Glaubenssatz sind die „Zeit der Kirche" und die „Zeit des Händlers" zur Deckung gebracht. Vor allem an der Systematisierung der Lebensführung ist abzulesen, wie die Lebenszeit unter die Vorherrschaft technischer Vernunft gerät, indem kommunikative Aspekte ausgegrenzt werden. Diese Ausgrenzung zeigt sich vor allem in der sprichwörtlich gewordenen puritanischen Askese, die in Sparsamkeit und dem Aufschub sinnlicher Befriedigung auf einen unbestimmten Zeitpunkt hin besteht.

Der psychologische Clou der Protestantismus-Kapitalismus-These liegt in dem historischen Beleg einer *Gleichzeitigkeit* von rationalen und irrationalen Handlungsmotiven. Der Puritaner entwickelt einseitig seine technischen Fähigkeiten, um materiellen Reichtum anzuhäufen. Dieser verspricht ihm Erlösung, also letztlich die Nichtigkeit aller Strategien und Taktiken des irdischen Konkurrenzkampfes in der Liebe und im Frieden einer himmlischen Kommunikationsgemeinschaft. Ihr Ideal läßt alle realen Kommunikationschancen mit sinnlich konkreten Menschen wertlos erscheinen. Die Verschiebung des Wunsches nach Geborgenheit in ein Jenseits, dessen Wirklichkeit den Tod voraussetzt, ist die „ungeheuerliche Verwirrung" (R. Benedict) der puritanischen Psyche, der auf Erden nichts bleibt außer der Liebe zum (Geld-)Besitz und zu der Leistung, die ihn mehrt. Weber nimmt an, daß die offene Irrationalität im kapitalistischen Weltbild bald zurückgetreten ist, ohne indessen zu verschwinden: Aus dem „dünnen Mantel" religiös begründeter Sorge um die Errichtung eines sozioökonomischen Systems „ließ das Verhängnis ein stahlhartes Gehäuse werden", das dem einzelnen Gesellschaftsmitglied „die Normen seines wirtschaftlichen Handelns auf(zwingt)" (S. 188).

Auf diese Versachlichung der Irrationalität zielt auch *Marx* im „Kapital" (1973, S. 50), wenn er vom „Fetischismus, der den Arbeitsprodukten anklebt, sobald sie als Waren produziert werden", spricht. Während die Warenproduktion Kennzeichen kapitalistischer Ökonomie und mithin moderner Gesellschaften ist, verweist der *Fetischismus*begriff auf Stammesgesellschaften. Bei ihnen sind Fetische leblose Gegenstände, denen übernatürliche Kräfte zugeschrieben werden und die man deshalb magisch-religiös verehrt. Nach fetischistischem Glauben wohnen in den Steinen, Gerätschaften, Tierbälgen oder Figuren in Menschengestalt, die zur Verehrung bestimmt sind, Geister. Diese lassen sich durch Manipulation des Fetischs – häufig als Peinigung vorgenommen – dazu zwingen, Bitten nach Nahrung, Schutz oder Fruchtbarkeit zu erfüllen. Wenn Marx in seiner Kapitalismusanalyse einen Begriff verwendet, der auf vorkapitalistische Lebensformen verweist, dann geschieht dies offensichtlich deshalb, um den Umgang mit Waren im Kapitalismus als Rückfall in ein irrationales Weltbild zu entlarven: Denn wir – so die übereinstimmende Diagnose mit Weber – binden nach wie vor diffuse Heilserwartungen an unseren Warenbesitz. Wodurch aber können Waren zu Fetischen werden? Jedes Produkt, das von einem Menschen hergestellt wird, ist das sinnliche Ergebnis seiner Tätigkeit und man wird ihm spurenhaft die Art seiner Herstellung ansehen. In das sozioökonomische System übertragen heißt das: Die auf einem bestimmten historischen Entwicklungsstand produzierten Güter zeugen von den investierten Produktivkräften (Wissen, Rohstoffe, Maschinen) und den gegebenen Produktionsverhältnissen (Arbeitsteilung, Ausbeutung). Im Kapitalismus werden Güter als Waren produziert; diese Produktion macht verschiedene Voraussetzungen:

- Die Produktionsmittel sind Privateigentum eines Kapitalisten, sie gehören damit also nicht denen, die sie produktiv gebrauchen.
- Ihre Entwicklung unterliegt der Eigendynamik des technologischen Fortschritts, der die Produktivkräfte und indirekt die Produktionsverhältnisse bestimmt und zunehmend die Produzenten selbst überflüssig macht.

– Die Produkte werden für einen anonymen Markt produziert, auf dem sich Geldbesitzer bewegen, denen eine bestimmte Bedürfnisstruktur unterstellt wird. Wo diese bei den konkreten Menschen nicht gegeben ist, dient das Marktangebot der Bedürfnisbildung.
– Die Belieferung dieses Marktes mit Produkten steht unter dem vordringlichen Ziel des Verkaufs, d.h.: Deren Eignung, individuelle Bedürfnisse voll zu befriedigen, tritt hinter den formalen Faktoren beständiger Umsatzsteigerung zurück.
– Der umsatzsteigernde Verkauf der Produkte wirft Gewinn ab, da ihr Preis gemessen an allen anfallenden Kosten unverhältnismäßig ist. Ebenso unverhältnismäßig wird dieser Gewinn verteilt, denn die Privateigentümer der Produktionsmittel bereichern sich mehr als diejenigen, die mit dem privaten Eigentum ihrer Arbeitskraft die Produkte schaffen.

Diese Voraussetzungen der Warenproduktion bestimmen die gegenständliche Erscheinung der einzelnen Güter (z.B.: Standardisierung und künstliche Differenzierung desselben Produktes nach „Marken", Herstellung monofunktionaler Produkte, ästhetische Verkleidung, Qualitätsminderung durch entsprechende Rohstoffwahl oder durch „Sollbruchstellen"). Im Waren-„körper" sind die spezifischen Interessen des sozioökonomischen Systems vergegenständlicht, wobei dieser Hintergrund allerdings unkenntlich zu machen versucht wird. Denn die Interaktionseinheit von Verkaufen-Kaufen muß die „Basisideologie des gerechten Tausches" (*Habermas* 1973a, S. 36ff.) zwischen Geld und Ware, Arbeitskraft und Lohn aufrechterhalten, wenn es nicht zu sozialem Unfrieden kommen soll. Wo diese Ideologie greift, wird die Ware zum Fetisch: Sie erscheint als Ding, das keine Produktionsgeschichte hat. Der Käufer kauft mitleidlos, ohne sich um die Verausgabung der physischen und psychischen Arbeitskraft lebendiger Menschen zu kümmern und ohne nach den verausgabten Rohstoffen zu fragen, die das Objekt seines Begehrens doch voraussetzt. Nach der Marxschen Fetischismusanalyse ist die irrationale Heilserwartung, die sich an Warenbesitz bindet, somit deshalb möglich, weil ihr eine kollektive psychische Abwehr vorausgeht, die Erinnerungsvermögen und Kritik trübt und dadurch die Psyche des Konsumenten „primitiviert".

An diesem Punkt muß sich insbesondere die *Psychoanalyse* aufgerufen fühlen, weil ihr Thema das Irrationale ist, das aufgrund von Verdrängungsleistungen zustande kommt. So hat sie sich dann auch mit dem puritanischen Ich beschäftigt und seine Leistungs- und Besitzorientierung als Abwehr von Schuld- und Minderwertigkeitsgefühlen interpretiert, die durch eine gesellschaftliche Hochschätzung von Lohnarbeit und Eigentum begünstigt wird. Dieses Ich untersteht einem tyrannischen Über-Ich, das in der Identifikation mit einer übermächtigen Gott-Vater-Figur gebildet ist. Nach der Freudschen Erkenntnis, daß der Verzicht auf das Ausleben von aggressiven Wünschen (gegen diese Figur) ein Über-Ich bildet, das immer mehr Verzicht verlangt (s. o. S. 93 f.), lassen sich die Schuld- und Minderwertigkeitsgefühle auch nicht endgültig beseitigen: Der Puritaner verzehrt sich in der Systematisierung seines Lebens und versucht, im Dienste seiner eigenen psychischen Entlastung alles um ihn herum zur Nachfolge zu bekehren. Seine Strategie wird im Kapitalismus verallgemeinert und hat solange Erfolg gehabt, wie „Unterwerfung und Ausbeutung positiven Anpassungswert hatte, bis zu jenem Zeitpunkt der technisch-wirtschaftlichen Entwicklung also, wo diese allmählich Eigengesetzlichkeit gewann und langsam der Kontrolle entglitt. Denn wie soll sich ein in seiner Beweglichkeit so eingeschränktes Ich mit dem zunehmenden Tempo der Veränderungen abfinden, wie sich dem selbstgeschaffenen Überfluß anpassen? Diese neue Sachlage muß ihm jedenfalls höchst unwillkommen sein. Und daher erkennt es plötzlich das große Elend der Welt und ist erschüttert. Der Überfluß, stellt es (unbewußt erleichtert) fest, ist ja noch gar nicht vorhanden, zwei Drittel der Menschheit hungern" (*Lincke* 1970, S. 385).

Auch Fetischismus ist ein der Psychoanalyse geläufiger Begriff. Er bezeichnet eine psychische Störung, die durch eine spezifische Verkehrung der Bedürfnisbefriedigung auffällt. Ohne hier in Detailbetrachtungen gehen zu können, sei lediglich ihr struktureller Aspekt genannt: Der (männliche) Fetischist begehrt ein Ding wie eine (mütterliche) Person. Die Dinge, die in Frage kommen, sind nicht beliebig, sondern kognitiv und emotional mit der Vorstellung dieser Person verbunden. Sie vertreten ihre Stelle. Hinter dieser Verschiebung des befriedigenden Objektes steht die Angst, die Person zu begehren, weil sie tabu ist (Schuldgefühl) oder man sich selbst einer realen zwischenmenschlichen Beziehung nicht gewachsen fühlt (Ohnmachtsgefühl). Diese Angst blockiert die Realisierung des Wunsches, ohne daß der Wunsch indessen erlischt. Im Sammeln der Fetische geschieht dann ein Doppeltes: Die gemeinte Person bleibt bis zur Unkenntlichkeit entstellt in der Fantasie lebendig, während die Befriedigung am ver-kehrten Objekt gesucht und auch partiell empfunden wird, was aber erneut Gefühle der Schuld- und Ohnmacht belebt (*Pontalis* 1972).

Becker & Schorsch (1975) haben einen bemerkenswerten Fall von Geldfetischismus beschrieben, in dem eine 53jährige biedere Hausfrau die affektiven Spannungen aus ihren Lebenskonflikten pervers abzuführen suchte. Sie stand wegen Unterschlagung von einer halben Million DM vor Gericht, die sie auf sehr ungewöhnliche Art verbraucht hatte. Ihre Leidenschaft galt neuen 100 bis 1 000 DM-Scheinen, aus denen sie Röllchen in Phallusform drehte und mit diesen masturbierte, um anschließend das Geld angewidert im Rahmen eines Zwangsrituals zu vernichten!

Die Psychoanalyse bekommt in ihrer Praxis subjektives Leid zu sehen, das durch die Pathologisierung der Lebenswelt mitbedingt ist. Je mehr die kommunikative Vernunft tatsächlich verstummt, desto größer wird die Wahrscheinlichkeit, daß die Dinge zu „leben" beginnen. Mit dieser Metapher läßt sich vielleicht am besten die psychoanalytische Erfahrung fassen, daß Waren die Ich-Grenzen ihrer Besitzer durchstoßen und emotional wie Teile des eigenen Selbst oder wie Teile einer anderen Person erlebt werden (*Fenichel* 1976, S. 204 ff.), die man psychisch distanzlos liebt oder auch haßt, denn letztlich ist die vandalistische Zerstörung eines Dings ebenfalls fetischistisch (Peinigung des Fetischs). Indem wir uns mit Waren umgeben, die in unser psychisches Ernährungssystem eingebaut werden, entsteht eine sprachlose Kommunikation zwischen uns Warenbesitzern, die von Mißtrauen beherrscht ist und Verleihen, Verschenken, mithin alle gemeinschaftsstiftenden besitzbezogenen Handlungen, höchst problematisch macht.

Einen tiefgreifenden emotionalen Zusammenhang zwischen (geld-)besitzbildender Arbeit und psychischer Geborgenheit zeigt der Fall „Der Flieger", den *Argelander* (1972) vorgestellt hat. Es handelt sich um einen sehr erfolgreichen Geschäftsmann, der im Umgang mit anderen Menschen manipulativ und in seiner Hobbyfliegerei tollkühn ist. Er scheint keinerlei Angst zu kennen. Umso auffälliger wirkt deshalb die folgende Eigenheit: Jedesmal wenn dieser Mann mehrere Tage lang nicht nach Geschäft und Mitarbeitern sehen kann, überfällt ihn ein unerklärliches Gefühl der Panik.

Er ist dann gezwungen – sei es an Sonntagen oder in der Urlaubszeit – sein Büro aufzusuchen, ein paar Stunden zu arbeiten und sich so davon zu überzeugen, daß es während seiner Abwesenheit keine überraschenden Vorkommnisse gegeben hat. Die Analyse dieses Falles führt zu einem unbewußten Autonomiekonflikt (vgl. zum besseren Verständnis oben S. 86–91). Die Beziehung des Mannes zu seinem Geschäft wird von dem ambivalenten Wunsch nach einer bedingungslos nährenden Mutter bestimmt. Nur wenn ihre Gestaltung symbiotische Nähe bringt und die Grenzen zwischen Mensch und System verwischen, scheint die Ernährung nicht in Gefahr. Das panische Gefühl, das mit zunehmender Abwesenheit entsteht, resultiert aus den unbewußten Aggressionen des Mannes. Er möchte sich trennen, da ihn sein Geschäft in Abhängigkeit hält. Indem er aber die Trennung betreibt, erlebt er, wie sich seine Macht in Ohnmacht verkehrt: Plötzlich scheint sich das Geschäft selbständig zu machen und ihn auszustoßen. Um diese Angst zu bannen, muß sich der Geschäftsmann auf alle die sozioökonomischen Faktoren konzentrieren, die seiner Beziehung schaden können. Er versucht, sich mit ihnen zu identifizieren. Auf diese Weise lernt er genau die Strategien und Taktiken kennen, die ihm geschäftlichen Erfolg bescheren. Obwohl er immer erfolgreicher wird, wächst aber sein Mißtrauen: Denn großer Reichtum schafft die objektive Möglichkeit, ganz vom Geschäft zu lassen und für sich zu leben. An diesem Punkt angekommen hilft dann vielleicht nur noch ein unbewußt herbeigeführter Bankrott, um die Trennungsangst in einem erneuten geschäftlichen Anlauf, der besonderen Arbeitseinsatz nötig macht, abzufangen!

Die vorgetragenen Überlegungen lassen sich unter einem ethischen Aspekt zusammenfassen: Die Dingwelt, in der wir leben, enthält in vergegenständlichter Form kognitive und emotionale Anweisungen für ihren Gebrauch und dieser Gebrauch setzt, wenn er nicht eigensinnig erfolgt, individuell die gesellschaftliche Lebenspraxis frei, die bereits ihren Produktionsprozeß bestimmt hat. Im historischen Zustand einer Pathologisierung der Lebenswelt herrscht deshalb eine Lebensführung mit ver-kehrter Bedürfnisstrukturierung vor, die unerfüllbare Heilserwartungen an den Besitz von Dingen bindet. Diese Fetischisierung gilt es aufzuheben, wobei es auf subjektiver Ebene um die Herstellung einer Wahrnehmung und eines Gedächtnisses geht, die den Zusammenhang zwischen Konsumtion und Produktion, Produktion und Ausbeutung wachhält. Diese moralische Forderung scheinen vor allem die neuen sozialen Bewegungen in ihr Programm aufgenommen zu haben. Sie lassen sich nicht mehr in das herkömmliche politische links/rechts-Schema einordnen und propagieren auch nicht mehr ausschließlich den Umverteilungskampf. Vielmehr geht es ihnen um Entkolonialisierung der Lebenswelt: Wiederherstellung oder Verteidigung lebensweltlicher Freiräume.

ZUR VERTIEFUNG

Fragen und Probleme

1. Wie im Kapitel angedeutet (s. o. S. 188) fällt es Kindern lange Zeit schwer, zu verstehen, wie eine Bank funktioniert. Lesen Sie sich bitte das folgende Beobachtungsprotokoll (nach *Kroner* 1981, S. 57 ff.) durch. Es beschreibt eine Situation, in der Mutter (M) und Sohn Volker (V: 8) ein Sparkonto bei einer Bankangestellten (A) für ihn eröffnen wollen.

A bittet beide zu dem langen Tisch, holt Schreibmaschine und Formular. M nimmt gegenüber Platz, während V sich nicht auf einen Stuhl setzen will. Nachdem er sich kurz lässig auf den Tisch mit den Ellbogen aufgestützt hat, entfernt er sich, lungert in der Schalterhalle herum. Als A die Personalien in das Formular eingetragen hat, muß V unterschreiben. Unterschrift? – „Dein Name kommt da drunter!" V unterschreibt nur mit seinem Vornamen und will dann wieder weggehen. M: „Halt, da fehlt noch der Familienname." Aufstöhnen. Noch etwas schreiben! Aufschrei: „Scheiße, jetzt hab ich einen Buchstaben verkehrt geschrieben." Vielsagender Blick unter den Erwachsenen. A möchte eine zweite Unterschrift an anderer Stelle des Formulars. V: „Die kannst du selber machen. Einmal reicht!" M fragt ihren Sohn, was denn geschehe, wenn er nicht auf sein Sparbuch aufpasse, das man ihm jetzt aushändigt. V meint, dann bekommt er eben ein neues. M fordert ihn auf, doch A mal zu fragen. V fragt A. Diese erklärt ihm: V muß es bei der Bank melden und eine Unterschrift von zuhause mitbringen. M fragt zurück: „Und wenn er das neue wieder verliert?" A richtet sich an M mit dem Hinweis auf Vertragsklauseln und Haftungsgründe. V geht weg und blättert in einer Mappe herum, die in der Schalterhalle ausliegt. M fragt, was V mit seinem Geld hier auf der Bank mache. Souverän winkt V ab: „Das weiß ich schon." A spricht von dem Vorteil der Verzinsung: „Am Jahresende bekommt man mehr Geld heraus!" V nickt. Nach einer kleinen Pause fragt M die A, wieviel das ausmache. Bei 2 % Zinsen und 23 DM? Beide Erwachsene schauen sich amüsiert an: „Das sind wohl nur Pfennigbeträge!" V bekommt noch eine Plastiksparbüchse von A. M fragt, wohin nun das Spargeld komme? V meint, in die Sparbüchse, und dann nehmen sie das Ganze wieder mit nachhause. Schließlich soll er das Geld einzahlen. M gibt ihm 100 DM, weil sie es nicht genau hat. V will den

Schein sofort in die Büchse stecken. „Nicht da rein! Du mußt dorthin zur Kasse gehen!" V geht zur Kasse und gibt Geldschein und Sparbuch ab. Er bekommt von der Kassiererin 50 DM, 20 DM, 5 DM und 2 DM und das Sparbuch zurück, gibt M das Geld und will sich davon 23 DM nehmen. Aber es ist beim Wechselgeld kein Markstück dabei. Schließlich will er 20 DM nehmen: „Die gehören mir!" M versucht zu erklären. Daraufhin geht V zur Kassiererin und sagt: „M sagt, du hast mir zuwenig gegeben." Darauf erklärt M der Kassiererin die Situation und weist V noch einmal auf das Sparbuch hin. Interview:

Wenn du jetzt dein Geld holen willst, wo gehst du denn da hin?

V: Da geh ich zur Bank und hol mir was ab, und dann muß ich mein Sparbuch mitnehmen und dann schreiben die rein, wieviel ich noch habe.

Wer gibt dir das Geld?

V: Ne Frau gibt's mir, damit ich mir Sachen kaufen kann.

Welche Frau gibt dir des?

V: Die, die das letzte Mal (in der Bank) bei uns war.

Kann dir das auch jemand anderer geben?

V: Nee, mir nicht!

Nur die Frau?

V: Ja, ... nur die Frau kann des.

Du bist doch auf die Bank gegangen. Warum sparst du auf der Bank?

V: MMMMMh, weil ich Lust hab ... und damit ich nicht immer mein Geld verschwenden kann, hähä.

Wem gibst du lieber das Geld zum Aufbewahren?
Der Bank oder M?

V: Der Bank.

Der Bank? Und warum? ...

V: Weil! ... weil's dann in meinem Sparbuch drinnen steht und weil die M's mal vergißt, weil's 'n paar Wochen dazwischen drin waren, dann weiß man das nicht, aber in meinem Buch steht drin, wieviel Geld ich hab.

a) Versuchen Sie, die Verhaltensweisen von V auf dem Hintergrund der Ausführungen des Kapitels zu erklären.
b) Angenommen Vs Verhalten ist alterstypisch: Können Sie den pädagogischen Anspruch unterstützen, daß Kinder in diesem Alter „selbst" ein Konto eröffnen sollen, um besser mit Geld umgehen zu lernen?
c) Wie würden Sie Ihre eigenen Kinder an die sozioökonomische Realität unseres Gesellschaftslebens heranführen?

2. Seit Mitte der 70er Jahre scheint die auf (geld-)besitzbildende Leistung gründende Lebensführung in die Krise geraten zu sein. Ihr Stichwort ist Wertwandel.

Es ist vor allem durch die Untersuchungen von *Ingelhart* (1977, 1979) bekannt geworden. Sie sind in der EG, den USA und Österreich durchgeführt worden und ergeben ein einheitliches Grundmuster: Die Nachkriegsgeneration bevorzugt sog. postmaterialistische Werte (mehr politische Mitbestimmung, mehr Mitbestimmung am Arbeitsplatz, weniger unpersönliche Gesellschaft, freie Rede, Ideen vor Geld, Natur), die Vor- und Kriegsgenerationen dagegen materialistische Wertvorstellungen (Kampf gegen steigende Preise, Wirtschaftswachstum, stabile Wirtschaft, öffentliche Ordnung, Verbrechensbekämpfung, starke Verteidigungskräfte).

a) Versuchen Sie, diesen Befund zu erklären.
b) Versuchen Sie, Kriterien zu entwickeln, die erlauben, von Wert*wandel* zu sprechen.

In der Bundesrepublik hat *Noelle-Neumann* (1978) diesen Ansatz aufgegriffen. Sie analysiert Umfragedaten über die Einstellung zu Arbeit und Anstrengung bei Arbeitern. Ihr Ergebnis:

„Im materiellen Bereich verbürgerlichen die Arbeiter, ein bürgerlicher Lebensstandard in bezug auf Besitz und Sicherheit ist praktisch erreicht. Im geistigen Bereich der Einstellungen, Wertvorstellungen vollzieht sich umgekehrt eine Anpassung an Unterschichtsmentalität, den bürgerlichen Werten entgegengesetzte Haltungen: Arbeitsunlust, Ausweichen vor Anstrengung, auch der Anstrengung des Risikos, statt langfristiger Zielspannung unmittelbare Befriedigung, Egalitätsstreben, Zweifel an der Gerechtigkeit der Belohnung, Statusfatalismus, das heißt Zeifel an der Möglichkeit, durch Anstrengung den eigenen Status zu verbessern."

a) Dieses Ergebnis ist zweifellos sehr emotional formuliert. Angenommen es sei stichhaltig: Welche gesellschaftlichen Interessengruppen hegen vermutlich welche Befürchtungen und/oder Hoffnungen?
b) An allen Untersuchungen zur Umwertung von Arbeit ist bisher kritisiert worden, daß sie von einem verkürzten Arbeitsbegriff ausgehen: Welche Dimensionen müssen unterschieden werden, um das Interesse an Arbeit voll zu erfassen?

3. Die „Kolonialisierung der Lebenswelt" ist auch Thema der Kritik der Straße, wie sie etwa in Form von Graffiti und Demosprüchen unkonventionell zum Ausdruck kommt. Im folgenden ist eine Liste solcher Sprüche zusammengestellt:

– Achtung! Keinen Atommüll auf den Mars. Denn Mars bringt verbrauchte Energie sofort zurück.
– Nie war ich so wertvoll wie heute.
– Laß mich dein Labello sein.
– Lieber Instandbesetzen als Kaputtbesitzen.
– Mehrwert währt länger als du.
– Freiheit für alle, die zahlen.
– Fällst du dem Kapital zur Last, steckt der Staat dich in den Knast.
– Brauchen wir den Staat genauso wie er uns?
– Lieber Feste feiern als feste arbeiten.
– Die Arbeit ist der Untergang der trinkenden Klasse.
– Biete Arbeitsplatz für Zimmer mit Blick aufs Meer.
– Berufsverbot für alle – werdet arbeitslos.
– Lieber arbeitslose Heere als Arbeitslosenheere.
– Wozu Atomkraft? Bei uns kommt der Strom aus der Steckdose.
– Alle wollen zurück zur Natur – nur nicht zu Fuß.
– Brot für die Welt – aber die Wurst bleibt hier.
– Heute schon gelebt?
– Lieber lebendig als normal.
– Keine Macht für niemand. (Ich bin niemand.)
– Ich geh kaputt. Gehst du mit?
– Wir haben alles, aber wir wollen es nicht.
– Wir haben nichts außer unserer Angst.
– Seid realistisch – fordert das Unmögliche!

a) Welche Annahmen über unsere Gesellschaft werden in den einzelnen Sprüchen gemacht? Welchen Gesamteindruck haben Sie?
b) In welchem Zusammenhang stehen Inhalt und Form der Aussagen?

Literatur

Chr. Eggers (Hrsg.), 1984: Bindungen und Besitzdenken beim Kleinkind. München: Urban & Schwarzenberg.

Ein gut lesbarer Überblick über psychologische und ethnologische Fragen, die sich an das Besitzdenken binden.

E. Borneman 1977: Psychoanalyse des Geldes. Eine kritische Untersuchung psychoanalytischer Geldtheorien. Frankfurt/M.: Suhrkamp (es 902).

Eine umfassende und spannende Darstellung/Dokumentation der (Irr-) Wege in der Psychoanalyse, die psychische Bedeutung des Geldes für die individuelle Lebensgeschichte ebenso wie für die Gattungsgeschichte zu bestimmen.

G. Schmölders 1975: Einführung in die Geld- und Finanzpsychologie. Darmstadt: Wissenschaftliche Buchgesellschaft.

Ein verhaltenstheoretischer Versuch, Volkswirtschaftslehre und Psychologie zusammenzubringen; bringt bislang wenig beachtete Themen auf, die sich für sozialisationstheoretische Analysen anbieten.

A. Krovoza 1976: Produktion und Sozialisation. Köln, Frankfurt/M.: EVA.

Zwar nicht leicht zu lesen, aber eine bedeutsame Funktionsbestimmung von (familialer) Sozialisation auf dem Hintergrund einer polit-ökonomischen Analyse des Spätkapitalismus.

Literatur

Adorno, Th. W., 1981. Minima Moralia. Reflexionen aus dem beschädigten Leben. Frankfurt/Main: Suhrkamp.

–, 1972. Erziehung – wozu? In: *Adorno, Th. W.*, Erziehung zur Mündigkeit. Frankfurt/Main: Suhrkamp.

Aldous, J., 1978. Family careers. Developmental change in families. New York: Wiley & Sons.

Argelander, H., 1969. Der Flieger. Eine charakteranalytische Fallstudie. Frankfurt/Main: Suhrkamp.

Ariès, Ph., 1975. Geschichte der Kindheit. München: Hanser.

Badinter, E., 1981. Die Mutterliebe – Geschichte eines Gefühls vom 17. Jh. bis heute. München/Zürich: Piper.

Bahrdt, H. P., 1983. Öffentlichkeit und Privatheit. Überlegungen zu ihrer Kommunikations- und Interaktionsstruktur. In: *Heigl-Evers, A.* (Hrsg.), Lewin und die Folgen. (Die Psychologie des 20. Jhs. Bd. VIII). München: Kindler, 510–518.

Balzac, H. de, 1983. Über die Liebe. Frankfurt/Main: Insel.

Bamberg, G. & Baur, F., 1980. Statistik. München: Oldenbourg.

Bandura, A., 1969. Social learning theory of moral judgements. Journal of Personality and Social Psychology 11, 275–279.

–, 1977. Social learning theory. Englewood Cliffs, N. J.: Prentice Hall. (deutsche Übersetzung: *Bandura, A.*, 1979. Sozial-kognitive Lerntheorie. Stuttgart: Klett).

– *& McDonald, F. J.*, 1963. The influence of social reinforcement and the behavior of models in shaping children's moral judgements. Journal of Abnormal and Social Psychology 67, 274–281.

–, *Ross, D. & Ross, S. A.*, 1963. Imitation of film mediated aggressive models. Journal of Abnormal and Social Psychology 66, 3–11.

– *& Walters, R. H.*, 1963. Social learning and personality development. New York: Holt, Rinehart & Winston.

Becker, N. & Schorsch, E., 1975. Geldfetischismus. In: *Schorsch, E. & Schmidt, G.* (Hrsg.), Ergebnisse zur Sexualforschung. Köln: Kiepenheuer & Witsch, 238–258.

Beckmann, D., 1979. Geschlechtsrollen und Paardynamik. In: *Pross, H.* (Hrsg.), Familie – wohin? Leistungen, Leistungsdefizite und Leistungswandlungen der Familie in hochindustrialisierten Gesellschaften. Reinbek: Rowohlt, 169–195.

Bernstein, B., 1972. Studien zur sprachlichen Sozialisation. Düsseldorf: Schwann.

Berscheid, E., Dion, K., Walster, E. & Walster, G. W., 1971. Physical attractiveness and dating choice: A testing of the matching hypotheses. Journal of Experimental Social Psychology 7, 173–189.

Berti, A. & Bombi, A., 1981. The development of the concept of money and its value: A longitudinal study. Child Development 52, 1179–1182.

Bertram, H., 1978. Gesellschaft, Familie und moralisches Urteil. Weinheim: Beltz.

Bigelow, B., 1977. Children's friendship expectations: A cognitive-developmental study. Child Development 48, 246–253.

Blasius, D., 1977. Psychohistorie und Sozialgeschichte. Archiv für Sozialgeschichte 17, 383–403.

Blos, P., ^{3}1983. Adoleszenz. Eine psychoanalytische Interpretation. Stuttgart: Klett-Cotta.

Bohleber, W. & Leuzinger, M., 1983. Narzißmus und Adoleszenz. Kritische Bemerkungen zum ‚Neuen Sozialisationstypus'. In: Die neuen Narzißmustheorien: zurück ins Paradies? Herausgegeben vom Psychoanalytischen Seminar Zürich. Frankfurt/Main: Syndikat/EVA, S. 125–138.

Bopp, J., 1984. Die Mamis und die Mappis. Zur Abschaffung der Vaterrolle, Kursbuch 76, 53–75.

Borneman, E., 1977. Psychoanalyse des Geldes. Eine kritische Untersuchung psychoanalytischer Geldtheorien. Frankfurt/Main: Suhrkamp.

Bossong, B., 1983. Gerechtigkeitsnormen und angemessenes Einkommen. Zeitschrift für experimentelle und angewandte Psychologie 30, 32–44.

Boszormenyi-Nagy, J., 1977. Mann und Frau. Verdienstkonten in den Geschlechtsrollen. Familiendynamik 2, 1–10.

Bott, E., 1972. Family and social network: Roles, normes, and external relationships in ordinary urban families. London: Tavistock.

Bowlby, J., 1973. Mütterliche Zuwendung und geistige Gesundheit. München: Kindler.

Braun, M. & Leitner, U. (Hrsg.), 1976. Problem-Familie – Familienprobleme. Frankfurt/Main: Campus.

Brede, K., 1971. Die Pseudo-Logik psychosomatischer Störungen. Überlegungen zu einem soziologischen Organismuskonzept. In: Psychoanalyse als Sozialwissenschaft. Frankfurt/Main: Suhrkamp, 152–199.

Bronfenbrenner, U., 1976. Ökologische Sozialisationsforschung. Stuttgart: Klett.

–, 1978. Socialization and social class through time and space. In: *Maccoby, E. E., Newcomb, T. M. & Hartley, E. L.* (Hrsg.), Readings in Social Psychology. New York: Holt, Rinehart & Winston, 400–425.

Broughton, J. M., 1981. The devided self in adolescence. Human Development 24, 13–32.

Broverman, I., Vogel, S., Broverman, D., Clarkson, F. & Rosenkrantz, P., 1972. Sex-role stereotypes: A current appraisal. Journal of Social Issues 28, 59–78.

Bruner, J. S. & Goodman, C. D., 1947. Value and need as organizing factors in perception. Journal of Abnormal and Social Psychology 42, 33–44.

Brunner, O., 1956. Das „ganze Haus" und die alteuropäische „Ökonomik". In: *Brunner, O.*, Neue Wege der Sozialgeschichte. Vandenhoeck & Ruprecht, 103–128.

–, 1978. Vom ‚ganzen Haus' zur ‚Familie'. In: *Rosenbaum, H.* (Hrsg.), Familie und Gesellschaftsstruktur. Materialien zu den sozioökonomischen Bedingungen von Familienformen. Frankfurt/Main: Suhrkamp, 83–91.

Chasseguet-Smirgel, J., 1976. Freud and female sexuality: The consideration of some blind spots in the exploration of the dark continent. International Journal of Psychoanalysis 57, 275–294.

–, 1981. Das Ichideal. Psychoanalytischer Essay über die ‚Krankheit der Idealität'. Frankfurt/Main: Suhrkamp.

Chomsky, N., 1970. Sprache und Geist. Frankfurt/Main: Suhrkamp.

Ciompi, L., 1982. Affektlogik. Über die Struktur der Psyche und ihre Entwicklung. Stuttgart: Klett-Cotta.

Condry, S. & Dyer, S., 1976. Fear of Success: Attribution of cause to the victim. Journal of Social Issues 32, 63–83.

Connell, R. W., 1977. Ruling class, ruling culture. Melbourne: Cambridge University Press.

Cooper, D., 1972. Der Tod der Familie. Reinbek: Rowohlt.

Cowan, P. A., Langer, J., Heavenreich, J. & Nathanson, M., 1969. Social learning and Piaget's cognitive theory of moral development. Journal of Personality and Social Psychology 11, 261–274.

Cummings, S. & Taebel, D., 1978. The economic socialization of children: A neo-Marxist analysis. Social Problems 26, 198–210.

Damon, W., 1977. Die soziale Welt des Kindes. Frankfurt/Main: Suhrkamp.

–, 1982. Zur Entwicklung der sozialen Kognition des Kindes. Zwei Zugänge zum Verständnis von sozialer Kognition. In: *Edelstein, W. & Keller, M.* (Hrsg.), Perspektivität und Interpretation. Frankfurt/Main: Suhrkamp, 110–146.

DeMause, L., 1976. The formation of the American Personality through psychospeciation. The Journal of Psychohistory 4 (1), 1–31.

– (Hrsg.), 1977. Hört ihr die Kinder weinen? Eine psychogenetische Geschichte der Kindheit. Frankfurt/Main: Suhrkamp.

–, 1977. Jimmy Carter and American fantasie. Journal of Psychohistory 5 (2), 151–175.

–, 1979a. Über die Geschichte der Kindheit. Frankfurt/Main: Suhrkamp. (Auskoppelung des 1. Kapitels aus DeMause 1977).

–, 1979b. Historical group fantasies. The Journal of Psychohistory 7 (1), 1–71.

–, 1984. Reagans Amerika. Frankfurt/Main: Stroemfeld/Roter Stern.

Devereux, G., 1967. Angst und Methode in den Verhaltenswissenschaften. München: Hauser.

–, 1974. Normal und anormal. Frankfurt/Main: Suhrkamp.

Doise, W., Mugny, G. & Perret-Clermont, A. N., 1975. Social interaction and the development of cognitive operations. European Journal of Social Psychology 5, 367–383.

Döbert, R. & Nunner-Winkler, G., 1975. Adoleszenzkrise und Identitätsbildung. Frankfurt/Main: Suhrkamp.

– *& Nunner-Winkler, G.*, 1978. Performanzbestimmende Aspekte des moralischen Bewußtseins. In: *Portele, G.* (Hrsg.), Sozialisation und Moral. Weinheim: Beltz, 101–121.

Domagk, G. F., 1977. Zur Biochemie des Lernens. In: *Nissen, G.* (Hrsg.), Basic and clinical aspects of learning. Heidelberg: Springer.

Eberenz, U., 1978. Das Über-Ich als Regulationssystem psychischen Geschehens. Frankfurt/Main: Fachbuchhandlung für Psychologie GmbH, Verlagsabteilung.

Eckensberger, L. H. & Reinshagen, H., 1980. Kohlbergs Stufentheorie der Entwicklung des Moralischen Urteils: Ein Versuch ihrer Reinterpretation im Bezugsrahmen handlungstheoretischer Konzepte. In: *Eckensberger, L. H. & Silbereisen, R. K.* (Hrsg.), Entwicklung sozialer Kognitionen. Stuttgart: Klett-Cotta, 65–131.

Eder, K. (Hrsg.), 1973. Seminar: Die Entstehung von Klassengesellschaften. Frankfurt/Main: Suhrkamp.

–, 1976. Die Entstehung staatlich organisierter Gesellschaften. Ein Beitrag zu einer Theorie der sozialen Evolution. Frankfurt/Main: Suhrkamp.

Eggers, Ch. (Hrsg.), 1984. Bindungen und Besitzdenken beim Kleinkind. München: Urban & Schwarzenberg.

–, 1984. Einleitung. In: Ders. (Hrsg.), Bindungen und Besitzdenken beim Kleinkind. München: Urban & Schwarzenberg, 1–14.

Eibl-Eibesfeldt, I., 1973. Der programmierte Mensch. Wien: Molden.

Elias, N., 1978. Über den Prozeß der Zivilisation. Soziogenetische und psychogenetische Untersuchungen. 2 Bde. Frankfurt/Main: Suhrkamp.

Erikson, E. H., 1973. Identität und Lebenszyklus. Frankfurt/Main: Suhrkamp.

–, 1976. Kindheit und Gesellschaft. Stuttgart: Klett.

Fatke, R. & Flitner, A., 1984. Was Kinder sammeln. In: *Eggers, Ch.* (Hrsg.), Bindungen und Besitzdenken beim Kleinkind. München: Urban & Schwarzenberg, 233–255.

Fenichel, O., 1976. Der Bereicherungs-Trieb. Psyche 30, 81–103.

Fertig, L., 1984. Zeitgeist und Erziehungskunst. Eine Einführung in die Kulturgeschichte der Erziehung in Deutschland von 1600 bis 1900. Darmstadt: Wissenschaftliche Buchgesellschaft.

Flavell, J. H., 1972. An analysis of cognitive-developmental sequences. General Psychological Monographs 86, 279–350.

Foppa, K., 1965. Lernen, Gedächtnis, Verhalten. Köln: Kiepenheuer & Witsch.

Fox, R., 1967. Kinship and marriage: A anthropological perspective. New York: Penguin Books.

Freud, S., 1905. Drei Abhandlungen zur Sexualtheorie. Gesammelte Werke (GW) in 18 Bänden (I–XVIII). London: Imago Publishing, 1940–1952.

–, 1908. Die „kulturelle" Sexualmoral und die moderne Nervosität. GW VII.

–, 1912. Totem und Tabu. GW IX.

–, 1913. Das Unbewußte. GW X.

–, 1924a. Das ökonomische Problem des Masochismus. GW XIII.

–, 1924b. Der Untergang des Ödipuskomplexes. GW XIII.

–, 1932. Neue Folgen der Vorlesungen zur Einführung in die Psychoanalyse. GW XV.

–, 1953. Abriß der Psychoanalyse. Schriften aus dem Nachlaß 1892–1939. GW XVII.

Freud, A., 1964. Das Ich und die Abwehrmechanismen. München: Kindler.

Friedensanalysen, 1975 ff. Für Theorie und Praxis. Vierteljahresschrift für Erziehung, Politik und Wissenschaft. Frankfurt/Main: Suhrkamp.

Friedrichs, J., [10]1982. Methoden der empirischen Sozialforschung. Opladen: Westdeutscher Verlag.

Fuchs, W., 1983. „Jugendliche Statuspassage oder individualisierte Jugendbiographie?" Soziale Welt 3, 341–371.

Furby, L., 1978. Possessions: Toward a theory of their meaning and function throughout the life cycle. Life Span Development and Behavior, Vol. I. New York: Academic Press, 297–336.

Furth, H. G., 1982. Das Gesellschaftsverständnis des Kindes und der Äquilibrationsprozeß. In: *Edelstein, W. & Keller, M.* (Hrsg.), Perspektivität und Interpretation. Frankfurt/Main: Suhrkamp, 188–215.

Gartner, A., Kohler, M. C. & Riessman, F., 1971. Children teach children: learning by teaching. New York: Harper & Row.

Geulen, D. & Hurrelmann, K., 1980. Zur Programmatik einer umfassenden Sozialisationstheorie. In: *Hurrelmann, K. & Ulich, D.* (Hrsg.), Handbuch der Sozialisationsforschung. Weinheim: Beltz, 51–67.

Giese, G. (Hrsg.), 1961. Quellen zur deutschen Schulgeschichte seit 1800. Göttingen: Musterschmidt.

Gilligan, C., 1984. Die andere Stimme. Lebenskonflikte und Moral der Frau. München: Piper.

Gilligan, J., 1976. Beyond morality: Psychoanalytic reflections on shame, guilt and love. In: *Lickona, T.* (Hrsg.), Moral development and behavior. New York: Holt, Rinehart & Winston, 144–159.

Gillis, J. R., 1980. Geschichte der Jugend. Tradition und Wandel im Verhältnis der Altersgruppen und Generationen in Europa von der zweiten Hälfte des 18. Jahrhunderts bis zur Gegenwart. Weinheim/Basel: Beltz.

Görlich, B. et al., 1980. Der Stachel Freud. Beiträge und Dokumente zur Kulturismus-Kritik. Frankfurt/Main: Suhrkamp.

Gorz, A., 1980. Abschied vom Proletariat. Jenseits des Sozialismus. Frankfurt/Main: EVA.

Grubitzsch, H. & Lagpacan, L., 1980. „Freiheit für die Frauen – Freiheit für das Volk!" Sozialistische Frauen in Frankreich 1830–1848. Frankfurt/Main: Syndikat.

Grunberger, B., 1976. Das Kind in der Schatztruhe und die Vermeidung des Ödipus. In: Ders., Vom Narzißmus zum Objekt. Frankfurt/Main: Suhrkamp, 295–318.

Günther, K.-H., [7]1975. Quellen zur Geschichte der Erziehung. Berlin (Ost): Volk und Wissen.

Habermas, J., 1968. Technik und Wissenschaft als ‚Ideologie'. Frankfurt/Main: Suhrkamp.

–, 1973. Legitimationsprobleme im Spätkapitalismus. Frankfurt/Main: Suhrkamp.

–, 1973. Notizen zum Begriff der Rollenkompetenz. In: Ders., Kultur und Kritik. Frankfurt/Main: Suhrkamp, 195–231.

–, 1976. Moralentwicklung und Ich-Identität. In: Ders. (Hrsg.), Zur Rekonstruktion des Historischen Materialismus. Frankfurt/Main: Suhrkamp, 63–91.

–, 1981. Theorie des kommunikativen Handelns. 2 Bde. Frankfurt/Main: Suhrkamp.

Häsing, H. (Hrsg.), 1979. Narziß. Ein neuer Sozialisationstyp. Bensheim: päd-extra Verlag.

Halbwachs, M., 1966. Das Gedächtnis und seine sozialen Bedingungen. Berlin/Neuwied: Luchterhand.

Hardach-Pinke, I., 1982. Kinderalltag. Aspekte von Kontinuität und Wandel der Kindheit in autobiographischen Zeugnissen 1700–1900. Frankfurt/Main/New York: Campus.

Harten-Flitner, E., 1978. Leistungsmotivation und soziales Verhalten. Weinheim: Beltz.

Hartig, M., [2]1975. Selbstkontrolle. Lerntheoretische und verhaltenstheoretische Ansätze. München: Urban & Schwarzenberg.

Hartmann, D.-D., 1983. Stichwort „Psychobiographie". In: *Lippert, E. & Wakenhut, R.* (Hrsg.), Handwörterbuch der Politischen Psychologie. Opladen: Westdeutscher Verlag, 283–289.

Hartmann, H. A., Haubl, R., Neuberger, O., Peltzer, U. & Wakenhut, R., 1984. Diagnostische Probleme psychologischer Begutachtung. In: *Hartmann, H. A. & Haubl, R.* (Hrsg.), Psychologische Begutachtung. München: Urban & Schwarzenberg, 75–126.

– *& Wakenhut, R.*, 1973. Über Aktualität und Effizienz von Attitudenskalen. Zeitschrift für Sozialpsychologie 4, 195–206.

Hartmann, U., 1975. Kindheit und Jugend im Werk Joachim Heinrich Campes. Neue Sammlung 15, 464–481.

Haubl, R., 1977. Grundlagentheoretische Untersuchungen zur interaktiven Struktur von Erkenntnisarbeit. Absteckung eines Forschungsfeldes gezeigt am Beispiel der Konstruktion ehelicher und familialer Wirklichkeit. Unveröffentl. Diplomarbeit, Universität Gießen. 328–351.

–, 1984. Das Gesetz des Vaters. Trauer und Magie in einigen stellvertretenden Autobiographien der späten siebziger Jahre. In: *Haubl, R.* et al. (Hrsg.), Die Sprache des Vaters im Körper der Mutter. Gießen: anabas, 10–66.

Hausen, K., 1978. Die Polarisierung der ‚Geschlechtscharaktere'. – Eine Spiegelung der Dissoziation von Erwerbs- und Familienleben. In: *Rosenbaum, H.* (Hrsg.), Seminar: Familie und Gesellschaftsstruktur. Frankfurt/Main: Suhrkamp, 161–194.

Hegner, K., Lippert, E. & Wakenhut, R., 1983. Selektion oder Sozialisation. Opladen: Westdeutscher Verlag.

Heigl-Evers, A., 1972. Zum Konzept des impliziten Ehevertrages. Gruppenpsychotherapie und Gruppendynamik 2, 134–147.

Helsper, W. & Bietau, A., 1984. Zur Dynamik von Macht und Ohnmacht im Jugendalter. Psychologie und Gesellschaftskritik 8, 1/2, 18–49.

Hengst, H., 1981. Tendenzen der Liquidierung von Kindheit. In: *Hengst, H.* et al., Kindheit als Fiktion. Frankfurt/Main: Suhrkamp, 11–73.

Henry, R. M., 1983. The psychodynamic foundations of morality. Basel u. a. O.: S. Karger.

Herrmann, U., 1980. Probleme und Aspekte historischer Ansätze in der Sozialisationsforschung. In: *Hurrelmann, K. & Ulich, D.* (Hrsg.), Handbuch der Sozialisationsforschung. Weinheim/Basel: Beltz.

Herwig, H., 1980. Formen des Emanzipationsbegriffs: Zur Kritik der unbestimmten Selbstverwirklichung. München: Fink.

Hess, R. D. & Handel, G., 1980. Die Familie als psychosoziale Organisation. In: *Döbert, R., Habermas, J. & Nunner-Winkler, G.* (Hrsg.), Entwicklung des Ich. Königstein/Ts.: Athenäum, 32–45.

Hinde, R. A., Easton, D. F., Meller, R. E. & Tamplin, A., 1983. Nature and determinants of preschooler's differential behavior to adults and peers. British Journal of Development Psychology 1, 3–19.

Hoff, E., Lappe, L. & Lempert, W., 1982. Sozialisationstheoretische Überlegungen zur Analyse von Arbeit, Betrieb und Beruf. Soziale Welt 33, 508–536.

Hogan, R. & Schroeder, D., 1981. Die sieben „Sünden" der Psychologie. Psychologie Heute 8, 43–49.

Hong, K. M. & Townes, B. D., 1976. Infant's attachment to inanimate objects. Journal of the American Academy of Child Psychiatry 15, 49–61.

Horkheimer, M., 1968. Kritische Theorie. Eine Dokumentation Bd. 1. Frankfurt/Main: Fischer, 277–360.

– *& Adorno, Th. W.*, 1968. Soziologische Exkurse. Frankfurter Beiträge zur Soziologie, Bd. V. Frankfurt/Main: EVA.

Horner, M. S., 1972. Toward an understanding of achievement-related conflicts in women. Journal of Social Issues 28, 157–176.

Huber, J., 1979. Zwischen Supermarkt und Sozialstaat: Die neue Abhängigkeit des Bürgers. In: *Illich, I.* et al.: Entmündigung durch Experten. Reinbek: Rowohlt, 129–155.

Hurrelmann, K. & Ulich, D. (Hrsg.), 1980. Handbuch der Sozialisationsforschung. Weinheim/Basel: Beltz.

Ijzendoorn, M. H. van, 1980. Moralität und politisches Bewußtsein. Weinheim: Beltz.

Illich, I., 1978. Fortschrittsmythen. Reinbek: Rowohlt.

Ingelhart, R., 1977. The silent revolution. Changing values and political styles among western publics. Princeton: University Press.

–, 1979. Wertwandel in den westlichen Gesellschaften. Politische Konsequenzen von materialistischen und postmaterialistischen Prioritäten. In: *Kmieciak, P.* (Hrsg.), Wertwandel und gesellschaftlicher Wandel. Frankfurt/Main/New York: Campus, 278–316.

Jacobson, J. L., 1981. The role of inanimate objects in early peer interaction. Child Development 52, 618–626.

Jaeger, H., 1977. Generationen in der Geschichte. Überlegungen zu einer umstrittenen Konzeption. Geschichte und Gesellschaft 3, 429–452.

Jahoda, G., 1979. The construction of economic reality by some Glaswegian children. European Journal of Social Psychology 9, 115–127.

Jencks, Ch. et al., 1973. Chancengleichheit. Reinbek: Rowohlt.

Jensen, A. R., 1969. How much can we boost I. Q. and scholastic achievement? Harvard Educational Review 39, 1–123.

Jöreskog, K. G., 1973. A general method for estimating a linear structural equation system. In: *Goldberger, A. S. & Duncan, O. D.* (Hrsg.), Structural equation models in social sciences. New York: Seminar Press.

Kanfer, F. H., 1975. Die Aufrechterhaltung des Verhaltens durch selbsterzeugte Stimuli und Verstärkung. In: *Hartig, M.* (Hrsg.), Selbstkontrolle. Lerntheoretische und verhaltenstheoretische Ansätze. München: Urban & Schwarzenberg, 83–104.

Kant, I., 1963. Über Pädagogik. In: Ders., Angewandte Schriften zur Pädagogik und ihrer Begründung hrsg. v. *H.-H. Groothoff & E. Reimers.* Paderborn: Schöningh.

Kasten, H., 1976. Die Entwicklung von Moralvorstellungen und Moralbegriffen beim Kinde. Donauwörth: Auer.

Kerckhoff, A. C., 1977. Statusbezogene Unterschiede in ehelichen Interaktionsformen. In: *Mikula, G. & Stroebe, M.* (Hrsg.), Sympathie, Freundschaft und Ehe. Bern u. a. O.: Hans Huber, 221–246.

Kiesler, R. & Baral, R., 1970. The search of a romantic partner: The effects of self esteem and physical attractiveness on romantic behavior. In: *Gergen, K. & Marlowe, D.* (Hrsg.), Personality and social behavior. Reading, Mass.: Addison Wesley, 155–165.

Kittler, G., 1980. Hausarbeit. Zur Geschichte einer ‚Natur-Ressource'. München: Frauenoffensive.

Klein, M., 1962. Das Seelenleben des Kleinkindes und andere Beiträge zur Psychoanalyse. Stuttgart: Klett.

Kleining, G., 1982. Umriß zu einer Methodologie qualitativer Sozialforschung. Kölner Zeitschrift für Soziologie und Sozialpsychologie 34, 224–253.

Köhler, E., 1977. Arme und Irre. Die liberale Fürsorgepolitik des Bürgertums. Berlin: Wagenbach.

Kohlberg, L., 1969. Stage and sequence: the cognitive-developmental approach to socialization. In: *Goslin, D. A.* (Hrsg.), Handbook of socialization theory and research. Chicago: Rand McNally, 347–480. (deutsche Übersetzung in Kohlberg, L. 1974).

–, 1974. Stufe und Sequenz. Sozialisation unter dem Aspekt der kognitiven Entwicklung. In: Ders. (Hrsg.), Zur kognitiven Entwicklung des Kindes. Frankfurt/Main: Suhrkamp, 7–255.

–, 1976. Moral stages and moralization. In: *Lickona, T.* (Hrsg.), Moral development and behavior. New York: Holt, Rinehart & Winston, 31–53.

–, 1977. Kognitive Entwicklung und moralische Erziehung. Politische Didaktik 3, 5–21.

–, 1978. Revisions in the theory and practice of moral development. New Directions for Child Development 2, 83–87.

–, 1978. The future of liberalism as the dominant ideology of the West. In: Ders. (Hrsg.), Essays in moral development. Cambridge: Harvard University Press, 53–65.

–, *Scharf, P. & Hickey, J.*, 1978. Die Gerechtigkeitsstruktur im Gefängnis. Eine Theorie und eine Intervention. In: *Portele, G.* (Hrsg.), Sozialisation und Moral. Weinheim: Beltz, 202–214.

–, *Wassermann, E. & Richardson, N.*, 1978. Die gerechte Schul-Kooperative. Ihre Theorie und das Experiment der Cambridge Cluster School. In: *Portele, G.* (Hrsg.), Sozialisation und Moral. Weinheim: Beltz, 215–259.

Kohli, M., 1978. „Offenes" und „geschlossenes" Interview: Neue Argumente zu einer alten Kontroverse. Soziale Welt 29, 2–25.

Kohut, H., 1971. Narzißmus. Eine Theorie der psychoanalytischen Behandlung narzistischer Persönlichkeitsstörungen. Frankfurt/Main: Suhrkamp.

–, 1973. Überlegungen zum Narzißmus und zur narzißtischen Wut. Psyche 27, 513–554.

Köcheis-Stangl, E., 1980. Methoden der Sozialisationsforschung. In: *Hurrelmann, K. & Ulich, D.* (Hrsg.), Handbuch der Sozialisationsforschung. Weinheim: Beltz, 321–370.

Krämer-Badoni, T., 1980. Besprechung zu: Hans Bertram, Gesellschaft, Familie und moralisches Urteil. Soziologische Revue 3, 60–62.

Kramer, F. & Siegrist, Ch. (Hrsg.), 1978. Gesellschaften ohne Staat. Bd. 1: Gleichheit und Gegenseitigkeit. Frankfurt/Main: Syndikat.

Kroner, W., 1981. Szenen aus der Kindheit: Kinder in der Welt der Waren und des Geldes. Psychologie und Gesellschaftskritik 2/3, 45–68.

Krovoza, A., 1976. Produktion und Sozialisation. Köln/Frankfurt/Main: EVA.

Kuczynski, J., 1968. Studien zur Geschichte der Lage des Kindes in Deutschland. Von 1700 bis zur Gegenwart. Berlin (Ost): Akademie-Verlag.

Langer, W. L., 1979. Kindermord: Ein historischer Überblick. Kindheit 1, 329–344.

Leahy, R. L., 1981. The development of the conception of economic inequality. I. Description and comparison of rich and poor people. Child Development 52, 523–532.

LeGoff, J., 1976. Zeit der Kirche und Zeit der Händler im Mittelalter. In: *Bloch, M.* et al. Schrift und Materie der Geschichte. Vorschläge zur systematischen Aneignung historischer Prozesse. Frankfurt/Main: Suhrkamp, 393–415.

Leithäuser, T. & Volmerg, B., 1979. Anleitung zur empirischen Hermeneutik. Psychoanalytische Textinterpretation als sozialwissenschaftliches Verfahren. Frankfurt/Main: Suhrkamp.

Leitner, H., 1976. Eheschließung und der Aufbau familialer Wirklichkeit. In: *Braun, H. & Leitner, U.* (Hrsg.), Problem-Familie – Familienprobleme. Frankfurt/Main: Campus, 34–50.

Lempert, W., 1981. Moralische Sozialisation durch den ‚heimlichen Lehrplan' des Betriebs. Zeitschrift für Pädagogik 27, 723–738.

–, 1982. Moralische Urteilsfähigkeit. Zeitschrift für Sozialisationsforschung und Erziehungssoziologie 2, 113–126.

–, *Hoff, E. & Lappe, L.*, 1980. Konzeptionen zur Analyse der Sozialisation durch Arbeit. Theoretische Vorstudien für eine empirische Untersuchung. Berlin: Max-Planck-Institut für Bildungsforschung.

Levinger, G. & Snoek, J. D., 1977. Attraktion in Beziehungen: Eine neue Perspektive in der Erforschung zwischenmenschlicher Beziehung. In: *Mikula, G. & Stroebe, W.* (Hrsg.), Sympathie, Freundschaft und Ehe. Bern u. a. O.: Hans Huber, 108–136.

Lewin, K., 1969. Grundzüge der topologischen Psychologie. Bern: Hans Huber.

Leupold, A., 1983. Liebe und Partnerschaft: Formen der Codierung von Ehen. Zeitschrift für Soziologie 12/4, 297–327.

Lickona, T. (Hrsg.), 1976. Moral development and behavior. Theory, research, and social issues. New York: Holt, Rinehart & Winston.

Liegle, L., 1979. Familienerziehung oder Kollektiverziehung? Eine falsche Alternative. In: *Baumgärtl, F.* (Hrsg.), Familiensozialisation. Probleme – Daten – Aufgaben. Braunschweig: Westermann, 268–286.

Lincke, H., 1970. Das Über-Ich – eine gefährliche Krankheit? Psyche 24, 375–402.

Lind, G., 1980. Zur Bestimmung des Entwicklungsstandes der moralischen Urteilskompetenz beim Übergang vom Gymnasium auf die Universität. In: *Domnick, J.* (Hrsg.), Aspekte grundlagenorientierter Bildungsforschung. Universität Konstanz: Forschungsbericht Nr. 18 des Zentrum I Bildungsforschung.

–, 1983. Entwicklung des moralischen Urteilens – Leistungen und Problemzonen der Theorien von Piaget und Kohlberg. In: *Lind, G., Hartmann, H. A. & Wakenhut, R.* (Hrsg.), Moralisches Urteilen und soziale Umwelt. Weinheim: Beltz, 25–42.

–, *Nielsen, A. & Schmidt, U.*, 1976. Moralisches Urteil und Hochschulsozialisation. Universität Konstanz: Arbeitsunterlage Nr. 40 des Projekts Hochschulsozialisation.

– *& Wakenhut, R.*, 1983. Tests zur Erfassung der moralischen Urteilskompetenz. In: *Lind, G., Hartmann, H. A. & Wakenhut, R.* (Hrsg.), Moralisches Urteilen und soziale Umwelt. Weinheim: Beltz, 59–80.

Loewenberg, P., 1971. The psychohistorical origins of the Nazi youth cohort. American History Review, 76, 1457–1502.

Loewenthal, K., 1976. Property. European Journal of Social Psychology 6, 343–351.

Lorenz, K., 1967. Über tierisches und menschliches Verhalten – Aus dem Werdegang der Verhaltenslehre. Gesammelte Abhandlungen Vol. I und II. Frankfurt/Main: Büchergilde Gutenberg.

Lorenzer, A., 1972. Zur Begründung einer materialistischen Sozialisationstheorie. Frankfurt/Main: Suhrkamp.

Lüscher, K., 1975. Perspektiven einer Soziologie der Sozialisation – Die Entwicklung der Rolle des Kindes. Zeitschrift für Soziologie 4/4, 359–379.

Luhmann, N., 1973. Vertrauen. Ein Mechanismus zur Reduktion sozialer Komplexität. Stuttgart: Enke.

–, 1982. Liebe als Passion. Zur Codierung von Intimität. Frankfurt/Main: Suhrkamp.

Mahler, M. et al., 1978. Die psychische Geburt des Menschen. Frankfurt/Main: Fischer.

Mangione, P. L., 1982. Merkmale der Interaktionen zwischen gleichaltrigen und nicht-gleichaltrigen Kindern. Zeitschrift für Entwicklungspsychologie und Pädagogische Psychologie 16, 110–124.

Marshall, H. R. & Magruder, L., 1960. Relations between parent money education practices and children's knowledge and use of money. Child Development 31, 253–284.

Marx, K., 1973. Das Kapital. Kritik der politischen Ökonomie. 1. Band. Berlin (Ost): Dietz-Verlag.

Medick, H. & Sabean, D., 1984. Emotionen und materielle Interessen in Familie und Verwandtschaft: Überlegungen zu neuen Wegen und Bereichen einer historischen und sozialanthropologischen Familienforschung. In: Diess. (Hrsg.), Emotionen und materielle Interessen. Göttingen: Vandenhoeck & Ruprecht, 27–54.

Mentzos, S., 1977. Interpersonale und institutionalisierte Abwehr. Frankfurt/Main: Suhrkamp.

Merz, F. & Stelzl, I., 1977. Einführung in die Erbpsychologie. Stuttgart: Kohlhammer.

Métral, M. O., 1981. Die Ehe. Analyse einer Institution. Frankfurt/Main: Suhrkamp.

Meyer, S., 1982. Die mühsame Arbeit des demonstrativen Müßiggangs. Über die häuslichen Pflichten der Beamtenfrauen im Kaiserreich. In: *Hausen, K.* (Hrsg.), Frauen suchen ihre Geschichte. München: Beck, 172–195.

Michael, B. & Schepp, H. H. (Hrsg.), 1973/74. Politik und Schule von der Französischen Revolution bis zur Gegenwart. 2 Bde. Frankfurt/Main: Athenäum.

Mikula, G. & Stroebe, W. (Hrsg.), 1977. Sympathie, Freundschaft und Ehe. Psychologische Grundlagen zwischenmenschlicher Beziehungen. Bern u. a. O.: Hans Huber.

Milhoffer, P., 1973. Familie und Klasse. Ein Beitrag zu den politischen Konsequenzen familialer Sozialisation. Frankfurt/Main: Fischer.

Mischel, W. & Mischel, H. N., 1976. A cognitive developmental approach. In: *Lickona, T.* (Hrsg.), Moral development and behavior: Theory, research, and social issues. New York: Holt, Rinehart & Winston, 84–107.

Mitscherlich, A., 1973. Auf dem Weg zur vaterlosen Gesellschaft. München: Piper.

– *& Mitscherlich, M.*, 1967. Die Unfähigkeit zu trauern. Grundlagen kollektiven Verhaltens. München: Piper.

Mitscherlich, M., 1984. Die Bedeutung des Übergangsobjektes für die Entfaltung des Kindes. In: *Eggers, Ch.* (Hrsg.), Bindungen und Besitzdenken beim Kleinkind. München: Urban & Schwarzenberg, 185–204.

Mitterauer, M., 1975. Vorindustrielle Familienformen. Zur Funktionsentlastung des „ganzen Hauses" im 17. und 18. Jahrhundert. Wiener Beiträge zur Geschichte der Neuzeit 2, 123–185.

–, 1977a. Der Mythos von der vorindustriellen Großfamilie. In: *Mitterauer, M. & Sieder, R.* (Hrsg.), Vom Patriarchat zur Partnerschaft. Zum Strukturwandel der Familie. München: Beck, 38–66.

–, 1977b. Familienwirtschaft und Altersversorgung. In: *Mitterauer, M. & Sieder, R.*, Vom Patriarchat zur Partnerschaft. Zum Strukturwandel der Familie. München: Beck, 186–210.

Monohan, J., Kuhn, D. & Shaver, P., 1974. Intrapsychic versus cultural explanations of the 'fear of success' motive. Journal of Personality and Social Psychology 29, 60–64.

Neel, A. F., 1974. Handbuch der psychologischen Theorien. München: Kindler.

Nehnevajsa, J., ³1973. Analyse von Panel-Befragungen. In: *König, R.* (Hrsg.), Handbuch der empirischen Sozialforschung, Bd. 2. Stuttgart: Enke, 191–227.

Neidhardt, F. (Hrsg.), 1975. Frühkindliche Sozialisation. Theorien und Analysen. Stuttgart: Enke, 162–187.

Niesen, M. & Seiler, H., 1980. Methodologische Konzeptionen in Forschungen zur Sozialgeschichte von Kindheit und Familie. Zeitschrift für Pädagogik 26, 73–92.

Noelle-Neumann, E., 1978. Werden wir alle Proletarier? Wertewandel in unserer Gesellschaft. Zürich: Edition Interform AG.

Nowotny, H., 1982. Experten und ihre Expertise. Zum Verhältnis der Experten zur Öffentlichkeit. Zeitschrift für Wissenschaftsforschung 2 (3), 611–617.

Oevermann, U., Allert, T., Gripp, H., Konau E., Krambeck, J., Schröder-Caesar, E. & Schütze, Y., 1976. Beobachtungen zur Struktur der sozialisatorischen Interaktion. In: *Auwärter, M., Kirsch, E. & Schröter, M.* (Hrsg.), Seminar: Kommunikation, Interaktion, Identität. Frankfurt/Main: Suhrkamp, 371–403.

Olechowski, R. (Hrsg.), 1980. Geburtenrückgang besorgniserregend oder begrüßenswert? Wien: Herder.

Orth, B., 1974. Einführung in die Theorie des Messens. Stuttgart: Kohlhammer.

Oser, F., 1981. Moralisches Urteil in Gruppen. Soziales Handeln. Verteilungsgerechtigkeit. Frankfurt/Main: Suhrkamp.

Ottomeyer, K., 1977. Ökonomische Zwänge und menschliche Beziehungen. Soziales Verhalten im Kapitalismus. Reinbek: Rowohlt.

Parin, P. et al., 1963. Die Weißen denken zuviel. Psychoanalytische Untersuchungen bei den Dogon in Westafrika. Zürich: Artemis.
Piaget, J., 1973. Das moralische Urteil beim Kinde. Frankfurt/Main: Suhrkamp (Original 1932).
–, 1974a. Psychologie der Intelligenz. Olten: Walter.
–, 1974b. Biologie und Erkenntnis. Frankfurt/Main: Fischer.
–, 1975. Gesammelte Werke. Studienausgabe. Vol. I–X. Stuttgart: Klett.
Pomper, Ph., 1973. Problems of a naturalistic psychohistory. History and Theory 12, 367–388.
Pongratz, L. J., 1980. Stichwort: Bewußtsein. In: *Arnold, W., Eysenck, H. J. & Meili, R.* (Hrsg.), Lexikon der Psychologie. Vol. I. Freiburg: Herder, 265–266.
Pontalis, J.-B. (Hrsg.), 1972. Objekte des Fetischismus. Frankfurt/Main: Suhrkamp.
Popitz, H., 1980. Zum Verständnis von Autorität. In: *Matthes, J.* (Hrsg.), Lebenswelt und soziale Probleme. Verhandlungen des 20. Deutschen Soziologentages zu Bremen. Frankfurt/Main/New York: Campus, 78–87.
Portmann, A., 1973. Biologie und Geist. Frankfurt/Main: Suhrkamp.
Pross, H., 1979. Die Frustration der nicht-berufstätigen Frau in der modernen Gesellschaft. In: *Kurzrock, R.* (Hrsg.), Die Institution der Ehe. Berlin: Colloquium Verlag.
Provence, S. & Lipton, R. C., 1962. Infants in institutions. New York: International Universities Press.

Raeithel, G., 1981. Go West. Ein psychohistorischer Versuch über die Amerikaner. Frankfurt/Main: Syndikat.
Rammstedt, O., 1975. Alltagsbewußtsein von Zeit. Kölner Zeitschrift für Soziologie und Sozialpsychologie 27, 47–63.
Rauh, H., 1978. Der Wandel von der traditionellen zur modernen Entwicklungspsychologie. In: Ders. (Hrsg.), Jahrbuch für Entwicklungspsychologie 1. Stuttgart: Klett-Cotta, 9–23.
–, 1984. Soziale Interaktion und Gruppenstruktur bei Krabbelkindern. In: *Eggers, Ch.* (Hrsg.), Bindungen und Besitzdenken bei Kleinkindern. München: Urban & Schwarzenberg, 204–233.
Reiter, L., 1983. Gestörte Paarbeziehungen. Göttingen: Verlag für medizinische Psychologie im Verlag Vandenhoeck & Ruprecht.
Renggli, F., 1974. Angst und Geborgenheit. Soziokulturelle Folgen der Mutter-Kind-Beziehung im ersten Lebensjahr. Reinbek: Rowohlt.
Richter, H. E., 1983. Eltern, Kind und Neurose. Die Rolle des Kindes in der Familie. Reinbek: Rowohlt.
Riedmüller, B., 1981. Hilfe, Schutz und Kontrolle. Zur Verrechtlichung der Kindheit. In: *Hengst, H.* et al., Kindheit als Fiktion. Frankfurt/Main: Suhrkamp, 132–191.

Riegel, K. F., 1972. Influence of economic and political ideologies on the development of developmental psychology. Psychological Bulletin 78, 129–141.

Ritsert, J., 1971. Erkenntnistheorie, Soziologie und Empirie. Frankfurt: Linksdruck.

Rochberg-Halton, E., 1984. Object relations, role models, and cultivation of the self. Environment and Behavior 16 (3), 335–368.

Roghmann, K. & Sodeur, W., 1973. The impact of military service on authoritarian attitudes: Evidence from West Germany. American Journal of Sociology 78, 418–433.

Rosenbaum, H., 1982. Formen der Familie. Untersuchungen zum Zusammenhang von Familienverhältnissen, Sozialstruktur und sozialem Wandel in der deutschen Gesellschaft des 19. Jahrhunderts. Frankfurt/Main: Suhrkamp.

Rosenhan, D. & White, G. M., 1967. Observation and rehearsal as determinants of prosocial behavior. Journal of Personality and Social Psychology 5, 424–431.

Rotmann, M., 1978. Über die Bedeutung des Vaters in der „Wiederannäherungsphase". Psyche 32, 1105–1147.

Rutschky, K. (Hrsg.), 1977. Schwarze Pädagogik. Quellen zur Naturgeschichte der bürgerlichen Erziehung. Frankfurt/Main: Ullstein.

Scarr-Salapatek, S., 1971. Race, social class, and I. Q. Science 174, 1285–1295.

Schafer, R., 1968. Aspects of internalization. New York: International University Press.

Schaffer, H. R., 1977. Mütterliche Fürsorge in den ersten Lebensjahren. Stuttgart: Klett-Cotta.

Schatzmann, M., 1978. Die Angst vor dem Vater. Langzeitwirkungen einer Erziehungsmethode. Eine Analyse am Fall Schreber. Reinbek: Rowohlt.

Schérer, R., 1975. Das dressierte Kind. Sexualität und Erziehung: Über die Einführung der Unschuld. Berlin: Wagenbach.

Schlumbohm, J. (Hrsg.), 1983. Kinderstuben. Wie Kinder zu Bauern, Bürgern, Aristokraten wurden 1700–1850. München: dtv.

Schmidbauer, W., 1975. Vom Es zum Ich. Evolution und Psychoanalyse. München: List.

Schmölders, G., 1975. Einführung in die Geld- und Finanzpsychologie. Darmstadt: Wissenschaftliche Buchgesellschaft.

Schneewind, K. A. & Herrmann, T. (Hrsg.), 1980. Erziehungsstilforschung. Theorien, Methoden und Anwendung der Psychologie elterlichen Erziehungsverhaltens. Bern u. a. O.: Hans Huber.

Schorb, B., 1976. Leistung und Sozialisation: Einführung in die Theorie der Leistungsmotivation. München: Kösel.

Schreiner, G., 1983. Auf dem Weg zu immer gerechteren Konfliktlösungen – Neue Anmerkungen zur Kohlberg-Theorie. In: Ders. (Hrsg.), Moralische Entwicklung und Erziehung. Braunschweig: Agentur Pedersen, 103–132.

Schülein, J. A. (Hrsg.), 1978. Kommunen und Wohngemeinschaften. Gießen: Focus.

Schütz, A., 1970. Über die mannigfaltigen Wirklichkeiten. In: Ders. (Hrsg.), Gesammelte Aufsätze Vol. I. Das Problem der sozialen Wirklichkeit. Den Haag: Nijhoff.

Schumacher, J., 1983. Bedürfnislagen unter dem Einfluß von Partnerbeziehung und Familienzyklus. In: *Hondrich, U. O. & Volmer, R.* (Hrsg.), Bedürfnisse. Stabilität und Wandel. Opladen: Westdeutscher Verlag.

Schurian, W., 1981. Zum Prozeß der Selbstorganisation von Jugendgruppen. In: *Janig, H.* (Hrsg.), Jugend heute – betreut oder selbstbestimmt? München: Kösel.

Seiler, T. B., 1980. Entwicklungstheorien in der Sozialisationsforschung. In: *Hurrelmann, K. & Ulich, D.* (Hrsg.), Handbuch der Sozialisationsforschung. Weinheim: Beltz, 101–121.

Selman, R. L., 1976. Social-cognitive understanding: A guide to educational and clinical practice. In: *Lickona, T.* (Hrsg.), Moral development and behavior. New York: Holt, Rinehart & Winston, 299–316.

Sennett, R., 1983. Verfall und Ende des öffentlichen Lebens. Die Tyrannei der Intimität. Frankfurt/Main: Fischer.

Sherwood, J. S. & Nataupsky, M., 1968. Predicting the conclusions of negro-white intelligence research from biographical characteristics of the investigator. Journal of Personality and Social Psychology 8, 53–58.

Sichtermann, B., 1982. Vorsicht, Kind: Eine Arbeitsplatzbeschreibung für Mütter, Väter und andere. Berlin: Wagenbach.

Siegert, M. T., 1977. Strukturbedingungen von Familienkonflikten. Frankfurt/Main: Suhrkamp.

Simmel, G., [6]1958. Philosophie des Geldes. Berlin: Duncker & Humblot. Gesammelte Werke Bd. 1.

Skinner, B. F., 1953. Science and human behavior. New York: MacMillan.

Spaeman, R., 1978. Rousseaus „Emile": Traktat über Erziehung oder Träume eines Visionärs? Zeitschrift für Pädagogik 24, 823–834.

Spangenberg, N. & Altevogt-Brauns, A., 1982. Johannistal liegt nicht in Sizilien und auch nicht in Kreuzberg. Die psychohistorische Dimension der Entstehung von Fremdenhaß in einer oberhessischen Gemeinde. Psychosozial 16, 125–141.

Spitz, R., 1967. Vom Säugling zum Kleinkind. Stuttgart: Klett.

–, 1973. Die Entstehung der ersten Objektbeziehung. Stuttgart: Klett.

–, 1976. Vom Dialog. Stuttgart: Klett.

Spitzer, A. B., 1973. The historical problem of generations. American Historical Review 78, 1353–1385.

Stanjek, K., 1978. Das Überreichen von Gaben: Funktion und Entwicklung in den ersten Lebensjahren. Zeitschrift für Entwicklungspsychologie und Pädagogische Psychologie 10, 103–113.

–, 1980. Die Entwicklung des menschlichen Besitzverhaltens. Materialien aus der Bildungsforschung 16. Berlin: Max-Planck-Institut für Bildungsforschung.

Steinert, H., 1972. Die Strategien sozialen Handelns. Zur Soziologie der Persönlichkeit und der Sozialisation. München: Juventa, 145–215.

Steinkamp, G., 1980. Klassen- und schichtanalytische Ansätze in der Sozialisationsforschung. In: *Hurrelmann, K. & Ulich, D.* (Hrsg.), Handbuch der Sozialisationsforschung. Weinheim/Basel: Beltz, 253–284.

Stengel, M., Rosenstiel, L. von, Oppitz, G., Spiess, E., 1983. Motivationale Determinanten des Kinderwunsches. – Eine empirische Analyse an jungen Ehepaaren. Zeitschrift für experimentelle und angewandte Psychologie, Band XXX, 1, 153–173.

Stierlin, H., 1978. Delegation und Familie. Frankfurt/Main: Suhrkamp.

Szcepanski, J., [3]1973. Die biographische Methode. In: *König, R.* (Hrsg.), Handbuch der empirischen Sozialforschung, Band 4. Stuttgart: Enke, 226–252.

Theweleit, K., 1977/78. Männerphantasien. 2 Bde. Frankfurt/Main: Roter Stern.

Thomae, H., 1959. Entwicklungsbegriff und Entwicklungstheorie. In: Ders. (Hrsg.), Handbuch der Psychologie, Bd. 3: Entwicklungspsychologie. Göttingen: Hogrefe, 3–20.

Tolpin, M., 1971. On the beginnings of a cohesive self. The psychoanalytic study of the child. 26, 316–352.

Torok, M., 1974. Die Bedeutung des ‚Penisneides' bei der Frau. In: *Chasseguet-Smirgel, J.* (Hrsg.), Psychoanalyse der weiblichen Sexualität. Frankfurt/Main: Suhrkamp, 192–232.

Treiber, H. & Steinert, M., 1980. Die Fabrikation des zuverlässigen Menschen. München: Juventa.

Trotha, T. von, 1982. Zur Entstehung von Jugend. Kölner Zeitschrift für Soziologie und Sozialpsychologie 34, 254–277.

Turner, R., 1976. The contribution of oral evidence to labour history. Oral History 4, 23–40.

Ussel, J. van, 1979. Intimität. Gießen: Focus.

Vandell, D. L., Wilson, K. S. & Buchanan, N. R., 1980. Peer interaction in the first year of life: examination of its structure, content, sensitivity to toys. Child Development 51, 481–488.

Wacker, A., 1976. Wahrnehmung, Bewertung und Interpretation sozialer Ungleichheit. In: Ders. (Hrsg.), Die Entwicklung des Gesellschaftsverständnisses bei Kindern. Frankfurt/Main: Campus, 60–85.

Walster, E. & Prestholdt, P., 1966. The effect of misjudging another: Overcompensation or dissonance reduction? Journal of Experimental Social Psychology 2, 85–97.

–, *Utne, M. K. & Traupman, J.*, 1977. Equity-Theorie und intime Sozialbeziehungen. In: *Mikula, G. & Stroebe, W.* (Hrsg.), Sympathie, Freundschaft und Ehe. Bern u. a. O.: Hans Huber, 193–220.

Watson, J. B., 1925. Behaviorism. New York: Norton. (zit. nach der deutschen Übersetzung: *Watson, J. B.*, 1968. Behaviorismus. Köln: Kiepenheuer & Witsch.)

Weber, M., ³1973. Die protestantische Ethik 1. Eine Aufsatzsammlung. Hamburg: Siebenstern.

Wehler, H.-U., 1978. Geschichtswissenschaft und „Psychohistorie". Innsbrucker Historische Studien 1, 201–213.

Weede, E., 1979. Hypothesen, Gleichungen und Daten. Kronberg: Athenäum.

Weinstein, F. & Platt, G. M., 1975. The coming crisis of psychohistory. Journal of Modern History 47, 202–228.

Willi, J., 1976. Die Zweierbeziehung. Spannungsursachen/Störungsmuster/Klärungsprozesse/Lösungsmodelle. Reinbek: Rowohlt.

Winnicott, D. W., 1969. Übergangsobjekte und Übergangsphänomene. Psyche 9, 666–681.

Wohlwill, J. F., 1977. Strategien entwicklungspsychologischer Forschung. Stuttgart: Klett-Cotta.

Youniss, J., 1982. Die Entwicklung und Funktion von Freundschaftsbeziehungen. In: *Edelstein, W. & Keller, M.* (Hrsg.), Perspektivität und Interpretation. Frankfurt/Main: Suhrkamp, 78–108.

Zengle, M., 1978. Einführung in die politische Sozialisationsforschung. Paderborn: Schöningh (UTB 772).

Zimmermann, B. J., 1983. Social learning theory: A contextualist account of cognitive functioning. In: *Brainerd, C. J.* (Hrsg.), Recent advances in cognitive-developmental theory. New York: Springer, 1–50.

Personenregister

Sachregister

(halbfett gedruckte Seitenangaben weisen auf Definitionen im Text hin)

Glossar

Bedürfnis: Bereitschaft eines Menschen, einen empfundenen *Mangel* durch zielgerichtetes Verhalten zu beseitigen; die Art des B. ist biophysisch bedingt und sozial ausgestaltet (Wunsch).

Besitz vs. Eigentum: Die faktische *Nutzung* eines Objektes vs. der normierten, i. e. S. rechtsförmig geregelten *Verfügung* über das Objekt.

Code: Soziales Regelsystem aus Erzeugungs-, Bedeutungs- und Verknüpfungsregeln, das man kennen und beherrschen muß, um (Sprach-) Handlungen zutreffend verstehen zu können; vereinfacht: jede definierte (Sprach-)Handlungs*form*.

Dyade: Interaktionseinheit von zwei Personen, die wechselseitig Einfluß aufeinander nehmen und dadurch zu Erlebnissen und Verhaltensweisen kommen, die einerseits das Erleben und Verhalten jeder einzelnen Person übersteigen, sich andererseits aber auch vom Erleben und Verhalten in Mehr-Personen-Gruppen unterscheiden (dyadischer Effekt).

Empirismus, naiver: Erkenntnistheoretische Lehre, derzufolge *wissenschaftliche* Erkenntnis nur aus beobachtbaren Fakten gewonnen werden kann. → Sensualismus

Falsifikation: Versuch, eine theoretisch abgeleitete Hypothese mit Hilfe eines experimentellen Prüfverfahrens zu *widerlegen*.

Gefühl(e) vs. Verstand: Psychische Erlebnisse mit einem quantitativen (Affektintensität) und einem qualitativen Aspekt (Thema: z. B. Wut, Neid, Zuneigung), die im Unterschied zur Verstandestätigkeit körpernah gebildet und häufig diffus erlebt werden, eine weniger genaue Zielorientierung, dafür aber eine *ganzheitliche* Bewertung der Handlungssituation erlauben; die Trennung von Gefühl (Emotionalität) und Verstand (Rationalität) hat im Abendland eine jahrhundertealte Tradition, ist aber keine „natürliche", sondern in Zivilisations- und Sozialisationsprozessen aus undifferenzierten Fühl-Denk-Einheiten hergestellt.

Gratifikation: Belohnungen, die im Rahmen eines definierten Regelsystems aus Rechten und Pflichten vergeben werden und darüber hinaus auch erwartet und sogar beansprucht werden dürfen, wenn eine Person in Übereinstimmungen mit den Regeln des Systems handelt.

Handeln vs. Verhalten: Das dem Menschen eigene planvolle Tun und Unterlassen zur Gestaltung seiner gesellschaftlichen Wirklichkeit, das aus verständlichen Gründen, bei Vorherrschen bewußter Einsicht und mit der Freiheit, zwischen verschiedenen Ziel-Mittel-Verbindungen zu wählen, getan und unterlassen wird; im Unterschied dazu ist Verhalten unspezifisch und i. e. S. auf Reiz-Reaktions-Verbindungen festgelegt.

Interaktion: Beziehung zwischen zwei und mehr (re)aktionsfähigen Systemen, die sich aufgrund wechselseitiger Beeinflussung in einem definierten Medium (z. B. Sprache) in der Zeit entwickelt.

Konflikt: Das gleichzeitige Bestehen einander widersprechender bzw. psychisch miteinander unverträglicher Gefühle, Motive, Interessen und Ziele bei ein und derselben Person(engruppe) oder zwischen zwei und mehr Personen(gruppen) (intra-systemischer vs. inter-systemischer K.), das wahrgenommen wird, eine Störung im Erleben und Handeln bedingt und zu Maßnahmen führt, diese Störung zu beseitigen.

Legitimation: Anerkennung einer Handlung aufgrund ihrer Übereinstimmung mit Werten und Normen, die alle (oder wenigstens die einflußreichsten) Mitglieder eines definierten Handlungssystems tatsächlich (oder wenigstens der Form nach) teilen. (Abgrenzung: *Legitimität* meint die Rechtfertigung der staatlichen Herrschaftsgewalt durch verallgemeinerungsfähige Werte und Normen im Unterschied zu *Legalität* als einer Rechtfertigung mittels aktuell geltender Gesetze).

Metaphorik: Gesamtheit der sprachlichen Ausdrücke, die in einem nichtwörtlichen bildhaften Sinne (als Metaphern) gebraucht werden können.

Norm: Als *verbindlich* gesetztes Kriterium, auf das hin konkrete Handlungen entworfen und rückblickend (als effektiv, richtig) beurteilt werden können.

peer group: Gruppe der (meist jugendlichen) Gleichaltrigen (peers), die (annähernd) dieselben Werte und Normen teilen und sich dadurch von anderen (Alters-)Gruppen unterscheiden; zu ihren Funktionen gehört es, einer formal geeigneten Person als *inhaltliche* Orientierung (Bezugsgruppe) für ihre psychische und soziale Entwicklung zu dienen.

Reflexivität: Die menschliche Fähigkeit, *vernünftig* zu denken, insb. die Fähigkeit, die eigene Person, sich selbst zum Gegenstand seines vernünftigen Denkens zu machen (Selbst-Reflexivität).

Regression: Vorübergehender oder dauerhafter Rückfall eines bestimmten (organismischen) Systems im Rahmen einer definierten *Höherentwicklung* auf Entwicklungsniveaus, die dem bereits erreichten vorgeordnet sind.

Relativismus – Rigorismus: Entgegengesetzte ethische Standpunkte, die *prinzipiell* die Allgemeingültigkeit moralischer Normen bestreiten – behaupten.

Reproduktion: Allgemein: Wiederherstellung der bestehenden Reaktionsfähigkeit eines bestimmten (organismischen) Systems durch *Ersetzung* der „verbrauchten" Fähigkeitsgrundlage (biologisch: Arterhaltung durch Fortpflanzung, sozioökonomisch: Arbeitskrafterhaltung durch Erholung in (lohn-)arbeitsfreier Zeit).

Rolle: *Gesamtheit* der Verhaltenserwartungen, die innerhalb eines definierten Handlungssystems an eine bestimmte Gruppe von Mitgliedern dieses Systems und damit an jeden einzelnen, der zu dieser Gruppe gehört, gestellt werden *dürfen*, weil deren Erfüllung zu ihren Pflichten gehört (z.B. Rolle des Arztes: das, was ein Patient von jedem beliebigen Arzt, also unabhängig von dessen individuellen Besonderheiten, begründet an Leistungen beanspruchen darf).

Sanktion: Belohnende oder bestrafende Maßnahme, um eine Person(engruppe) zur *Einhaltung* der für sie gesetzten → Normen zu veranlassen; sanktionsrelevante Fälle sind vor allem Normabweichungen, die im Verdacht stehen, Norm*verletzungen*, also beabsichtigte Abweichungen zu sein. → Gratifikation

Selbst: Gesamtheit von Gefühlen, Gedanken und (zielorientierten) Handlungen, die eine Person als ihr eigen erlebt und über die sie sich als mit anderen Personen *unverwechselbar* zu identifizieren vermag.

Sensualismus: Erkenntnistheoretische Lehre, derzufolge *wissenschaftliche* Erkenntnisse nur aus Sinneswahrnehmungen gewonnen werden können. → Empirismus, naiver

Status: Der *Rang*, der einer Person als Träger einer bestimmten → Rolle in einem *hierarchisch* organisierten Handlungssystem im Unterschied zu den übrigen Rängen zukommt; aufgrund ihres Ranges ist die Person berechtigt, ein ranggemäßes *Prestige* (meinungsbildender Einfluß, Geld, Achtung etc.) zu beanspruchen.

Struktur / System: Eine definierte Menge von definierten Relationen zwischen definierten Elementen, die aufgrund dieser Festlegungen den *Bestand* eines Systems bilden; System ist dann das Gesamt an *Dynamik* (alternative Wege, Veränderung und Entwicklung etc.), die strukturell möglich sind.

Systemfunktionalismus: Eine Betrachtungsweise für soziale Systeme, die besonders an deren Fähigkeiten interessiert ist, unter bestimmten (variierenden Umwelt-)Bedingungen ihr eigenes *Fortbestehen* zu sichern. → Reproduktion

Tabu: Soziales Verbot, das bestimmten Personen(gruppen) unter Strafandrohung befiehlt, definierte Handlungen zu unterlassen, die für die Reproduktion des Handlungssystems, das ihr (Über-)Leben *sichert*, gefährlich sind.

Transformation: Schrittweise Überführung eines definierten Systemzustandes in einen anderen definierten Systemzustand unter Ausnutzung der *Regeln*, die für das Gesamtsystem bestehen; zu diesem Zweck wird (in den Sozialwissenschaften) versucht, Transformationsregeln zu entdecken (z. B. für die historische Transformation von agrarischen Gesellschaften zu Industriegesellschaften).

Variation / Varianz: Die Abwandlungen ein und derselben (System-)Größe bzw. ihrer Ausprägungen, die zu einem bestimmten Beobachtungszeitpunkt festgestellt worden sind; in der Statistik: eine Maßzahl mit der die Abweichung der Messungen vom arithemtischen Mittel beschrieben wird.

Die Verfasser

Rolf Haubl (Kap. 3.3, 4, 6), geb. 1951; Studium der Psychologie (Dipl.-Psych.), Zweitstudium der Germanistik und Philosophie (Dr. phil.) in Gießen. Forschungsschwerpunkte: Interpretative Sozialforschung, Psychohistorie, Psychoanalytische Sozialisationstheorie und Autobiographik. Akad. Rat an der Wirtschafts- und Sozialwissenschaftlichen Fakultät der Universität Augsburg.
Wichtige Veröffentlichungen: Gesprächsverfahrensanalyse, Frankfurt/Main 1982. Die Sprache des Vaters im Körper der Mutter (Mitherausgeber und Autor), Gießen 1984. Psychologische Begutachtung (Mitherausgeber und Autor), München 1984.

Ulf Peltzer (Kap. 3.1), geb. 1945; Studium der Psychologie in Hamburg; Dr. rer. pol., Dipl.-Psych.; Forschungsschwerpunkte: Psychologische Methodenlehre, Politische Psychologie; Akad. Rat an der Wirtschafts- und Sozialwissenschaftlichen Fakultät der Universität Augsburg.
Wichtige Veröffentlichungen: Interaktion und Entscheidung in Gruppen, Augsburg 1979. Autor im „Handwörterbuch der Politischen Psychologie", Opladen 1983. Mitautor in „Denken und Problemlösen", Opladen 1985.

Roland Wakenhut (Kap. 1, 2, 3.2), geb. 1944; Studium der Psychologie und Biometrie in Freiburg; Dr. rer. pol. habil., Dr. phil. und Dipl.-Psych. Universitätsdozent an der Universität Gießen bis 1975. Wiss. Direktor am Sozialwissenschaftlichen Institut der Bundeswehr in München bis 1980. Forschungsschwerpunkte: Sozialisationsforschung, Meß- und Datentheorie. Seit 1980 Professor für Angewandte Psychologie an der Wirtschafts- und Sozialwissenschaftlichen Fakultät der Universität Augsburg.
Wichtige Veröffentlichungen: Messung gesellschaftlich-politischer Einstellungen, Bern 1974. Über die Einbeziehung von Situationen in psychologische Messungen, Frankfurt/Main 1978.

Handwörterbuch der Politischen Psychologie (Mitherausgeber und Autor), Opladen 1983. Selektion der Sozialisation (Mitherausgeber und Autor), Opladen 1983. Moralisches Urteilen und Soziale Umwelt (Mitherausgeber und Autor), Weinheim 1983.

Gabriele Weidenfeller (Kap. 5), geb. 1952; Studium der Psychologie in Gießen (Dipl.-Psych.). Forschungsschwerpunkte: Planung und Beratung, institutionelle und interpersonelle Konflikte, geschlechtsspezifische Sozialisation. Wiss. Mitarbeiterin an der Wirtschafts- und Sozialwissenschaftlichen Fakultät der Universität Augsburg.
Wichtige Veröffentlichung: „Kriminalpsychologie: Gutachterliche Stellungnahmen im Strafvollzug" (zus. mit H. Bohling, in Hartmann & Haubl: Psychologische Begutachtung), München 1984.